중세의 죽음

* 이 저서는 2007년 정부(교육과학기술부)의 재원으로 한국연구재단의 지원을 받아 수행 된 연구임(NRF-2007-361-AL0016).

중세의 죽음

서울대학교중세르네상스연구소 지음

산처럼

일러두기

1. 외래어 인명과 지명의 표기는 국립국어연구원의 외래어표기법을 따르는 것을 원칙으로 한다. 다만 '그린블랏(Greenblatt)', '바스(Wace)'처럼 실제 발음이 외래어표기법과 현저히 다른 경우 예외로 하였다.

2. 아서 왕 작품의 경우 영국 판본과 프랑스 판본의 인명과 지명을 통일하지 않고 원래의 발음을 그대로 살렸다. 예외적으로 아서 왕의 프랑스식 발음인 '아르튀르'가 우리나라 독자들에게 너무 낯설게 느껴질 우려가 있어 '아서 왕'으로 통일했다.

3. 문학작품 내 인명의 발음은 원래의 발음이 아니라 작품 내의 발음에 따랐다. 예를 들어 셰익스피어의 작품에 나오는 인물은 '율리우스 카이사르'가 아니라 '줄리어스 시저'로 표기했다.

신화학자 조셉 캠벨은 어느 아메리카 원주민들이 명예롭게 죽는 방법을 이렇게 소개한다. 탄성이 아주 좋은 나무 끝으로 로프로 묶어 한껏 잡아당겨 고정시켜 놓는다. 나무 끝에 칼을 묶어 놓고 그 앞에 죽고자 하는 사람이 무릎을 꿇고 목을 칼에 댄다. 다른 사람이 로프를 끊으면 맹렬하게 되돌아가는 나무의 탄성에 의해 사람의 목이 끊어지는 동시에 머리가 하늘 높이 날아간다. 끊어진 머리가 멀리 날아갈수록 죽는 이의 명예가 그만큼 고양된다고 한다. 가능하면 나도 저렇게 끝을 볼까 하는 생각이 들 정도로 잔혹함과 유머가 섞인 멋진 임종 방식이다.

죽음은 누구도 피해갈 수 없는 필연적이고도 보편적인 현상이지만 동시에 지극히 다양한 양태를 보인다. 동쪽의 예루살렘 방향으로 머리를 두고 누워서 기도를 중얼거리며 죽음을 기다리는 유럽 중세 기사의 모습을 보았다면 아메리카 원주민들은 어떻게 생각했을까. 모든 사회마다 또 모든 사람마다 삶의 방식이 다른 만큼 죽음의 방식도 다르다. 그러므로 삶에 대한 진지한 성찰을 하려는 학자들이라면 결국 죽음에 대한 진지한 성찰을 피할 수 없다. 죽음이 인문학의 영원한 주제가 되는 이유다.

서울대학교중세르네상스연구소의 첫 번째 공동 연구 주제로 죽음을 잡은 것도 그런 까닭이다. 유럽의 중세와 르네상스 시대의 여러 분야를 천착하는 문학·철학·역사학·예술·미술사 연구자들이 모여 유럽 문명 내면의 핵심 요소를 파악해보고자 할 때 먼저 떠오른 주제가 '중세의 죽음'이었다. '중세'는 그냥 흘러가버린 먼 과거가 아니라 근대 세계를 배태한 시공간이고, '죽음'은 모든 것이 끝나버리는 종말이 아니라 새로운 시작을 여는 태초와 같다. 우리는 여덟 개의 시각으로 유럽 중세의 죽음에 직면해보고자 했다.

그와 같은 주제를 정하는 데에 우리의 다정했던 친구의 죽음도 관련이 있다는 사실을 이야기하지 않을 수 없다. 중세 영문학의 탁월한 연구자였고, 누구보다 학생들을 사랑했던 최고의 교육자였으며, 우리 모두가 사랑하는 동료였던 신광현 교수가 어느 날 홀연 우리 곁을 떠났다. 그 황망함, 그 허탈함을 우리 나름의 방식으로 해소하고 그 빈자리를 어떻게든 채워보고자 했다. 많이 부족하지만 그래도 정성을 다해 쓴 친구들의 글들을 하늘에서 본다면 선량한 신광현 교수는 특유의 맑은 목소리로 웃어줄 것 같다.

강한 개성을 가진 여덟 명의 연구자의 글을 모으는 것은 생각만큼 쉽지 않았다. 연구 분야가 다른 만큼 평생 지켜온 자기 세계에서 얻은 학식과 방법론과 소통의 관행이 상이했기 때문이다. 그럼에도 이 글들을 쓰고 서로 나누고 비평해주는 일이 한편으로 힘들면서도 한편으로 즐거운 경험이었다. 한 가지 일을 함께 마친다는 것은 실로 고상한 경험이다. 그렇게 하여 얻은 여덟 편의 글을 모아놓으니 각자 자신의 빛을 내면서도 서로가 서로를 비추어주며 잘 어울리는 듯하다. 햄릿이 아서 왕을 만나고, 돈키호테와 미켈란젤로가 대화를 한다. 죽음을 논하더라도 결코 칙칙한 이야기가 아니라 우리 삶의 고귀함을 노래하는 영롱한 찬미이자 멋진 비상이 되었으면 하는 것이 우리의 바람이 아니었던가.

이 책을 내는 데 여러 분의 도움을 받았다. 서울대학교인문학연구원의 연구비 지원이 이 연구에 큰 도움이 되었다. 어려운 출판계 상황에도 불구하고 이 책의 출간을 선뜻 맡아서 책으로 내준 도서출판 산처럼의 윤양미 대표에게 감사드린다. 도서출판 산처럼의 편집부에서는 여덟 명 저자의 글을 모아 편집하는 수고를 아끼지 않았다. 모든 분께 감사의 말을 전한다.

2015년 여름
서울대학교중세르네상스연구소
소장 주경철

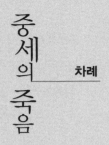

중세의

죽음

차례

제2부 문학 속 죽음

서론

나는 죽으러 간다네.

죽는다는 것은 확실하다네.

죽음보다 더 확실한 것은 없다네.

다만 그 시간이 언제일지 불확실할 뿐이라네.

나는 죽으러 간다네.

바도 모리Vado mori('죽으러 간다네'). 피할 길 없는 엄연한 숙명 앞에 중세 시인들은 이런 영탄의 노래를 불렀다. 죽음은 늘 우리 곁에 있다. 우리가 결국 죽음을 맞으리라는 것만큼 확실한 일도 없다. 이 숙명을 담담히 받아들인 사람들은 마지막 심판의 날에 모두 다시 만나 즐거운 곳에서 영원히 행복하게 살기를 염원하면서 마치 소풍 가듯 이승에서 저승으로 갈 수도 있었을 터이다.

늙은 왕은 침대에서 일어나 앉았다. 그리고 하늘을 향해 두 손을 들어 올리면서 말했다. 자애로우신 주 그리스도여, 지금 저를 데려가주십시오. 이제 큰 기쁨으로 죽음을 맞이할 수 있습니다. 이 몸은 한 떨기 장미와 백합일 뿐입니다. 그러고는 갤러해드를 두 팔로 감싸 안고 힘껏 포옹했다. 그 순간 그의 영혼이 육신을 빠져나갔다.

원탁의 기사 시리즈에 나오는 메에네 왕의 이야기다. 그렇지만 보통 사람들이야 어찌 그럴 수 있으랴. 아마 15세기의 한 농부가 한 말이 더 진실에 가까울 수 있다.

사람들은 때때로 죽음을 소망합니다.
하지만 나는 죽음을 피해 달아나렵니다.
차라리 내가 숨어 있는 포도밭에서
비나 바람이 되렵니다.

죽음을 두려워하지 않았던 아킬레우스의 혼령도 정작 지옥에 가서는 이렇게 중얼거렸다고 하지 않는가.

여기에서 죽은 자들 위에 군림하느니 차라리 외양간지기가 되어 가난한 농부의 시중을 드는 게 더 나으리.

살아간다는 것은 곧 죽어간다는 것. 삶과 죽음은 서로 만나고 얽혀 있다. 모든 살아 있는 것은 다 치열하게 자기 목숨을 부지하려 할 테고 그 점에서는 사람도 다를 바 없을 터이나, 다만 사람이 다른 생명과 다른 점은 오직 그만이 죽음을 의식하며 산다는 것이리라.

죽음에 대해 생각하는 이유는 곧 삶에 대해 생각하고자 하기 때문이다. 죽음 앞에 어떤 태도를 취하느냐 하는 것만큼 자신의 인생관, 가치관, 우주관을 더 잘 드러내는 것이 없다. 인문학자들이면 누구나 죽음에 대해 한번 진지한 고민을 하게 되는 이유다.

이 책은 문학, 역사학, 철학을 공부하는 여덟 명의 연구자가 모두 자신의 분야에서 죽음과 맞닥뜨려본 기록이다. 이들은 모두 중세와 르네상스기에 관심을 둔 학자라는 공통점을 가지고 있다(그리고 사랑하는 동료를 떠나보낸 애달픈 마음을 함께 나눈 사이이기도 하다). 이들이 살펴본 죽음의 여러 측면은 곧 서구 문명이 자리 잡고 새로 비약하는 찬연한 시대의 섬세한 내면 풍경들이다.

죽음 앞에 따로 순서가 없듯이, 그리고 어쩌면 죽음 앞에 모두 홀로이듯이, 이 여덟 개의 글 사이에 어떤 정해진 순서 같은 것은 당연히 없다. 삶과 죽음에 대한 각각의 성찰이 홀로 자기 이야기를 하고 있을 뿐이다. 다만 우리에게 친숙한 관례를 따르고, 또 읽는 이들의 이해를 돕는다는 의미로 1부는 역사와 철학 분야로, 2부는 문학 분야로 구분해보았다.

1부 첫 번째 글(박흥식)은 중세 죽음의 형상화 중 가장 인상적인 '주검들의 춤'을 분석한다. 중세의 설교자들은 죽음의 무도라는 강렬한 이미지를 통해 삶의 무상함을 깨닫게 하고 죽음 이후를 경고하는 하느님의 뜻을 설파했다. 필자는 춤추는 주검의 기원이 「세 명의 산자와 세 명의 죽은 자」 설화와 긴밀히 연관되어 있지 않을까 추론한다. 여러 다양한 변주가 있으나 대개 이 설화는 화려한 옷을 입은 젊은 귀족 세 사람이 사냥을 갔다가 중간에 주검과 극적으로 회동하는 장면을 보여준다. 관에 누워 있는, 혹은 뼈가 드러난 해골 모습을 한 주검들은 그들에게 삶을 되돌아보라는 중요한 교훈을 준다. Quod fuimus estis, quod sumus eritis(우리도 과거에는 당신들과 같았고, 당신들도 머지않아 우리처럼 될 것이오). 이런 내용의 그림과 텍스트가 유럽 전역에 널리 퍼진 이유와 동인이 무엇일까?

이와 관련하여 주목할 텍스트가 성인전 『바를람과 요사파트』다. 인도의 왕 아베나르는 아들 요사파트를 얻었는데, 태어날 때 점성가로부터 기독교인이 되리라는 예언을 듣는다. 기독교도를 탄압하던 국왕은 왕자를 궁전 밖으로 나가지 못하게 하고 생로병사와 관련된 일체의 불행한 이야기를 접하지 못하게 하지만, 우연히 성 밖으로 나간 왕자는 인간 존재에 대한 절망과 구원에 대한 갈망을 경험하게 되고, 후에 은자 바를람을 통해 기독교 진리를 깨달은 다음 결국 스승과 함께 성인으로 추앙된다. 그 후 이 설화는 『황금전설』이라는 성인 열전에 포함되어 더욱 널리 퍼졌다.

놀랍지 않은가, 이 이야기는 부처 설화와 우연이라고 할 수 없을 만큼 유사하다. 연구자들은 산스크리트어 붓다 또는 보디샷따가 여러 언어의 발음을 거치며 전승되다가 유럽 중세에 요사파트로 정착한 사실을 밝혀냈다. 삶에 대한 두려움과 공포, 비탄과 고뇌 등의 감정은 불교나 기독교에서 유사하며, 또한 현세로부터 거리를 두는 종교의 보편적 속성, 특히 고행과 순례 같은 금욕의 실천 또한 공통적이다. 인도의 부처 설화가 근동 지역과 소아시아를 거치며 요사파트 성인전이 되었고, 그 영향으로 「세 명의 산 자와 세 명의 죽은 자」 설화가 각색되어 탄생하여 유럽인들에게 인간이 죽음을 자각해야 하는 존재임을 깨우치는 역할을 하게 된 것이 그런 연유다. 이제 이 설화의 영향을 받아 중세 말기에 마카브르적 개념을 대변하게 된 죽음의 무도는 개인과 사회가 세속화되어가던 경향에 맞서 죽음의 필연성과 공평함을 종교적·사회적으로 일깨워주었다. 인간이 죽을 수밖에 없는 존재임을 새삼 환기시키는 한편, 죽음이 지니고 있는 평등의 이념을 통해 당대의 신분적 질서를 비판하는 기능도 수행했다.

이처럼 주검들이 춤추게 된 계기가 서양 문화 내부가 아니라 인도에서 서양으로 전래된 부처 설화에서 유래했다는 사실은 한편으로 동과 서가 유사한 종교적 감성을 공유하고 있다는 점을 말해주는 동시에 놀라운 길을 통해 문화가 교류하고 있다는 증거가 되기도 한다.

두 번째 글(주경철)은 중세부터 르네상스 시기에 걸쳐 일어난 사후 세계의 근본적인 구조 변화를 추적한다. 핵심 사항은 연옥煉獄(purgatory)이라는 '제3의 장소'의 탄생이다. 본래 기독교적 세계관에서는 사후에 영혼이 찾아갈 곳은 천국 아니면 지옥 둘 중 하나다. 애초 여기에 문제가 있던 게 아닐까. 천국에 직행할 정도로 완벽하게 선한 사람이든 혹은 곧바로 지옥에 떨어져 마땅할 완벽하게 사악한 인간이 어디 그리 흔하겠는가. 대부분의 사람은 사악하기 그지없는 인간은 아니더라도 이런저런 작은 죄를 지으며 살게 마련이어서 천국에 갈 정도로 완벽한 삶을 살지는 못 했을 터이다. 그렇다고 그 모든 인간을 전부 지옥에 몰아넣을 수는 없는 일이다. 그러니 이런 영혼들이 사후에 생전의 작은 죄들을 지우고 천국으로 갈 수 있도록 기회를 제공한 것이 바로 연옥의 교리다. 프랑스 중세사학자 자크 르 고프는 대체로 12세기에 연옥의 개념이 제 모습을 갖춘 후 가톨릭 교리 안에 들어갔다고 추론했다.

이와 연관된 또 한 가지 흥미로운 논의는 죽음에 대한 사람들의 태도가 장기적으로 변화해갔다는 필립 아리에스의 연구다. 특히 중세부터 근대 초 사이에 공동체적인 죽음의 태도로부터 '나의 죽음'의 태도로 이행해갔다는 주장이 연옥의 탄생 논리와 관련이 있다. 원래 시간의 끝에서 죽은 모든 사람이 부활하여 마지막 심판을 받고 구원받을 영혼과 지옥에 떨어질 영혼으로 갈린다는 것이 교회의 일반적인 가르침이었다. 그런데 사람들은 인류 전체가 맞이하는 대종말보다는 죽은 직후 바로 내 영혼이 구원받느냐 아니냐 하는 소종말에 더 큰 관심을 가지게 마련이었다. 내가 죽은 후 어떤 심판을 맞을 것인가, 혹시 내가 천국으로 바로 가지 못하면 그 어떤 방식으로든 죄를 닦을 가능성이 있는가, 이렇게 사람들의 태도가 역사적으로 변화해갔다.

문제는 두 역사가의 고전적인 연구 모두 주로 엘리트 문화를 분석하고 결론을 이끌어냈다는 점이다. 설화와 민담 같은 민중문화 자료들을 분석해보면 이들이 언급했던 시기보다 훨씬 이전에 연옥의 개념이 등장하고 또 개인의 심판이 강조되었음을 알 수 있다. 지식인들이 최종적으로 정리를 하고 교리를 다시 정비하기 이전에 우선 일반 민중의 종교 심성이 독립적으로 먼저 변화해가고 있었던 것이다.

그처럼 '탄생'한 후 연옥은 어떤 변화를 겪었을까?

프로테스탄트 지역에서는 연옥의 교리가 부정되었지만 가톨릭 국가들에서는 갈수록 이 교리가 큰 중요성을 띠어갔다. 바로크 시대를 거쳐 19세기 말~20세기 초에 최정점을 맞이하여, 이때에는 믿는 자는 누구나 연옥을 거쳐 천국으로 가게 되었다고 생각할 정도였다. 이처럼 구원에 이르는 확실한 길로 여겨졌던 연옥의 교리는 제1차 세계대전을 계기로 급속히 사라져가는 중이다. '연옥의 탄생'과 '연옥의 죽음' 현상을 통해 우리가 죽음을 맞이하는 방식이 시대에 따라 실로 크게 변화했음을 확인하게 된다.

세 번째 글(신준형)은 예수의 죽음이라는 미술의 주제를 다룬다. 죽음이라는 주제, 그것도 아주 비참한 고난과 형벌 끝에 죽어간 시체의 모습을 그처럼 오랜 세월 동안 강박적으로, 또 온갖 정성을 다해 시각화해왔다는 사실부터 놀라운 일이 아닐 수 없다. 그토록 중요한 이 주제가 중세 말부터 르네상스에 이르기까지 북유럽과 이탈리아라는 두 세계에서 얼마나 '다르게' 그려졌는가 하는 사실이 이 글의 논점이다.

알프스 이남의 이탈리아에서 예수의 죽음을 나타낸 대표적인 작품으로는 미켈란젤로의 「피에타」를 들 수 있다. 처참한 형벌로 죽은 아들 그리고 그 아들을 무릎에 누인 어머니를 나타낸 것이라면 의당 지극한 고통과 말할 수 없는 슬픔이 표현되어야 할 테지만, 마리아는 너무나 평온해 보이는 얼굴을 하고 있고 예수 역시 아무런 고통을 겪지 않은 모습이어서 마치 안온한 잠 혹은 평화로운 휴식을 연상시킨다. 더 나아가서 미켈란젤로가 그린 다른 드로잉 작품에서는 예수가 거의 술에 취해 인사불성인 취객의 모습을 연상시킨다. 잠자거나 술에 취해 의식을 잃은 모습의 예수, 평온한 표정의 마리아는 도대체 어떤 의미일까?

필자는 이탈리아 르네상스 예술에서 예수의 죽음의 의미를 새롭게 해석한다. 물론 신이 예수라는 존재로 태어났을 때에 그 목적은 고통 속에서 희생됨으로써 인간들 대신 피를 흘리고 인간의 죄를 씻어주기 위함이었다. 따라서 예수의 수난은 고통을 통해서만 성취될 수 있는 신의 자기희생이자 사랑의 표현이다. 그럼에도 이는 '신의 죽음'이었고 인간을 구하기 위한 한시적인 죽음, 사흘 뒤에 부활할 죽음이었다. 고통 속에서 죽음에 이르기는 했지만 일단 죽음에 이르러 고통이 그치면 그 과정은 깨어남을 기다리는 잠과도 같다. 신비의 잠, 상처가 치유되어 죽음에서 삶으로 전이하는 미스터리의 잠은 일종의 황홀경 같은 상태로 이해할 수 있다. 그와 같은 신학 전통이 디오니소스적 몽환지경과의 비유를 낳은 것이다. 말하자면 고대 그리스 문화의 술 취한 디오니소스의 모습이 예수의 형상으로 변화했다는 것이다. 이런 사실을 수태고지 당시부터 이미 알고 있었기에 마리아는 일시적 고통을 감내하며 평온을 유지하는 것이다.

알프스를 넘어 독일 지역으로 가면 예수의 죽음의 이미지는 급변한다. 필자가 대표적으로 드는 작품인 블루텐부르크 시의 성당에 있는 제단화에서, 아버지 성부의 손에 받쳐져 우리에게 보이는 죽은 예수의 몸은 온통 피투성이다. 16세기 독일 화가 마티아스 그뤼네발트의 유명한 「이젠하임 제단화」의 중앙 패널 중 상처 입은 예수의 몸 역시 처절하기 이를 데 없다. 이는 아마도 역사상 가장 참혹하게 예수의 상처 입은 몸을 그려낸 작품이라 할 것이다. 이탈리아의 아름다운 미술과 달리 잔혹하기 그지없는 장면에서 필자는 '예수'도 아니고 '죽음'도 아닌 '고통'에 주목한다. 알프스 넘어 게르만의 땅으로 오면 예수의 죽음이라는 주제는 잠, 신비가 아니라 고통의 절규가 된다.

미술 작품만이 아니라 예술 전반의 성격 역시 그러할지 모른다. 필자는 그림과 연관된 문학작품에서 그런 사실을 밝혀낸다. 토마스 만의 『마의 산』의 주인공 한스 카스토르프가 나프타라는 예수회원의 방을 방문하는 장면에서 발견한 기괴한 피에타 상에 대한 묘사는 필경 한스 홀바인이 그린 「죽은 그리스도」를 가리키고 있다.

이제 학술적으로는 거의 언급하지 않는 지난 시대의 개념인 지역적 특성 혹은 민족적 특성을 다시 끄집어내서 굳이 그 렌즈를 통해 작품을 살펴보고자 하는 이유는 죽음에 대한 인식과 시각화의 특징을 예리하게 잡아내는 데에 그 방식이 여전히 매우 강력한 도구가 되기 때문이다.

네 번째 글(강상진)은 철학적 죽음의 이해에 관한 글이다. 원래 아우구스티누스에게서 기초를 확인할 수 있는 기독교적 죽음의 이해가 12세기의 사유 안에서 구체적으로 어떻게 이해되고 수용됐는지를 살피고 있다.

인간은 본성적으로 죽음을 기피하려 하고, 자신이 단일한 생명체로서, 즉 육체와 영혼이 결합된 채로 살아남기를 간절히 바란다. 하지만 순교자들의 죽음에서 보는 바와 같이 죽음이 참된 생명으로 건너가는 도구, 혹은 의덕의 수단으로 전환될 수 있다. 신앙을 포기하느냐 죽음을 선택하느냐 하는 양자택일 앞에서 의인들은 믿음으로써 죽음을 감당할 것을 선택함으로써 오히려 하느님의 은총을 입었으니, 생명과 상극임이 분명한 죽음이 오히려 생명으로 건너가는 도구가 됐다는 것이다. 다시 말해 구세주의 은총에 힘입어 죄의 벌이었던 죽음이 도리어 의덕의 수단usus iustitiae으로 전환된다는 것이다.

이러한 사유를 12세기의 아벨라르두스는 자신의 방식으로 소화한다. 죽음에 대한 회피와 슬픔이라는 자연적 감정을 보다 그리스도적 사유 틀에서 인간적으로 승화시키는 방식은 없는 것일까? 아벨라르두스가 아우구스티누스로부터 물려받았던 사유로부터 한 걸음 더 나아가는 방식은 '의도' 개념을 통해 드러난다. 그리스도의 수난에서 나타나는 "이 잔을 저에게서 거두어" 달라는 기도로부터 "그러나 제 뜻이 아니라 아버지의 뜻이 이루어지게 하십시오."(「누가복음」 22장 42절)에로의 이행을 어떻게 설명할 것인가? 아벨라르두스는 예수가 죽음을 두려워하고 죽음이 지나쳐가기를 원했을 때 "죽음이 예수의 인성을 장악한 것 같았지만, 자신의 죽음 안에서 동의하리라 알고 있었던 우리의 구원에 대한 열망 때문에 고통과 죽음을 감내tolerare"했다고 분석한다. 죽음에 대한 두려움이라는 일차적 의지의 방향을 인정해야 '인류의 구원'이라는 목적에 의해 매개되어 자신의 죽음을 수용하는 '의도'가 이해되고, 이 의도에 따라 행동의 선악이 결정된다는 것이다. 죽음에 대한 자연스러운 반응으로서의 슬픔의 감정을 한 축에 놓고, 슬픔이 결국 가져올 수 있는 것이 없다는 이성적 파악 혹은 보다 큰 목적을 위해 죽음을 소화해야 한다는 지적 통찰을 다른 한 축에 놓으면서 양자를 매개하는 '의도'를 통해 인간적 감정의 딜레마를 돌파하는 것이다. 헬로이사가 작성한 시나 아벨라르두스의 신학적 논의 모두 슬픔의 힘vis doloris과 이성의 힘vis rationis으로 이 두 축을 개념화하고 있으며, 아벨라르두스의 경우 전자를 인간적 의지에, 후자를 신적 의지(섭리)에 대한 통찰과 연결시키고 있다. 이것이 아벨라르두스가 죽음을 신학적으로 수용하는 고유한 방식이다.

그러나 이런 신학적 혹은 철학적 논의에 과연 당대인들이 얼마나 투철했는지는 알 길이 없다. 어쩌면 당사자들 역시 그들의 사랑과 죽음에 대해서는 신학적 논의와는 다른 태도를 견지했는지도 모를 일이다. 아우구스티누스로부터 물려받은 그리스도적 죽음 이해를 12세기적 방식으로 자기화하려 했던 지적 노력에도 불구하고, 일상적인 이해와 반응은 다른 길을 가는 것처럼 보인다. 헬로이사의 육신이 아벨라르두스의 육신 옆에 안치됐을 때 아벨라르두스의 팔이 헬로이사를 반겼다고 전설은 전한다. 우리가 아무리 아벨라르두스를 통해 '그리스도적 죽음 이해의 12세기적 자기화'를 논하려 해도, 그의 제자이며 연인이었던 헬로이사 그리고 그녀의 제자였던 수녀원의 수도자들, 더 나아가 둘 사이에 죽음을 넘어선 사랑이라는 전설을 만들어낸 당대 사람들은 인간적 감정에 충실한 또 다른 방식으로 죽음 담론을 구성하고 있었던 것이다.

이제 우리는 2부에서 문학이라는 풍요로운 세계에서 죽음이라는 주제가 더 다양하게 변주되는 것을 확인하게 된다.

먼저 아서 왕 이야기를 다루는 두 편의 흥미로운 글이 이어진다.

2부의 첫 번째 글(김정희)은 영국과 프랑스 문학에서 아서 왕의 죽음이 변주되는 방식과 그 의미를 비교해 보여준다. 아서 왕 이야기는 영국에서 처음 씌어진 이래 프랑스를 비롯해서 유럽 전역에서 확대 재생산되었고, "각 지역의 끊임없이 변화하는 역사적 현실 그리고 그것을 뒷받침하는, 혹은 그것에 저항하는 이데올로기와 결합"하면서 계속 변형되어 나갔다. 작품마다 다르게 나타나는 아서 왕의 이미지는 바로 변화하는 사회문화적 맥락이 요청한 바에 대한 답으로 기능한다. 가장 대표적인 것이 아서 왕의 죽음 이야기다. 그가 어떻게 죽느냐를 파악하는 것은 곧 아서 왕에게 투영된 가치들을 종합하는 작업이라 할 수 있다.

아서 왕의 죽음 이야기는 전장에서 입은 치명상, 죽음의 유예 및 생환에 대한 기대 그리고 무덤의 발견과 죽음의 확정 등의 요소들을 포함하지만, 각각의 작품들은 이 메뉴 가운데 일부를 선택하여 조합하고 있다. 이는 5세기부터 13세기까지 일어난 일련의 역사적 사건들 즉, 색슨족의 브리튼 침략과 정복, 이에 대한 브리튼족의 저항과 왕국 재건의 꿈, 노르망디 공 기욤에 의한 잉글랜드 정복과 앙글로노르망 왕조의 위상 강화, 이어서 프랑스의 왕권 강화의 맥락에서 이해되어야 한다. 예컨대 아서가 죽지 않고 언젠가 화려한 귀환을 하리라는 믿음은 색슨족의 지배로부터 브리튼족을 구원하리라는 믿음을 낳으면서 아서는 브리튼 왕국 재건의 상징이 되었다. 그러나 1066년 노르망디 공 기욤에 의한 잉글랜드 정복 이후 영국의 새로운 지배자가 된 앙글로노르망 왕실의 입장에서는 이러한 아서의 귀환 신앙은 불필요하든지 불편한 요소가 되었다. 아서 왕이 치명상을 입고 치유 중이라는 애매한 미확정 상태로 두는 것이 차라리 한 가지 해결 방안이 될 수도 있다. 이런 상태로부터 확고한 '재활용' 방안을 찾은 것은 헨리 2세 시대였다. 아서 왕에게 프랑스가 내세우는 샤를마뉴에 견줄 만한 상징적 선조 역할을 맡기되, 아서 왕의 귀환에 대한 브리튼인들의 기대를 꺾어놓는 것이다. 글래스턴베리 수도원에서 소위 아서 왕의 무덤이 '발견'되는 사건은 브리튼인의 희망을 무너뜨리고 또 아서 왕을 실재했던 인물로 만드는 두 가지 목표에 완벽하게 부합하는 것이었다.

프랑스 소설 『아서 왕의 죽음』에서는 그런 복잡한 고려가 불필요했다. 프랑스에서 아서는 처음부터 명성은 높으나 실권은 없는 무력한 왕으로 등장한다. 아서는 프랑스와는 경쟁 관계에 있었던 영국 왕실의 상징이자 점차 강화되는 왕권으로서는 지양해야 할 이상적인 봉건 왕의 상징이었다. 아서 왕을 확실하게 죽음의 세계로 보낼 수 있었던 것은 그 때문이다. 13세기 프랑스 문학 세계에서 아서 왕은 정치적인 죽음에 이어 육체적인 죽음을 맞는다. 아서 왕은 '검은' 예배당의 무덤 속에 그가 마지막으로 생명을 앗아간 원탁의 기사 뤼캉과 같이 나란히 누워 있다. 아서가 너무 힘껏 포용하여 그만 심장이 터져 죽은 뤼캉의 안타까운 사연은 이제 더 이상 운명이 아서의 편이 아니라는 점을 증언한다. 그는 분명 영웅의 풍모를 잔뜩 안고 있긴 하나 영국의 소설에서 그러하듯 "여기 한때 왕이었고 미래에도 왕이 될 아서가 잠들다"라는 희망적인 묘비명 같은 것은 눈에 안 보인다. 아서가 돌아올 필요가 없는 상황인 것이다. 왕권 강화기로 접어든 프랑스에서 강력한 군주제 이데올로기에 대항하는 봉건 제후들의 이상을 그렸던 아서 왕 문학은 더 이상 설 자리가 없으며, 오히려 봉건적 이데올로기의 한계를 보여주는 용도로 필요했을 뿐이다. 아서 왕은 그가 구현한 체제와 함께 죽음을 맞이한다. 호수 아래에서 떠올라 아서 왕의 칼 엑스칼리버를 물속으로 가지고 들어가는 손은 아서 왕에게 맡겨졌던 소임을 거두어들이는 기호다.

두 번째 글(김현진)은 아서 왕 이야기의 여러 판본 가운데 토머스 맬러리의 『아서 왕의 죽음』에 집중한다. 김정희의 앞의 글과 인명들이 다르게 표기되는 것도 읽는 대상 텍스트가 다르기 때문이다.

자신들의 금지된 사랑 때문에 일어난 분란이 왕의 죽음과 원탁 기사단의 붕괴로 막을 내리자 그니에브르(귀네비어)와 란슬롯은 속세를 등지고 수녀와 수사로서 삶을 마감한다. 그러나 두 연인은 끝내 서로에 대한 미련에서 벗어나지 못했음에 틀림없다. 두 사람 모두 그들의 잘못된 삶을 치유하고 영혼을 치유하겠다며 수도원으로 들어갔지만, 란슬롯은 귀네비어가 죽자 곧바로 삶의 의지를 상실하고 죽음을 재촉하며, 귀네비어 또한 마지막 순간에 차마 란슬롯 경을 보지 않기를 기원하는 걸 보면 죽음의 순간에 이를 때까지도 이들은 사랑의 굴레에서 헤어나오지 못한 상태다.

맬러리의 작품은 이처럼 두 연인의 이별과 죽음을 감동적으로 그리지만, 그렇다고 두 사람의 사랑을 긍정적으로 보는 것은 결코 아니다. 프랑스 궁정식 로맨스 전통에 따라 사랑을 기사다운 삶의 요건으로 제시하고는 있지만 동시에 두 연인의 '불륜'과 '간통' 관계를 금기시하는 이중적 태도를 취한다. 자연히 귀네비어의 비중이 적어지고 그 대신 '마초' 성향의 란슬롯은 마음대로 무예를 떨치고 명예를 쌓으면서 남성 간 경쟁과 우애에 더 많은 시간과 노력을 투자한다. 성배 탐색에서 돌아온 란슬롯이 다시 귀네비어와 눈이 맞아 서로 뜨겁게 사랑하는 지경에 이르지만, 위태로운 사랑의 와중에 오히려 란슬롯은 치유의 기적을 행하는 기회를 통해 최고의 기사로 부상하는 영예를 누린다. 이런 상황에서 귀네비어는 란슬롯의 용기와 미덕의 원천이 아니라 "버겁지만 받아들여야 하는 낡은 숙명 같은 존재"가 되어버린다. 남은 길은 마지막으로 두 연인이 불꽃같은 사랑을 확인하고는 슬프고 아름다운 이별을 맞이하는 수밖에 없다. 이 이별은 실로 비극적인 역설로 가득하다. 귀네비어는 남편의 가신과 간통한 패륜녀지만 그럼에도 남편에게 가장 진실한 숙녀여야 하고, 란슬롯 또한 왕비와 간통한 죄인이지만 그럼에도 불구하고 왕의 둘도 없는 충신이자 친구여야 한다. 그와 동시에 귀네비어와 란슬롯은 세상에서 가장 진실한 사랑을 나누어야 한다. 작가는 이 모든 것을 살려내야 하는 지극히 힘든 과제를 떠안고 있다. 맬러리는 슬프고도 아름다운 이별과 죽음을 지극히 감성적으로 그려냄으로써 완벽하게 미션을 마친다.

아서 왕 이야기는 현재에도 사랑과 죽음의 의미를 채굴하는 풍요로운 탄광이다. 때로 그 이야기가 막장으로 치닫는 것은 중세로부터 현대에 이르는 유구한 전통 위에 서 있다. 필자는 아서 왕 이야기를 여성 인물들의 관점에서 재구성한 브래들리의 소설 『아발론의 안개』를 소개하여 '봉건적'으로 숭고한 현대판 죽음과 이별의 감성을 다시 맛보게 한다.

여성은 자신을 희생하며 사랑해야 할 이유가 있을까? 자신의 영적 구원과 사랑 가운데 어느 것이 더 소중한 걸까? 그들은 오히려 이기적으로 사랑을 한 것이 아닐까? 그들이 죽음에 이르기까지 잊지 못한 이유는 무엇일까? 중세의 사랑과 죽음 이야기가 오늘날 우리에게도 계속 질문을 던지는 이유는 그 누구도 이에 대해 딱 부러지는 정답을 줄 수 없기 때문이다.

세 번째 글(이종숙)은 셰익스피어의 무대로 우리를 초대하여 햄릿이 직면한 죽음에 대해 질문을 던진다.

햄릿은 "검은 옷을 입고 무대에 처음 등장하는 순간부터 죽음을 생각하고 죽음의 의미를 물으며 죽음을 향한 여정을 시작한다." 그는 중세의 여운을 간직하고 있는 동시에 근대 세계를 향하고 있는 무대에 올라와 있다. 이곳의 특징은 공식적으로 천국과 지옥만 남고 연옥은 지워 없어졌다는 것이다. 영국 교회는 '연옥의 죽음'을 공식화했기 때문에 이제 영혼은 연옥이라는 중간 기착지를 거치지 않고 곧장 천국이나 지옥으로 가게 됐다. 그런 만큼 죽은 자의 영혼이 산 자에게 나타나 기도를 구할 필요도 없게 됐다. 그러나 교회가 그렇게 명령했다고 정말로 모든 유령과 귀신이 일시에 무대에서 사라지라는 법은 없다. 16세기 말 영국은 종교개혁을 통해 크게 달라진 사후 세계의 양상과 기존의 중세 가톨릭교회 전통이 서로 갈등하며 공존하는 곳이었다. 햄릿이 직면하고 있는 사후 세계는 그만큼 더 불확실하고 위험한 모습을 띠고 있다.

햄릿이 만난 '아비의 혼령'은 대체 어디에서 온 존재란 말인가? "정해진 기간 동안 밤이면 나와 밤새 서성대고/ 낮에는 불길에 갇혀 생전에 지은 더러운 죄가/ 타서 깨끗이 없어질 때까지 단식 고행하라는/ 심판을 받았다"고 하니, 이 혼령이 거하는 곳은 분명 불로 생전의 죄를 지우는 연옥을 가리킨다. 그렇다면 셰익스피어는 이제는 사라져버린 연옥에서 유령을 데리고 나와 프로테스탄트 교도들의 세상에 세운 것이다. 이 불확실하고 괴이한 상황에서 유령이 실체인지 아닌지, 유령이 전하는 말이 참인지 아닌지 묻고 해석하는 역할은 극 안과 밖의 목격자들에게 맡겨져 있다.

셰익스피어의 무대에는 중세 유령과는 성격이 다른 '신세대 유령'이 등장하는 셈이다. 그렇게 해서 그는 어떤 극을 만들었을까? 『햄릿』의 유령은 피 튀기는 복수를 요구하기는커녕 입을 열지도 않고 사람들 옆으로 그냥 걸어 지나가버린다. 주인공은 죽은 아버지의 모습을 한 이 유령이 신의 뜻을 전하는 천사인지 산 자를 유혹하는 악마인지 정체를 분별하는 일에 몰두하지 않을 수 없다. 그렇게 함으로써만 자신이 행하는 복수의 정당성을 확보할 수 있기 때문이다. 그 결과 셰익스피어의 복수극은 그때까지의 복수극과는 완전히 성격이 다른 작품이 되었다. 유령의 정체를 의심함으로써 "죽음과 사후 세계의 진실과 불확실성을 동시에 심문하고, 그런 심문을 통해 결국 신적 정의와 질서 또는 섭리에 대한 심문으로 진행하는 그런 종류의 복수극"이 탄생한 것이다.

마지막 글(김경범)은 『돈키호테』의 죽음과 관련된 지극히 섬세하면서도 복잡한 문제를 제기한다.

『돈키호테』는 1부 첫 장에서 스스로 편력 기사를 자임하며 길을 떠난 주인공이 2부 마지막 장에서 마을로 돌아와 자신은 더 이상 돈키호테가 아니고 '알론소 키하노'라고 선언하고 나서 죽는다. 누가 그를 죽인 것이 아니고, 누군가에게 상해를 입은 것도 아니다. 그는 마음의 병을 얻었고, 스스로 자신을 죽게 놔둔다. 그 마음의 병은 왜 생겼을까, 그는 왜 자신을 죽게 놔둘까, 그는 죽기 전에 왜 돈키호테를 부정했을까, 죽은 우리의 주인공은 이름이 무엇일까, 산초와 주변 사람들은 왜 여전히 그를 미친 사람으로 생각할까. 질문은 끝없이 이어진다.

소설의 문제의식은 현실 인식의 혼란과 인식의 주체에 있다. 주인공은 밤낮없이 기사소설만 읽다가 현실과 허구, 그리고 현재와 과거를 혼동하고 만다. 그 앞에 놓인 현실은 마법에 걸린 채 허상과 실체 사이에서 부유하고 있다. 현실은 여러 층위로 구성되어 있는 것처럼 보이고, 진실과 거짓의 경계는 모호하다. 1부에서 돈키호테가 풍차를 거인으로 생각하고 돌진했지만, 2부에서는 들판 위에 서 있는 물체가 풍차라고 생각한다. 그런데 오히려 주변 사람들은 그것이 거인이라고 돈키호테를 속이면서 그것이 풍차로 보이는 이유는 현실이 마법에 걸려 있기 때문이라고 설득한다. 딜레마가 아닐 수 없다. 그것이 풍차라고 주장한다면 그의 정체성이 의심스럽게 되고, 반대로 풍차로 보이지만 사실은 거인이라는 사람들의 주장을 받아들이려면 뭔가 합리화가 필요하다.

돈키호테로 살아본 주인공은 '우수와 자폐'라는 마음의 병을 얻고 알론소 키하노로 다시 한번 변하여 죽음을 맞는다. 알론소 키하노는

'치유된 돈키호테'라고 할 수는 없어 보인다. 마음의 병을 계속 갖고 있을 이유가 없고, 따라서 죽을 이유도 없는 그가 스스로 죽음을 선택할 수는 없기 때문이다. 그렇다면 죽은 사람은 대체 누구일까? 우리는 끝내 죽은 사람의 본명을 알 수 없다.

라만차의 어느 시골 양반이 돈키호테로 변신한 것이 하나의 광기라면, 돈키호테였던 사람이 알론소 키하노로 변신한 것도 또 다른 광기다. 돈키호테의 광기가 지루한 시골 양반의 삶을 버리고 기사도의 세계와 둘시네아를 찾아 떠나는 모험이었다면, 알론소 키하노의 광기는 존재의 의미를 영원히 보존하기 위한 것이다. 찬연한 기사도의 세계가 사라지고 존재의 의미도 사라진 뒤의 삶을 감당할 수 없을 때, 주인공은 알론소 키하노로 변하여 자신의 죽음을 스스로 선택하는 광기 혹은 영웅적 행위를 수행한다. 그는 죽음으로써 역설적으로 자신의 존재 근거를 긍정하고 영원한 생존에 대한 약속을 얻는다. 산초의 말처럼, 죽음은 인간이 할 수 있는 가장 지독한 광기이면서 알론소 키하노의 마지막 영웅적 행위가 된다. "그가 죽었음에도 죽음은 삶에게 승리를 거두지 못했다"는 그의 묘비명처럼, 한때 돈키호테였으며 한때 알론소 키하노였던 주인공은 죽음으로써 그(들)의 이름(들)을 영원하게 만들었다.

여덟 번의 죽음 끝에 우리는 어떤 결론을 얻을 수 있을까? 죽음에서 결론을 이끌어내는 것이 과연 가능할까? 실로 무망한 일이다. 어쩌면 우리는 그것에 대해 알 수 없다는 사실만 알 수 있을 뿐인지 모른다. 우리가 남기는 이 글들도 다만 죽음에 대한 여러 갈래의 상념일 뿐. 늘 우리 곁에 있지만 끝내 친해지기는 어려운 것, 모든 것을 다 종결시키지만 다시 모든 것이 시작되는 것, 영원한 질문!

　다시 말하거니와 죽음만큼 확실한 것이 없지만, 그리하여 그 근본적인 슬픔 앞에 때로 우리가 어찌할 바를 모르지만, 우리가 다른 동물과 다른 점은 바로 그 사실, 우리가 죽을 수밖에 없는 존재라는 사실을 생각하고 깨달으며 살아간다는 것이다. 약간 성급하게 그 길을 먼저 떠난 우리 친구를 잠시 생각해보는 것 또한 그런 종류의 일이다.

　죽음에 대해 삶의 어느 한때 가져보았던 이 상념의 기록들이 이 글을 읽는 이들에게 다시 또 어떤 상념으로 이어지지 않을까 생각해본다.

저자 일동

제1부

죽음의
이미지와
담론들

주검은 왜 춤추게 되었을까

죽음의 무도의 기원을 찾아서

박흥식 서양사학과 교수

죽음의 무도의 기원

바티칸 대성당을 비롯해 유럽의 여러 성당이나 수도원에는 죽음을 형상화한 그림들이 적지 않게 걸려 있다. 대체로 중세 말기와 근대 초기에 그려진 그와 같은 이미지들은 유럽 전역에서 죽음에 대한 태도에 변화가 일어나고 있었음을 시사한다. 네덜란드 역사학자 요한 하위징아는 죽음의 무도로 대표되는 "죽음의 마카브르macabre 개념이 중세 말기 한 시대 전체의 사고를 표현한다"고 주장하기까지 했다.[1] 그와 같은 히스테리적 현상의 원인으로 흔히 유럽 인구의 절반 가까이를 죽음에 이르게 한 흑사병을 지목하지만, 중세 사회가 번성을 구가하던 12, 13세기에 이미 그와 같은 모티브들이 등장하기 시작했다는 점에서 설득력 있는 해명이 되지 못한다.[2]

중세 유럽에서 춤은 음란과 욕정을 불러일으키고 신앙적 맥락에서 하느님께 반항하는 행위로 여겨졌다. 중세 초기부터 여러 종교 지도자는 춤을 추는 행위를 비판했을 뿐 아니라, 각종 종교회의를 통해서 금지시켰다. 춤은 악마를 소환하고, 생명의 마지막 문턱을 넘어 죽음으로 인도하는 의식으로 간주되기도 했다. 인간이 죽으면 지옥 혹은 천국에서 악마 혹은 천사와 춤을 추게 된다고 생각했는데,[3] 점차 천국에 대한 확신을 갖지 못하게 된 인간들에게 죽음의 무도는 부정적 의미의 죽음, 즉 마지못해 영원한 벌을 받으러 가는 두려운 과정이었다.[4] 그렇지만 춤이라는 형식이 타부 및 교회의 권위에 대한 저항이라는 의미만 띠고 있던 것은 아니었다. 영국 중세미술사가 폴 빈스키는 특히 15세기에 춤이 인간의 타락한 본성을 정화하는 알레고리적 의미를 지니고 있었다는 사실을 규명했다.[5] 그는 가톨릭교회가 이교적인 요소가 깃들인 카니발을 결국 종교 문화 속으로 흡수했듯이 죽음의 무도도 죽음에 대한 공포를 극복하는 기능을 수행했다고 본다.

13세기 이래로 유랑하던 탁발 수도사들은 도시의 광장이나 공동묘지에서 집회를 열었고,[6] 죽음을 단골 메뉴 삼아 설교했다. 설교자들은 현세적인 가치를 조롱했고, 죽음 뒤에 심판이 있다는 사실을 강조했다.[7] 이런 배경에서 벽화의 형태로 가장 먼저 등장한 죽음의 무도들은 설교 중에 경고와 저주의 차원에서 활용됐다. 차츰 기도서를 비롯한 여러 종류의 필사본들과 판화 및 제단화 등에도 이런 이미지들이 확산됐다. 그만큼 이미지화한 죽음은 민중적 기반을 지니고 발전했다. 설교자 및 종교 기관들은 죽음의 무도를 수단 삼아 당대인에게 하느님의 뜻에 합당한 삶을 호소했으며, 춤추는 주검은 삶의 무상함과 더불어 죽음 이후를 경고하는 하느님의 전령이었다.

죽음의 무도의 기원에 대한 유력한 해석 중 하나는 바도 모리Vado Mori 시詩다. 바도 모리라는 구절이 매 행의 시작과 끝에 반복되는 이 라틴어 시는 13세기에 불리기 시작했다.

나는 죽으러 간다네.
죽는다는 것은 확실하다네.
죽음보다 더 확실한 것은 없다네.
다만 그 시간이 언제일지 불확실할 뿐이라네.
나는 죽으러 간다네.

프랑스에서 널리 불렸던 이 시에는 국왕과 교황 이하 각 신분의 대표들이 차례대로 등장하는데, 그들 모두 불가피한 죽음, 임박한 죽음 앞에서 인생의 무상함을 탄식한다. 죽음의 무도와 유사한 내용을 담고 있는 이 시의 등장은 죽음의 무도가 광범위하게 확산될 수 있었던 요인으로 거론된다.[8] 이보다 앞서서 12세기 말에 불리던 엘리낭 드 프루아드몽의 「죽음의 시」를 비롯한 몇몇 시들도 죽음의 무도가 등장하는 데 영향을 미쳤을 것으로 추정된다.[9] 그 시들은 죽음의 확실성과 만연함, 죽음으로의 초대, 지상에서의 삶에 대한 회한이나 교훈 등을 내포하고 있다.

바도 모리 계열의 시들은 다양한 판본이 전하지만, 14세기까지도 이미지로 표현되지 않았다.[10] 따라서 이미지가 추가되어 우리에게 익숙한 죽음의 무도가 완성되기까지는 또 다른 요소, 즉 「세 명의 산 자와 세 명의 죽은 자」와 같은 설화가 필요했다. 이 설화는 13세기 말 이래 라틴어는 물론 불어, 이탈리아어, 독일어 등의 텍스트에 등장하며 유럽 전역에 확산되어 있었다. 이 설화에는 이교적 문화의 영향을 엿볼 수 있는 요소가 많다는 점도 흥미를 끈다. 기독교적 전통에서는 삶과 죽음의 영역이 뚜렷하게 분리되어 있어 죽은 자가 경계를 넘어 산 자에게 나타나거나 심지어 말을 건네는 경우가 드물다.[11] 죽음은 이생에서 저승으로 가는 과정에 불과하며, 죽음 이후에도 생은 계속된다고 이해됐다. 죽은 영혼은 심판을 통해 천당이나 지옥 혹은 연옥으로 가기 때문에 죽은 자의 혼령이 살아 있는 인간 주위를 떠돈다거나 산 자들에게 경고를 보낸다는 발상은 기독교와 무관한 토속적인 것이거나 외부로부터 전래된 종교 문화의 영향이라고 추측할 수 있다. 가톨릭이 지배적인 종교가 된 후에도 유럽 문화에는 기독교의 유일신으로부터 추방된 정령이나 미신적 요소가 민담의 형태로 저작들에 계속 살아남았다. 토마스 아퀴나스는 이러한 혼령들의 출몰을 하느님이 산 자들에게 훈계를 위한 목적에 국한해 허용하는 것이라고 옹색하게 둘러댔다.[12] 이교적인 민간신앙은 16세기에도 성 마태오 축일 밤에 교회 묘지에서 죽은 자들의 원무를 보게 되면 그해에 이생을 떠나게 된다는 속설을 만들어냈고, 죽은 후에 평화를 찾지 못한 영혼들이 인간들에게 찾아와 산 자를 데려간다는 이야기를 낳았다.[13]

이 글에서는 죽음의 무도의 기원이 「세 명의 산 자와 세 명의 죽은 자」 설화에 있다고 전제하고, 이 설화의 유래와 영향을 살펴보려 한다. 먼저 죽음에 대한 이미지와 글이 결합된 첫 사례인 이 설화의 내용과 의미를 소개하고, 유럽 내에 그 이야기가 이미지로 확산되던 양상을 살펴볼 것이다. 이어서 이 설화의 근원으로 생각되는 『바를람과 요사파트 성인전』의 내용을 분석하고, 그 근원 설화에 해당하는 부처 설화가 전파되고 변신하는 과정을 추적할 것이다. 그리고 마지막 부분에서는 그 성인전이 어떻게 「세 명의 산 자와 세 명의 죽은 자」 설화로 변형됐을지 추론해 볼 것이다.

「세 명의 산 자와 세 명의 죽은 자」 설화

「세 명의 산 자와 세 명의 죽은 자」 설화를 기록한 다양한 문헌들 사이에 다소 상이한 부분들이 포함되어 있지만 그 줄거리, 등장인물, 전달하고자 하는 교훈 등은 대체로 대동소이하다. 화려한 옷을 입은 세 사람이 사냥을 가다가 우연히 세 주검과 극적으로 회동한다. 산 자들은 주로 젊은이들로 표현되는데 입고 있는 의상으로 보아 왕이나 귀족으로 상정되는 높은 신분이다. 반면 세 명의 주검은 시체 상태로 관에 누워 있거나 뼈가 드러난 해골로 묘사된다.(그림 1, 2, 4 참조)[14] 어떤 텍스트에서는 주검들이 선 채로 방문자를 맞고, 드물지만 15세기 독일의 판본에는 산 자들을 위협하거나 공격하는 주검들도 그려졌다. 어찌 됐든 산 자들이 주검에게 공포와 두려움을 느끼고 있는 상황에서 주검이 그들에게 말을 건넴으로써 대화가 시작되고 결국 인생을 돌아볼 만한 중요한 교훈을 남긴다. 죽은 자들은 산 자들이 부, 권력, 젊음에 취해 인생을 탐닉하며 하느님께 순종하지 않는다는 사실을 지적한다. 그들이 산 자들에게 던지는 핵심 메시지는 "Quod fuimus estis, quod sumus eritis(우리도 과거에는 당신들과 같았고, 당신들도 머지않아 우리처럼 될 것이오)"라는 구절이다. 주검들은 살아 있는 자들에게 언제 찾아올 지 모르는 죽음을 피할 수 없다는 사실을 알려주고 지옥의 고통과 심판을 대비하여 선행을 베풀며 살라고 당부한다. 결국

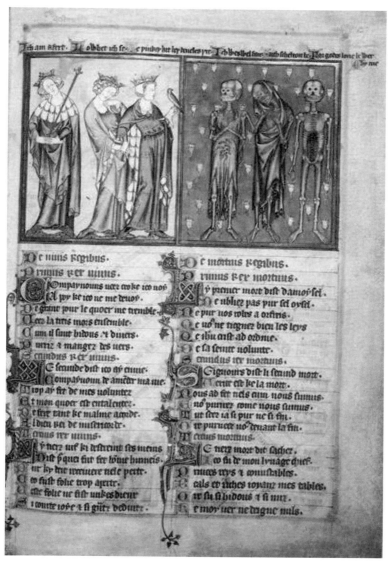

〔그림 1〕 로베르 드 릴의 시편에 그려진 「세 명의 산 자와 세 명의 죽은 자」 이미지, 1310년경. 출처: Paul Binski, *Medieval Death. Ritual and Representation* (London: British Museum, 1996), 도판 VIII.

〔그림 2〕 순례자들의 교회였던 위버링엔의 성 요독 교회(St. Jodokus in Überlingen)에 그려진 「세 명의 산 자와 세 명의 죽은 자」 벽화, 1424년경. 출처: Hans Georg Wehrens, *Der Totentanz im alemannischen Sprachraum* (Regensburg: Schnell und Steiner, 2012), p.33.

산 자들은 자신들도 머지않아 죽음을 맞이해야 한다는 사실과 인생의 허무함을 깨닫는다. 이 단순한 설화는 서양에서 죽음이 의인화된 형태로 등장하는 최초의 사례다.[15]

성경에는 죽은 자들이 살아나는 상황에 대한 예시가 있다. 구약성경에 선지자 에스겔이 마른 뼈들이 살아나는 환상을 목격하는 장면이 등장하고(「에스겔서」 37장 1~14절), 「이사야서」에는 "최후의 날에는 무덤에서 잠자던 자들이 깨어나고 시체가 다시 일어설 것이다"(「이사야서」 26장 19절)라는 구절이 있다. 신약성경 「요한계시록」 6장에서도 최후의 날에 있을 심판을 비유적으로 표현한다. 이런 단초들이 후에 '죽음의 승리'라는 모티브로 발전했으리라 추측되지만, 엄밀한 의

〔그림 3〕 아트리 대성당, 「세 명의 산 자와 세 명의 죽은 자의 만남」, 1260년경.

미에서 유대교적 그리고 나아가 기독교적 종교 문화에서 주검이나 혼령이 산 자의 세계에서 활동할 여지를 발견하기는 어렵다. 간혹 서양 문화에서 등장하는 유령의 경우 지옥으로부터 온 자들이거나 사탄의 졸개라기보다는 사망한 지 얼마 되지 않은 연옥의 유령들이 가족이나 가까운 지인들에게 나타난다고 해석됐다.[16]

아무튼 이 설화는 유럽의 여러 지역 및 나라에서 조금씩 변형된 형태로 그 존재가 확인되고 벽화로도 그려졌다. 독일 지역에서는 이 모티브가 출현한 곳들에서 예외 없이 14세기에서 16세기 사이 죽음의 무도 이미지들이 등장했다.[17] 이를 근거로 이 설화가 죽음의 무도가 텍스트와 이미지가 결합된 형태로 완성되어 확산되는 데 결정적으로 영향을 미쳤으리라 추론할 수 있다. 죽음의 무도에서는 신분 고하를 막론하고 죽음이 누구에게나 닥친다는 사실과 원무가 지니는 공동체적 성격이 강조된다. 반면 후에 등장하는 '죽음의 승리'는 갑작스럽

〔그림 4〕 캄포 산토 묘지 회랑에 그려진 프레스코화. 프란체스코 트라이니, 「죽음의 승리」, 1350년경. 출처: John Aberth, *From the Brink of the Apocalypse* (New York: Routledge, 2001), pp.200~201.

게 닥칠 죽음이나 대규모 재앙 즉 준비되지 않은 죽음을 강조하는 차이가 있다. 기근, 전쟁, 전염병 등 갈수록 죽음이 만연해지고 예고할 수 없는 상황이 전개되면서 죽음 및 주검에 대한 표현 방식도 발전된다. 14세기 중엽 프란체스코 트라이니가 그린 피사의 캄포 산토 묘지의 회랑에 그려진 프레스코화 「죽음의 승리」에는 한 그림 안에 「세 명의 산 자와 세 명의 죽은 자」 설화를 포함해 여러 모티브가 결합되어 있다.(그림 4 참조) 15세기 말에 그려진 클루소네 벽화도 세 종류의 상이한 전설이 혼합된 대표적인 그림이다.(그림 5 참조)[18] 이는 중세 말기에 이 설화가 죽음의 무도나 죽음의 승리와 긴밀하게 연결되어 이해되고 있었던 맥락을 보여준다.(그림 6 참조) 하지만 이런 자료들도 어떻게 한 모티브가 다른 모티브로 발전했는지 규명할 만한 실마리를 제공하지는 않는다.

「세 명의 산 자와 세 명의 죽은 자」 설화가 이미지로 표현된 최초

〔그림 5〕 클루소네, 고행수도회 건물 외벽에 그려진 「죽음의 승리」, 1485.

〔그림 6〕 피테르 브뤼헬, 「죽음의 승리」, 1562.

의 벽화는 1260년경 아트리 대성당에 그려졌다.(그림 3 참조) 다른 그림들과 달리 이 그림에는 세 명의 귀족 외에 동자들이 등장하는데, 이들이 주검을 보고 몹시 놀라는 상황을 연출하고 있다. 후대의 이미지들에는 동자들의 모습이 생략되어 있어서, 이 초기 이미지가 설화 내용과 이미지 사이의 관계를 살펴볼 단초를 제공한다. 이 외에도 몬티 사바니Monti Sabani의 포조 미르테토Poggio Mirteto 등 13세기 이탈리아 여러 곳에서 이미지로 표현됐다.[19] 그렇지만 이탈리아에서는 이 시기에 이 설화에 대한 텍스트 자료가 전하지 않는다. 프랑스에서는 1280년경 최초로 이 모티브가 그려졌으며, 약 50여 개의 벽화가 남아 있다. 중세 독일어권에서는 1300~1310년경 사이 젬파흐Sempach의 성 마르틴 교구교회에 그려진 그림이 가장 오래되었다. 그렇지만 이것은 좀 더 오래된 프랑스 알자스 지역 뮈르바흐Murbach 벽화의 영향으로 추정된다.[20]

「세 명의 산 자와 세 명의 죽은 자」 설화를 그린 벽화들은 영국에도 많다. 현재 약 20개가 잔존하는데 대다수는 14세기의 것이다. 흑사병 발생 이전부터 그려지기 시작했지만, 집중적으로 제작된 시기는 전염병이 발병한 이후였다. 흑사병 시기에 이 벽화들은 전염병과 치열하게 싸우던 자들에게 막연하지만 희망을 제공했다.[21] 더불어 종말에 직면한 인간이 무엇을 추구하며 살아야 하는지 교훈을 주었으며, 개인이 언젠가 맞이해야 할 죽음을 준비시켜줌으로써 다소나마 공포를 완화시키는 효과도 있었다. 이런 실제적인 효용들 때문에 당대인이 종교기관에 재산을 기증하도록 유도하는 데에도 적지 않게 기여했다.

아무튼 이 설화를 모티브로 한 벽화와 텍스트들이 유럽 내에 널리 확산되어 있던 상황은 이 이야기가 지니고 있던 대중적 성격을 잘 보여준다. 그렇지만 비교적 상황이 좋았던 중세 성기에 이 이야기가 유럽에 그렇게 널리 확산되기 시작했던 이유가 무엇인지는 여전히 의문으로 남는다. 그것을 설명할 실마리를 찾기 위해서는 이 이야기가 본래 어디서 유래했으며, 어떤 방식으로 유럽에 확산됐는지 살펴볼 필요가 있다.

성인전 『바를람과 요사파트』

「세 명의 산 자와 세 명의 죽은 자」 설화의 핵심 구절과 유사한 표현들은 여러 텍스트에서 발견된다. 예를 들면 11세기 페트루스 다미아니(1072년 사망)의 묘비에서도 그와 흡사한 구절이 확인되고(Quod nunc es fuimus, es quod sumus ipse futurus), 더 거슬러 올라가면 유사한 대화가 알퀴누스Alcuinus의 비가悲歌에서도 발견된다.[22] 그뿐만이 아니다. 시선을 유럽의 동쪽으로 돌리면 인도의 문헌이나 이슬람 텍스트 등에도 등장한다. 아랍의 시인 아디Adi가 히라Hira의 왕 노만Noman(580년경 통치)과 더불어 무덤을 지나갈 때 죽은 자들이 국왕에게 거의 동일한 내용의 메시지를 외쳤다는 기록이 있으며, 이슬람 시대 이전인 3세기 초 메카의 왕 모드하드Modhadh도 유사한 시구를 남겼다.[23]

이로 미루어 중세 성기 유럽에서 목격된 죽은 자들이 산 자들에게 남긴 메시지는 더 오래전에 전혀 다른 문명권, 즉 아랍과 근동 지역에 폭넓게 퍼져 있었으며, 그곳으로부터 이슬람화된 스페인 지역을 통해 유럽으로 들어왔을 것으로 추정하는 것이 합리적이다. 물론 그와 다른 경로를 거쳤을 수도 있고, 여러 차례에 걸쳐 서양으로 전달됐을 가능성도 배제할 수는 없다. 그 설화의 기원이 아시아였으리라고 추정하는 또 다른 이유는 그 설화에 유럽 문화에는 낯선 죽음에 대한 관념이 등장하기 때문이다.

이와 관련하여 주목할 텍스트가 성인전『바를람과 요사파트』다. 이 성인전에 따르면 인도의 왕 아베나르는 아들 요사파트를 얻었는데, 태어날 때 점성가로부터 기독교인이 될 것이라는 예언을 들었다. 기독교도를 탄압하던 국왕은 왕자를 궁전 밖으로 나가지 못하게 별궁에 가두고 생로병사와 관련된 일체의 불행한 이야기를 접하지 못하게 하며 양육하지만, 결국 아들은 우연히 외출할 기회를 얻어 성 밖으로 나갔다가 인간 존재에 대한 절망과 구원에 대한 갈망을 경험하게 된다. 요사파트는 후에 은자 바를람을 통해 기독교 진리를 깨닫게 되고 결국 기독교인으로 개종해 은자로 살다가 스승 바를람과 함께 성인으로 추앙됐다. 전통적으로 바를람과 요사파트 설화의 그리스어 판본은 730년경 시리아의 신학자 다마스쿠스의 요하네스가 기록한 것으로 알려져 있다.[24] 이 성인전은 그리스어 판본이 만들어진 10세기부터 16세기에 이르기까지 장기간에 걸쳐 여러 유럽어로 꾸준히 필사됐다. 라틴어 판본의 경우 11세기 중엽 콘스탄티노플에서 그리스 텍스트를 직역에 가깝게 옮긴 것이다. 흔히 '통속본vulgate version'이라 불리는 판본은 남부 이탈리아 혹은 이베리아 반도를 거쳐 유럽 전역에 확산됐다. 12세기 이래 다른 라틴어 판본(나폴리 판본)과 더불어 많은 라틴어 필사본이 만들어졌고, 지금도 다수가 전한다.[25] 특히 통속본은 로망어와 게르만어는 물론 러시아어 같은 슬라브계 언어에 이르기까지 거의 모든 유럽 속어로 번역됐다.[26] 요약본이나 발췌본까지 망라하면 이 성인전은 다른 성인전들과 비교가 되지 않을 정도로 그 수가 많아 '중세 유럽 성인전의 베스트셀러'라고도 불린다.

이 성인전이 이탈리아, 프랑스, 잉글랜드, 덴마크, 스웨덴, 독일, 러시아 등 유럽 전역에 폭넓게 수용됐던 결정적 계기는 『황금전설 *Legenda aurea*』이라 불린 성인 열전에 실렸기 때문이다.[27] 황금전설 은 도미니쿠스회 수도사였으며 후에 제노바의 대주교가 되는 야코 부스 데 보라지네Jacobus de Voragine가 1263년에서 1267년 사이에 편 집한 성인전이다.[28] 장 드 마이Jean de Mailly와 트렌토의 바르톨로메 오Bartholomew of Trent가 기존에 편집해두었던 성인전 모음집이 각각 있었는데, 야코부스는 그 자료들을 비롯해 여러 성인전을 모아 성인 의 축일과 교회 절기에 맞추어 재구성했다. 총 182개 장으로 구성됐 으며, 153명의 성인과 교회 절기들이 장별로 소개되어 있다. 바를람 과 요사파트 성인 이야기는 180번째 장에 실려 있다. 이곳에 실린 성 인들은 2세기에서 13세기 사이 대표적인 신앙 위인들이었다. 야코부 스 자신도 일부 출처가 불확실한 문헌이 포함됐다는 사실을 인정했지 만, 그에게 중요한 기준은 신앙적 교의, 도덕적 실천 그리고 기적 같 은 신비적 경험 등이었다.[29] 성인 열전의 원전은 내용도 길고 제한적 으로 알려져 있던 데 반해, 그가 13세기에 축약한 이 열전은 성인들의 삶 가운데 핵심적인 부분을 중심으로 소개해두었기에 단기간에 큰 반 향을 일으켰다.[30] 16세기까지 계속 필사되거나 인쇄됐으며, 현재 남 아 있는 라틴어판 필사본만도 1000개 이상이나 된다. 근대 이후 셰익 스피어의 『베니스의 상인』이나 톨스토이의 『고백록』도 그 영향을 받 은 책으로 알려져 있으며, 르 고프는 이 열전이 중세에 성경 다음으로

널리 유포된 책이었다고 단정한다.[31]

이 성인전이 우리에게 유달리 흥미로운 이유는 석가모니 고타마 싯다르타의 일대기를 거의 그대로 옮겨놓고 있기 때문이다. 가장 권위 있는 그리스어-영어 대역판 주해서 서문을 작성한 랑D. M. Lang이 지적했듯이 부처 설화와 요사파트 설화는 우연이라고 할 수 없을 만큼 유사하다.[32] 기존 연구에 따르면, 인도에서 발원한 부처 설화는 인도의 동쪽은 물론 서쪽으로도 전파됐는데, 중앙아시아·페르시아를 거쳐 이슬람 세계로 전해졌다. 이동 과정에서 마니교 및 이슬람교의 속성이 가미됐고, 나아가 조지아어로 옮겨지는 과정에서 기독교적으로 각색됐다. 그렇게 형성된 조지아어 판본은 다시 그리스어와 라틴어 판본의 토대가 됐다.[33] 결국 기독교화된 조지아와 그리스를 거치며 싯다르타는 기독교 성인의 모습으로 변신했다. 이 다양한 판본들에서 큰 줄거리는 유지됐지만, 특히 그리스어 텍스트에서 이 성인의 삶을 성경과 기독교 사상으로 새롭게 재해석했다. 본래 산스크리트어 붓다 또는 보디샷따는 여러 언어의 발음을 거치며 전승되다가 유럽 중세에 라틴어 요사파트Josaphat로 정착됐다. 인도의 부처 설화가 서양의 기독교 성인 설화로 변신하는 기나긴 과정에서 불교의 종교적 정체성은 감추어지고, 이색적인 요소들도 출현했다.[34] 그렇지만 그리스어 판본과 라틴어 통속본에서도 부처 설화의 핵심적인 모티브는 여전히 남았다. 서로 다른 이질적인 종교 문화나 교의를 초월하여 한 성인의 이야기가 수용되고 재해석된 것이다. 그 종교들을 이어주던 요소는 현세로부터 거리를 두는 종교의 보편적 속성, 특히 고행과 순례 같은 금욕의 실천에서 찾을 수 있다. 삶에 대한 두려움과 공포, 비탄과 고뇌 등의 감정은 불교나 기독교에서 유사한 성격을 띠고 있기 때문에 현세의 삶을 회의하고, 구원/해탈을 갈망하는 종교적 본질이 그와 같은 변신을 가능케 했다고 할 수 있다. 『바를람과 요사파트』 성인전이 유럽 지역의 거의 모든 언어로 번역된 현상은 동서 교류의 오랜 사례이자 서양 문화에 미친 동양의 영향을 엿볼 수 있는 증거로 간주될 수 있다.[35]

『바를람과 요사파트』 성인전과 「세 명의 산 자와 세 명의 죽은 자」 설화 사이의 상관성

여러 전거 사이에 적지 않은 차이를 보이기 때문에 사료들을 근거로 부처 설화의 원형을 재구성하는 일은 결코 간단치 않다.[36] 그리고 그 설화가 유럽화한 『바를람과 요사파트』 성인전 및 「세 명의 산 자와 세 명의 죽은 자」 설화와 어떤 연관이 있는지 규명하는 것도 그에 못지않게 어려운 과제다. 이 모든 전거에 공통적으로 등장하는 대표적인 모티브는 그리스어 판본 제5장에 등장하는 소위 사문유관四門遊觀이라 불리는 이야기다.[37]

싯다르타는 인도 카필라 성에서 자랐는데, 동서남북 네 개의 문을 통해 네 차례 세상을 둘러볼 기회를 얻었다. 그는 바깥세상에서 노인, 병자, 죽음과 같은 인간의 생로병사를 직접 보고 교훈을 얻었으며 비구를 만난 후 본인도 출가할 결심을 하였다.[38] 이 이야기는 요사파트 성인전의 라틴어 통속본에도 다소 변형되어 소개되고 있다. 요사파트는 복수의 수행원을 거느리고 단지 두 번 외출을 나갔다. 첫 외출에서는 문둥병자와 장님 그리고 두 번째는 죽음을 앞둔 노인을 만났다. 그가 그들을 만난 후에 깨달음을 얻는 내용은 동일하다. 눈에 띄는 점은 두 텍스트 모두 죽음 혹은 인간의 고뇌와 관련된 모티브를 전면에 내세우고 있다는 것이다. 성인전 제6장에는 경건하고 지혜로운 수도사 바를람이 요사파트를 찾아가 네 개의 상자, 죽음을 알리는 북, 세 명의 친구 등과 같은 다양한 비유들을 통해 진리를 전한다.[39] 여기에서는 외적인 것이 아니라, 눈에 보이지 않는 진정한 가치나 진리로 관심을 돌리려는 노력이 두드러지고, 죽음과 관련한 여러 모티브도 등장한다. 이어지는 장들에서 바를람이 기독교의 복음과 성경의 핵심을 소개하자 요사파트가 비로소 복음을 깨달아 기독교인이 된다. 이 성인전은 총 40장까지 이르는 긴 이야기를 통해 요사파트가 진리를 터득한 후 고행과 금욕을 실천하며 생애를 마치기까지의 과정을 서술한다.

『바를람과 요사파트』 성인전과 「세 명의 산 자와 세 명의 죽은 자」 설화 모두 유럽 전역에 광범위하게 확산됐다는 사실이 확인되고 있으나, 성인전 중 어느 부분이 어떤 과정을 통해 「세 명의 산 자와 세 명의 죽은 자」 설화로 변화됐는지 확증할 만한 직접적인 자료는 없다. 성인전에서 핵심적인 모티브들이나 우화들은 중요한 비중을 지니고 취급됐기 때문에 탁발 수도사들이나 교구 사제들은 그 부분을 설교를 통해 전달하는 과정에서 필요에 따라 각색해 사용했을 것이다. 그리고 구전으로 진행됐을 그 재구성 작업의 일단—端이 특별한 계기에 기록으로 남게 됐을 것이다. 특히 사문유관 모티브는 요사파트가 인간 존재에 대해 깊게 성찰하는 본격적인 계기가 됐다는 점에서 「세 명의 산 자와 세 명의 죽은 자」 설화로 변환됐을 가능성이 크다. 우선 왕자와 수행원 일행은 세 명의 왕 혹은 귀족으로 각색됐을 수 있다. 수행원들의 행색이 왕자와는 차이가 있었겠지만, 그들이 거리에서 만난 자들이나 민중들과는 확연히 구별됐을 것이기 때문이다. 라틴어 판본에 두 번에 걸쳐 그들이 만난 사람은 모두 세 명이었다. 그리고 요사파트가 가장 큰 충격을 받은 계기는 노인을 통해 모든 인간이 죽음을 맞을 뿐 아니라 언제 죽을 지 알 수 없다는 수행원의 설명이었다. 그러므로 두 번의 사건을 압축하면 세 명의 산 자가 세 명의 죽은 자를 만나는 장면으로 변형될 수 있었을 것이다. 다른 우화 중에도 왕과 관련된 소재들이 많고, 죽음에 대한 이야기도 많다. 네 개의 상자 우화에서 금으로 장식된 두 상자 속에 담긴 죽은 자의 해골을 통해 보이지 않는 가치에 눈을 돌리라고 교훈하는 부분은 관에 누워 있는 세 명의 죽은 자로 발전할 수 있는 모티브를 내포하고 있다.[40]

위의 모티브들처럼 직접적이지는 않지만, 그리스어 판본 12장과 황금전설에 모두 나오는 바를람이 전해주는 또 하나의 흥미로운 비유가 있다. 한 사람이 격분한 유니콘(일각수)을 피해 전속력으로 도주하다가 커다란 구덩이 아래로 떨어졌다. 그는 손을 뻗어 나무 하나를 겨우 잡았고 발을 디딜 곳도 찾아냈다. 그런데 두 마리의 쥐가 나타나 그가 매달려 있는 나무뿌리를 계속 갉아 먹는 것을 목격하게 됐다. 구덩이 아래를 내려다보니 불을 내뿜는 무시무시한 용이 한 마리 버티고 있고, 그가 발을 걸치고 있는 곳에서는 네 마리의 독사가 벽에서 꿈틀거리고 있었다. 그때 위에 있는 나뭇가지에서 꿀이 조금씩 떨어지는 것이 보였다. 그 순간 그는 자신을 둘러싸고 있는 온갖 걱정을 중단하고 떨어지는 꿀의 달콤함에만 집중함으로 두려움을 잊게 됐다. 이 비유에서 유니콘은 죽음, 구덩이는 온갖 질병들과 치명적인 함정들이 많은 세상을 비유한다. 또 쥐들이 갉아먹고 있는 나무에 매달려 있는 사람은 언젠가 생명이 다하게 될 인간을 묘사한다. 바를람은 허무한 세상과 인간의 실존 문제에 대면하기보다는 가지에서 떨어지는 꿀, 즉 세속적 즐거움에 매몰되어 있는 어리석은 인간을 비유로 깨우쳤다.[41]

사문유관뿐 아니라 불교적 맥락이 짙은 구덩이에 떨어진 인간 비유에서도 죽음은 두 문명권에서 동일한 의미를 내포하지 않았다. 부처 설화에서 죽음은 관찰의 대상일 뿐 그 자체가 이야기의 주체로 등장하지 않는다. 석가모니는 인간이 고통을 지니고 살게 된 근본적인 원인이 생명으로 이 땅에 태어났기 때문이며, 죽음은 그 고통의 종식을 의미한다고 가르친다. 그와 달리 기독교에서는 인간이 생전에 절대자의 구원을 위한 계획에 순종해야 하며, 불순종한 자에게는 죽음 이후에 직면하게 될 심판과 영원한 벌이 기다리고 있다는 점을 강조한다. 현세에서의 삶은 영원한 삶을 위한 준비 기간인 셈이다. 이처럼 두 종교에서 죽음이 지니는 의미에 전도顚倒가 이루어진다. 부처 설화가 이질적인 문명들과 상이한 종교적 맥락을 거치며 그 의미가 변형된 것이다. 그렇지만 죽음과 인간의 한계를 깨우친다는 점에서 유럽화한 요사파트 성인전은 「세 명의 산 자와 세 명의 죽은 자」 설화와 동일한 맥락을 견지한다고 할 수 있다.

클레르보의 베르나르Bernardus Claraevallensis가 쓴 것으로 추정되는 연대를 확인하기 어려운 라틴 시 「무덤이 열릴 때Cum Apertam Sepulturam」도 「세 명의 산 자와 세 명의 죽은 자」 설화와 연관된 정황이 있다. "무덤이 열릴 때 세 사람이 서서 응시하니 그 내부에 부패한 형체의 존재가 보인다 …" 등으로 이어지는 구절들도 위의 설화에 대한 묘사와 유사하다.[42] 「세 명의 산 자와 세 명의 죽은 자」 설화에도 다양한 판본이 있고, 주검과 대화하지 않고 응시만 하는 판본이 있듯이 설화가 최종적으로 형성되던 과정을 재구성하기는 불가능하다. 그렇지만 당대의 여러 사료 편린들은 12, 13세기에 죽음 또는 주검과의 대면, 나아가 주검과의 대화가 서유럽에서 살아 있는 자들의 삶을 돌아보는 이야기로 발전했으리라는 추론으로 수렴된다. 그에 대한 첫 흔적이 앞서 언급한 아트리 대성당의 그림인데, 세 명의 산 자 곁에 등장하는 동자 혹은 수행원들은 사문유관의 모티브에서 싯다르타를 수행하던 자들을 연상시킨다.(그림 3 참조) 싯다르타가 인간의 한계를 대면하여 삶을 새롭게 성찰하게 된 것이 구도자의 길로 접어들게 된 결정적인 계기였다. 12, 13세기에 죽음에 대해 이보다 더 폭넓게 유포된 이야기가 없었다는 점에서 그 모티브를 「세 명의 산 자와 세 명의 죽은 자」 설화와 연결시킬 수 있다고 본다.

주검이 산 자의 영역에서 메시지를 전하는 전령의 역할을 한다는 발상은 기독교적 교리와 충돌한다. 그럼에도 불구하고 교회와 수도사들이 이 전설을 용인했을 뿐 아니라, 유럽 내에 확산시키기까지 했던 이유는 아마도 이 이야기가 황금전설과 같은 권위 있는 편집본에 실려 있었기 때문일 것이다. 비유나 우화집을 소지하고 유랑하던 탁발 수도사들은 설교할 기회가 있을 때마다 이런 자극적인 소재들을 사용하여 이단을 대적하고 회개의 삶을 촉구했을 것이다. 14세기와 더불어 시작된 대기근과 전염병으로 인해 대대적인 인명 피해가 발생하고 죽음에 대한 태도마저 큰 변화를 겪게 된 후로는 사회 전반에 마카브르적 분위기가 더욱 고조되어 그들의 메시지는 더 큰 호소력을 갖게 됐을 것이다.

마치며

인도의 부처 설화는 근동 지역과 소아시아를 거치며『바를람과 요사파트』성인전이라는 이름으로 기독교화됐고, 그 영향으로 유럽에서「세 명의 산 자와 세 명의 죽은 자」설화가 각색되어 탄생했다.『황금전설』에 게재된 이 성인전은 첫 구절에 인도라는 공간과 왕의 아들이라는 신분을 고스란히 드러내고 있으며, 사문유관을 비롯하여 세속적 욕망의 한계를 벗어나지 못하는 인간에게 지혜의 깨달음을 전하는 과정과 여러 비유로 보아 싯다르타의 이야기임이 명백하다. 변신한『바를람과 요사파트』성인전과「세 명의 산 자와 세 명의 죽은 자」설화는 중세 성기 유럽인들에게 인간이 죽음을 자각해야 하는 존재임을 깨우쳤다.

당시에 이단이 민중의 존경을 받는 반면, 제도 교회의 성직자들이 비아냥의 대상으로 전락하는 상황을 목격한 후 도미니쿠스를 비롯한 탁발 수도사들은 기독교를 개혁하고자 금욕과 회개 운동을 전개했다. 요사파트 성인의 삶은 그와 같은 탁발 수도사들에게 전범으로 작용했다. 그렇지 않고서야 비교적 덜 알려진 이 성인이『황금전설』에서 그레고리우스 대교황, 성모 마리아, 세례자 요한 등과 비슷한 정도로 긴 분량을 차지하게 된 이유를 설명하기 어렵다. 바를람이 전해준 복음의 핵심과 풍부한 일화 및 비유도 설교자들이 즐겨 사용하기에 유용했을 것이다. 이런 요소들은 요사파트 성인이 어떤 성인 못지않게 중세 말기에 민중의 사랑을 받게 만든 배경이 됐으리라 추측된다.

『바를람과 요사파트』성인전과「세 명의 산 자와 세 명의 죽은 자」설화의 영향으로 중세 말기에 마카브르적 개념을 대변하게 된 죽음의 무도는 개인과 사회가 세속화되어가던 경향에 맞서 죽음의 필연성과 공평함을 종교적·사회적으로 일깨워주었다. 이는 한편으로 인간이 죽을 수밖에 없는 존재임을 깨우쳤으며, 다른 한편으로 죽음이 지니고 있는 평등의 이념을 통해 당대의 신분적 질서를 비판했다. 이처럼 주검들이 춤추게 된 계기가 서양 문화 내부가 아니라 인도에서 서양으로 전래된 부처 이야기에서 유래했다는 사실은 선뜻 받아들이기 쉽지 않다. 아마도 현대인들이 상상하기 어려운 방식으로 동서 문명 간의 교류가 오래전부터 은밀하게 진행되었기 때문일 것이다.

연옥의 탄생, 연옥의 죽음, 죽음의 죽음

어디서 무엇이 되어 다시 만나랴[1]

주경철 서양사학과 교수

단테의 연옥

1300년 4월 8일부터 15일까지 성주간聖週間(부활절 전 일주일)에 단테는 지옥과 연옥 그리고 천국을 차례로 방문하고 왔다. 예로부터 살아 있을 때 사후 세계를 방문하는 것은 오직 시인만이 누릴 수 있는 특권이다. 그때 단테의 나이는 35세, 인간의 수명을 70세로 보던 당시의 관념에 의하면 인생의 절반을 지나는 시점이었다. 인생의 전반전을 마친 그는 자신이 과연 제대로 살고 있는지 반성하는 의미에서 세상의 모든 것을 원점에서 재검토하는 거대한 작업을 시행해보았으니, 그것이 바로 사후 세계의 전모를 구상해본 『신곡神曲』(*Divina Comedia*)이다.[2]

1만 4천 행이 넘는 시구로 쓴 이 대작은 서론 한 곡에다가 지옥

연옥을 바라보는 단테.

Inferno 33곡, 연옥Purgatorio 33곡, 천국Paradiso 33곡으로 모두 100곡으로 구성되어 있다. 사후 세계를 그리는 시인의 상상은 장엄하고 무궁무진하다. 어느 날, 하늘에서 추락한 사탄의 무리가 지상에 떨어져 대충돌을 일으키고는 땅속으로 밀려들어가 처박혔는데, 이때 생겨난 거대한 지하 동굴이 지옥을 구성한다. 이곳은 지표면에서 중심부로 갈수록 점차 좁아지는 깔때기 모양을 하고 있으며, 모두 열 개의 지옥 환環이 연이어 있다. 지구 중심부에 이르기까지 엄청나게 큰 동굴이 생겨나면서 그 반대 방향으로 흙이 밀려 나왔으니, 남반구에 큰 산이 하나 생겨났다. 이 산이 바로 연옥이다. 연옥으로 간 영혼들은 이 산을 올라가면서 생전에 지은 죄들을 지우게 된다. 연옥 산의 정상에 이르면 그곳에 천국의 세상이 펼쳐져 있다.

지옥과 천국도 흥미롭지만 여기에서 특히 관심 깊게 살펴보고자 하는 것은 연옥이다. 원래 기독교 세계관에서 연옥은 존재하지 않았

연옥의 입구에 선 단테와 베르길리우스.

다. 『성경』에도 연옥이라는 말은 없다. 죄를 지은 영혼은 지옥에 떨어지고, 순결하게 살다간 영혼은 천국으로 가는 것이 기독교의 기본적인 사후관이다. 문제는 누가 봐도 지옥에 떨어져 마땅한 극악한 죄인들이나, 반대로 한 점 부끄럼 없이 세상을 살다가 천국으로 직행할 성인聖人들은 극소수에 불과하다는 점이다. 대부분의 사람들은 대죄大罪를 짓지는 않지만 살다 보면 이런저런 작은 잘못들을 범하게 마련이어서, 천국에 간다고 보장할 수도 없고 그렇다고 그 모든 사람이 영원히 지옥불 속에서 고통받아야 한다고 생각하기도 힘든 일이다. 이런 사람들이 참회 과정을 거쳐 자신의 경미한 죄를 지운 다음 천국으로 간다는 것이 연옥의 논리다.[3]

연옥에서 죄를 닦는 것은 어느 정도의 고통일까?

단테는 연옥에서의 고행을 지옥과는 비교가 안 될 정도로 부드럽게 묘사하고 있다. 예컨대 남을 이간질한 죄인이 지옥에서 당하는 징벌은 악마가 칼로 몸을 쳐서 두 조각을 내는 것이다. 그리고 큰 원을 그리며 걸어가면 찢어졌던 몸이 서서히 다시 붙고, 그리하여 악마 앞에 갈 때쯤이면 도로 성한 몸이 된다. 그러면 다시 악마가 칼을 휘둘러 몸을 두 조각을 낸다. 이런 식으로 몸이 찢어지는 벌을 영원히 계속 당한다고 생각해보라. 지옥의 고통이 이런 수준인 데 비해 연옥에서 당하는 벌은 훨씬 쉬워 보인다. 예컨대 시기의 죄를 지어 연옥에 간 영혼들의 모습을 보자.

> 그들이 걸친 옷은 초라하기 짝이 없었다.
> 서로의 머리를 서로의 어깨에 의지했고
> 모두가 절벽에 기대어 있었다.…
> 또 장님은 태양을 즐길 수 없는 것처럼
> 내가 지금 말하는 그곳의 망령들에게
> 하늘의 빛은 그 광휘를 허락하지 않으려는 듯,
>
> 날아가지 않도록 길들이는
> 새로 포획된 야생의 매처럼 그들의 눈썹은
> 모조리 철사로 뚫려 꿰매져 있었다.[4]

이들에 대한 벌은 눈을 꿰매서 앞을 못 보게 한 다음 절벽에 서 있게 하는 것이다. 다른 사람의 허물만 보려 한 이 영혼들에게 자기자신을 들여다보며 반성하라는 의미에서 그런 처분을 내렸을 테지만, 지옥의 끔찍한 장면과 비교할 때 저 정도면 능히 견딜 만하겠다고 생각할 수 있다. 과연 그럴까? 사실 단테의 상상이 전통적인 기독교적 상상과 같지는 않다. 원래 기독교 전통에서 연옥에서 죄를 지우는 방식은 불로 태우는 것으로서, 그 고통이 어찌나 심한지 이곳에서의 한 시간이 이승에서의 몇 년과 같다고 할 정도다. 그러니 나중에 천국에 갈 때 가더라도, 우선 당장 연옥의 시간을 줄였으면 하는 게 사람들의 간절한 바람일 것이다.

영원한 지옥의 고통을 피하고 천국으로 가는 기회가 주어진다는 것만으로도 지극한 희망인데, 여기에 더해 고통의 시간을 줄이는 방법까지 마련된다면 정말로 다행이 아닐 수 없다. 지상에 남아 있는 사람들이 기도하고 미사를 드림으로써 고통의 기간을 단축시킬 수도 있다는 것이 교황청이 마련한 희망의 교리였다. 이야말로 사후 세계에 대한 관념에서 혁명적인 변화가 아닐 수 없다. 연옥의 탄생 이전에는 이승과 저승이 절대적으로 단절되어 있었는데, 이제 이승에서 드리는 노력이 저승에 영향을 미칠 수 있다는 의미가 된다. 단테 역시 그 점을 명료하게 서술하고 있다. '연옥편' 제5곡에서 단테는 야코포 델 카세로라는 인물로부터 청탁을 받는다. 단테가 저승 여행을 모두 마치고 이승으로 돌아가면 야코포의 고향인 파노로 찾아가 그의 지인들에게 자신의 죄가 빨리 씻기도록 기도를 하게 해달라는 것이다.

… 당신이 로마냐와
카를로 지방 사이의 땅을 여행한다면

나에 대한 당신의 너그러움이 파노에 전해져서,
은총을 받은 사람들이 나를 위해 기도하여

내 죄가 곧 씻기도록 해주시오.[5]

천국과 지옥이 영원의 세계인 반면 연옥에서는 시간이 흐른다. 일정한 시간이 흘러 정죄 과정을 마친 영혼은 마침내 하늘로 비상한다. 그때 연옥의 모든 영혼이 한 영혼의 비상에 대해 우레와 같은 환호성을 질러 연옥 산 전체가 진동한다.

오백 년도 넘게 이곳에 고통스럽게 누워 있던 나는
이제야 저 높은 나라로 올라갈
자유로운 의지를 느꼈소. 그래서

산이 진동하고 이 산에 있는 경건한 영혼들이
우레 같은 소리로 하느님을 찬미했던 것이지요.
나 간절히 기도하니, 주께서 그들도 부르시기를.[6]

지옥이 고통의 장소이고 천국이 행복의 장소라면 연옥은 희망의 장소다. 연옥이야말로 중세의 최고 발명품 중 하나라 할 수 있다.

연옥의 탄생 : 르 고프와 아리에스

원래 기독교 세계관에 존재하지 않고 성경에도 나오지 않는 연옥이 중세 유럽에서 어떻게 만들어진 것일까? 이에 대한 가정 고전적인 연구로는 자크 르 고프의 『연옥의 탄생』을 들 수 있다.[7]

천국과 지옥만으로 구성됐던 2원 체제에서 '제3의 처소'인 연옥이 더해진 3원 체제로 이행함으로써 기독교의 사후 세계는 근본적인 변화를 겪게 됐다. 그런 대대적인 혁신이 이루어진 과정을 세밀히 고찰한 끝에 르 고프는 연옥의 '탄생' 시점이 대체로 1150~1300년 사이라고 추론한다.

물론 연옥과 같이 중요한 개념이 어느 날 갑자기 무無로부터 만들어진 것은 아니고 여러 연원이 존재했었다. 멀리는 이집트의 지옥, 로마의 하데스, 유대교의 스올로부터 신학자들과 교부철학자들의 저작들까지 여러 요소가 얽혀 복잡다단한 발전 과정을 거친 것은 분명하다. 이런 여러 전례 가운데 특히 아우구스티누스의 혁신적 사고는 연옥이 만들어지는 데에 지대한 공헌을 했다고 평가된다. 아우구스티누스는 인간을 '전적으로 선한 자들', '전적으로 악한 자들', '전적으로 선하지는 않은 자들', '전적으로 악하지는 않은 자들'이라는 네 부류로 나누었다. 전적으로 선하다면 천국으로 바로 갈 것이고 전적으로 악하다면 지옥에 떨어지게 될 것이다. '전적으로 악하지는 않은 자들'은 지옥으로 가겠으나 아직 희망을 가질 수도 있고, 또 '전적으로 선하지는 않은 자들'은 구원을 얻을 수는 있으나 다만 불을 통한 정죄의 과정을 거쳐야 한다. 마지막에 거론한 이 두 부류는 후일 하나의 중간 범주로 합쳐지고, 이들이 천국으로 가기 전에 머무르는 곳이 연옥으로 발전하게 된다.

그런데 연옥의 기원이 되는 요소들과 연옥 자체는 어떻게 구분되는가? 르 고프는 최종적인 연옥의 탄생 과정을 언어상의 변화를 통해 확인한다. 불로 태워 죄를 지울 수 있으며, 또 이승에 남은 지인知人들의 도움을 통해 그 기간을 단축할 수 있다는 생각은 이전부터 존재했었다. 문제는 그것이 어떤 '상태' 혹은 '과정'이냐, 아니면 천국과 지옥에 버금가는 사후의 '장소'냐 하는 것이다. 사실은 천국이나 지옥에 대해서도 마찬가지의 질문을 던질 수 있다. 천국에 간다는 말은 천국이 어딘가에 따로 존재하는 장소여서 사후에 영혼이 그곳에 옮겨간다는 것을 말하는가, 아니면 영혼이 어떤 상태에 놓인다는 것을 뜻하는가? 중세까지 사람들은 천국이든 지옥이든 모두 어떤 장소라고 생각하는 경향이 있었다. 특히 「창세기」 앞부분에 아담과 이브가 살다가 쫓겨난 에덴동산이 아시아의 동쪽 끝에 실재한다고 적혀 있었기 때문에 그곳이 '물질적'인 장소라고 판단하는 경향이 강했다. 연옥 개념의 발전도 이런 맥락에서 볼 수 있다. 연옥이 완전히 자리 잡으려면 그것이 천국 혹은 지옥과 같은 수준의 실재성을 갖추어야 할 것이다. 연옥은 어딘가에 존재해야 한다.

르 고프에 따르면 이전의 텍스트에는 '정화하는 불in igne purgatorio'이라는 표현에서 보듯 형용사형만 존재했었다. 그러다가 12세기 말에 드디어 '푸르가토리움purgatorium'이라는 명사 단어가 등장했다. 그는 이 사실로부터 이즈음 연옥의 개념이 완성됐다고 주장한다. 더 구체적으로 1170~1180년 사이에 파리 지식인들 사이에서 이 단어가 태어났을 것으로 추론한다. 백퍼센트 장담할 수는 없지만, 파리에서 주교가 됐고 노트르담 학교에서 교수 생활을 한 '대식가 피에르Pierre le Mangeur'(책을 대단히 많이 읽었다는 의미의 별칭이다)라는 인물이 이 말을 만들었든지 최소한 크게 유포시킨 인물이라고 주장한다.

왜 이 시기에 연옥이 '탄생'하게 되었을까?

12세기는 중세 봉건시대의 창의성이 최고점에 도달했던 시기다. 사후 세계의 구조 혁신은 단순히 종교 내적인 측면만이 아니라 세상의 모든 질서가 크게 변화하는 가운데 일어난 일이라고 보아야 한다. 당시에 봉건 질서가 완성되는 동시에 상공업과 도시가 발전하고, 이러한 사회·경제적 변화와 함께 종교 사상도 크게 발전하면서 연옥의 개념이 완성된 것이다. 르 고프는 제3의 처소의 등장과 그로 인한 3원 체제의 발전 현상을 도시 부르주아 계층의 성장, 즉 귀족과 평민 사이에 위치한 중간 범주의 형성과 연관 지어 설명한다. 이전과는 다른 사회계층이 성장하고, 상공업 중심지인 도시가 발전하면서 전반적으로 사람들의 심성과 삶의 방식 등이 큰 변화를 겪었다. 예컨대 대상인과 금융업자들이 큰돈을 벌어 사회의 상층으로 올라가는 일들이 빈번히 일어났다. 도시에는 그때까지 볼 수 없었던 돈에 근거한 새로운 질서가 만들어졌다. 그렇지만 전통적으로 교회는 돈을 취급하는 사람, 특히 고리대금업자에 대해 지옥행을 면치 못한다는 가혹한 판결을 내렸다. 그러나 자금의 대부 행위 없이 경제가 발전할 수는 없는 법, 모든 금융업자가 예외 없이 지옥불 속에서 영원히 고통받으리라는 식의 주장만 할 수는 없는 일이다. 어떤 식으로든 이런 문제들을 해결하여 사회체제와 종교적 구원체제 안으로 흡수해야 한다. 연옥의 탄생은 이런 큰 흐름 속에서 종교가 자기 조정을 한 결과라는 것이 르 고프의 주장이다.

연옥의 탄생이라는 현상을 죽음에 임하는 태도의 장기적 변화라는 문제와 연관 지어 생각해보는 것도 흥미롭다. 사람들이 죽음을 어떻게 대하는가 하는 문제는 거꾸로 사람들이 삶에 대해 어떤 태도를 취하느냐와 깊은 관련이 있다. 이와 같은 문제의식 아래 필립 아리에스는 죽음과 관련된 집단심성mentalité을 추적하는 연구를 수행했다.[8]

아리에스는 죽음에 대한 사람들의 태도가 장기적으로 변화해갔다고 주장한다. 그의 연구 결론을 간단히 정리하면 다음과 같다. 중세 전기(대체로 서기 1000년 이전)에는 이른바 '순화된 죽음'이라는 방식이 일반적이었다. 중세 기사들이 그러하듯 자신의 죽음이 가까이 왔음을 미리 알고 감정적 흔들림 없이 차분하게 죽음을 맞는다. 죽는 이는 예 컨대 갑옷을 벗고 머리를 동쪽으로 한 채 팔을 벌려 십자가 모양을 하 는 식으로 스스로 자신의 죽음의 의례를 집전한다. 이들의 죽음은 결 코 격정적이지 않다. 우리 모두 죽어 하느님의 품으로 돌아갈진대 나 의 죽음만 각별한 의미를 갖는 것이 아니며 따라서 굳이 애달파할 필 요도 없다는 담담한 태도를 지녔었다. 그와 같은 이유에서 이는 '우리 모두의 죽음'이라고도 부른다.

그렇지만 조만간 이런 공동체적인 심성에 변화가 일어났다. 우선 나 자신의 죽음에 대한 예민한 각성이 일어나고, 나의 운명에 대해 깊 은 관심을 띠게 되는 이른바 '나의 죽음'이라는 현상이 나타난다. 그 에 뒤이어 낭만주의 시대인 18세기에 다시금 극적인 변화를 겪으며 '너의 죽음'이라는 태도가 나타난다. 이때는 아름다운 추억과 짙은 후 회가 녹아 있는 소중한 사람의 상실 같은 요소가 특히 강조되던 시기 였다. 흔히 젊은 연인들의 사랑이 죽음에 의해 격정적이고 잔혹하게 단절되는 점이 부각된다. 당시에는 낭만적이고 심지어 미화된 죽음의 태도가 만연했다. 20세기에 들어 죽음에 임하는 태도는 다시 변모한 다. 이제 죽음은 가급적 피하고 싶은 주제이며 거론조차 하지 않으려 는 금기 사항이 됐다. 끔찍하고 무서운 죽음을 아예 대면하고 싶어 하 지 않으므로 많은 사람이 병원에서 격리된 채 죽으며, 심지어 죽는 본 인 자신도 모르는 새에 기술적으로 처리되어 버리곤 한다. 죽음은 금 지 사항이 됐다. 이것이 소위 '금지된 죽음'이다.

이런 장기적 심성의 변화 가운데 특히 주목하고자 하는 것은 '순화된 죽음' 혹은 '우리 모두의 죽음'으로부터 '나의 죽음'으로 변해가는 과정이다. 새로운 죽음의 태도는 12세기 이전부터 서서히 나타나다가 15세기에 완전한 모습을 갖추었다고 아리에스는 설명한다.

'나의 죽음'은 특히 심판이라는 주제와 관련이 깊다. 전통적인 기독교 교리에 따르면 시간의 끝에 예수가 재림하여 그동안 잠자는 상태에 있던 모든 죽은 이들을 깨워 마지막 심판을 한다. 그런데 12세기즘부터 인류 보편의 심판보다는 개인의 심판이 점차 더 큰 중요성을 띠게 됐다. 아예 심판이라는 주제 자체가 강조되는 현상도 이와 관련이 있다. 이제 죽어가는 사람의 침대 맡에서 개인에 대한 심판이 일어나고, 그 결과에 따라 영혼이 바로 천국으로 가거나 지옥으로 간다는 생각이 퍼지기 시작했다. 천사가 천칭저울을 사용하여 죽은 사람이 생전에 지은 선행과 악행의 양을 재는 그림이 늘어나는 것도 이 무렵이다. 아리에스는 이처럼 죽음에 임하는 사람들의 태도에 큰 변화가 일어난 사실을 두고, 이것이 공동체적 태도 대신 개인주의적 태도가 강화되는 현상이라고 설명했다. 알 수 없는 먼 미래에 모든 사람이 한 번에 심판을 받는다는 설명에 만족하기보다, 내가 어떤 삶을 살다가 사후에 어떤 곳으로 가게 되는지에 대해 큰 관심을 기울이게 됐다는 것이다. 아마도 연옥이 완성된 형태로 자리 잡게 된 것도 이런 현상과 함께 생각해볼 수 있을 것이다. 만일 나 자신 혹은 내가 사랑하는 가까운 사람들이 지옥에서 영원한 고통 속에 지내야 한다면…? 이때 최선을 다해 회개하여 결국 천국으로 가리라는 소망을 품도록 한 것이 연옥이라는 희망의 장소다.

비드의 사례

르 고프와 아리에스는 '죽음의 역사'의 가장 중요한 성과들을 제공했다. 이들이 제시하는 '정설'은 어느 만큼 확실한 내용일까? 르 고프가 말하듯 연옥은 12세기에 파리의 지식인 세계에서 만들어졌을까? 또 아리에스의 주장처럼, 인류 전체의 심판보다는 내 영혼이 사후에 어떤 곳으로 가게 될지 관심을 가지게 된 태도 변화도 이즈음에 일어났을까?

이 역사가들의 한계라면 주로 지식인 세계의 기록에 근거해 자신의 주장을 편다는 것이다. 중세인들 대부분은 문자를 해독하지 못하는 농민들이며, 따라서 구술문화口述文化(oral culture)의 세계에서 살아갔다. 이들의 심성을 살펴보지 않고 중세인들의 사후 세계의 변화를 언급할 수는 없지 않은가. 이런 문제점을 해결하려면 지식인이 아닌 일반 농민들의 사고를 읽어낼 수 있는 자료가 필수적이다. 바로 여기에 난점이 있다. 농민들의 생각을 기록한 자료가 워낙 부족할 뿐 아니라, 설사 있다 하더라도 그것들은 농민들 스스로 라틴어를 깨쳐 기록한 게 아니라 식자층이 기록한 것이다. 당연히 왜곡 가능성을 우려하지 않을 수 없다.

그렇다 하더라도 농민들의 심성 세계에 접근하는 일이 전혀 불가능하지는 않다. 우선 농민들의 심성 세계가 투영된 기록을 찾아내는 일이 급선무다. 예화, 성인전, 환상vision 등의 기록들이 그런 사례다. 기록자의 편견과 곡해의 가능성을 염두에 두고 조심스럽게 파고들어 가면 이런 기록들에서 민중의 목소리vox popoli를 헤아려 들을 수 있을 것이다.

그렇다면 이런 기록들에서 농민들이 생각하는 사후 세계, 특히 연옥과 관련된 사항들은 어떻게 기술되어 있을까?

사후에 생전의 죄를 지우고 복된 세상으로 가는 이야기는 서기 8세기 자료인 비드의 『영국민의 교회사』에서 이미 찾을 수 있다.[9] 이 책의 5권 13장에 나오는 드리흐셸름의 이야기를 보도록 하자.

노섬브리아의 컨닝험이라는 지역에서 살던 드리흐셸름이 어느 날 초저녁에 죽었다가 새벽녘에 다시 살아났다. 시신 옆에서 울던 사람들이 모두 놀라 도망가고 그의 아내만 남았다. 그는 아내에게 "두려워하지 마오, 분명 나는 죽음에서 깨어나, 전처럼은 아니지만 다시 한 번 살도록 허락을 받았다오" 하고 말했다. 그러고는 자신이 보고 온 저승 세계를 상세히 설명한다.

저승에 가자 "얼굴과 표정이 빛나며 밝은 옷을 입은 사람"이 나타나 침묵 속에서 그를 안내했다. 한참을 가자 가늠할 수 없을 정도로 긴 계곡이 나타났는데, 한쪽은 불꽃으로 가득 채워져 무시무시했고, 다른 한쪽은 우박과 눈에 덮여 추위가 참기 어려울 지경이었다. 이곳에서 불쌍한 영혼들은 불속에서 구워지는 고통을 받다가 반대쪽으로 튕겨져서 이번에는 한참을 얼음 속에서 얼어붙는 고통을 받는 일이 반복됐다. 이런 무서운 모습을 보고는 '이곳이 지옥인가 보다' 하고 그가 생각하자 안내인이 그의 마음을 읽고는 "이곳은 네가 생각하는 지옥이 아니다"라고 말했다.

이들이 조금 더 걸어가자 칠흑 같은 어둠의 세계가 나타났는데, 그 가운데 커다란 구덩이에서 검은 불꽃들이 위로 솟구치다가 다시 아래로 떨어지곤 했다. 참기 어려운 악취가 진동하는 가운데 불꽃이 위로 높이 솟구쳤을 때 그 끝부분에 인간 영혼들이 가득 채워져 있는 것이 보였다. 그때 뒤에서 격렬하면서도 애처로운 비명 소리와 비웃는 웃음소리가 동시에 들려왔다. 소리가 나는 곳으로 가보니 악마들이 다섯 영혼을 끌고 가는 것이 보였고, 그중에는 사제들의 모습도 보였다. 악마들이 저주받은 영혼들을 끌고 가 불속으로 내던지자 그들의 울음소리와 악마들의 웃음소리가 구분할 수 없게 됐다. 그때 주인공을 발견한 악마들이 그를 에워싸고 잡아가려고 하는데, 어느샌가 사라졌던 안내인이 돌아와서 악마들을 물리치고 드리흐셀름을 구했다.

안내인과 그가 이 끔찍한 곳을 벗어나 다시 앞으로 나아가니 아름답고 평화로운 빛이 서린 곳이 나타났다. 높은 벽 안쪽의 아름다운 벌판에는 꽃향기가 넘치는 가운데 흰옷을 입은 사람들이 무리를 지어 기뻐하고 있었다. 이곳이 하늘나라의 왕국인가 보다 하고 그가 생각하는데 안내인이 이번에도 그의 마음을 읽고 "이곳은 네가 생각하는 하늘나라 왕국이 아니다"라고 가르쳐주었다. 그곳을 떠나 다시 앞으로 나아가니 이전보다 더 우아하고 밝은 빛 가운데 달콤한 향기가 퍼져 나왔는데, 그곳에서 하느님을 찬양하는 사람들의 목소리를 들을 수 있었다.

안내인은 이제 발길을 돌려 되돌아가며 주인공에게 지금까지 본 것들을 설명했다. 맨 처음에 보았던 타오르는 불과 엄습하는 냉기로 두려움을 자아내는 계곡은 "자신이 행한 죄와 잘못을 고백하고 사죄하는 일을 지체했으나 마지막 죽음의 순간에 회개하여 육체로부터 빠져나온 영혼이 시련을 당하고 깨끗해지는 곳이다. 그러나 이들은 죽음의 순간에 가서야 죄를 고백하고 회개했기 때문에 최후의 심판 날에 가서야 하늘나라 왕국에 들어가게 된다. 그리고 많은 사람의 간청과 기도, 자선 및 금식, 그리고 무엇보다 미사로 심판의 날 전에 구원

멤링의 마지막 심판.

을 받게 된다." 불꽃이 일며 역겨운 냄새가 풍기던 구덩이는 지옥 입
구로, 이곳에 떨어지면 영원히 구원받을 수 없다. 그다음에 보았던
"꽃으로 덮여 있는 장소에서 매우 아름다운 사람들이 빛을 발하며 기
뻐하는" 곳은 "선한 일을 하는 도중 죽은 올바른 영혼들이 받아들여
지는 곳이나 이들이 하늘나라 왕국으로 바로 들어갈 정도로 완벽하지
는 않다. 그러나 이들 모두 최후의 심판 날에 하늘나라 왕국의 기쁨을
누릴 것이다." 마지막에 얼핏 본 곳으로, 거대한 빛 속에서 즐거운 노
랫소리가 들리던 그 장소가 천국이다. 이런 설명을 해준 후 안내인은
그가 다시 육체로 돌아가도록 만들었다. 이렇게 해서 다시 살아난 드
리흐셸름은 죽는 날까지 수도원에서 고행을 하며 지냈다.

8세기의 이 이야기에는 사후에 영혼들이 가는 곳으로 하늘나라와
지옥만이 아니라 그 중간적인 성격의 장소도 등장한다. 그중 불에 구

워졌다가 얼음 속에서 얼어붙었다 반복하는 곳은 사악한 삶을 살았으나 마지막 순간에 회개하여 구원의 가능성을 인정받은 사람들이 가는 곳으로 지옥에 가깝고, 꽃향기 맡으며 유유자적 시간을 보내는 곳은 선한 삶을 살았으나 완벽한 정도는 아닌 사람들이 가는 곳으로 천국에 가까운 곳이다. 천국과 지옥 사이에 준準천국과 준準지옥이라는 두 개의 중간 장소가 있는 것이다. 특히 고통 속에서 구원을 기다리는 준지옥은 후대의 연옥과 거의 차이가 없어 보인다. 여기에서 특히 주목할 점은 이곳에서 고통받는 사람들이 "많은 사람의 간청과 기도, 자선 및 금식 그리고 무엇보다 미사로" 구원의 도움을 받는다고 기록되어 있다는 사실이다. 저승과 이승이 서로 소통한다는 점에서도 후대의 연옥과 유사하다는 것을 알 수 있다. 이런 점들을 놓고 볼 때 사실상 '장소'로서 연옥이 8세기 당시에 이미 존재했던 것은 분명하다. 명사형 단어가 없다고 해서 연옥이 없었다고 단정할 수는 없는 것이다.

그다음에 이어지는 이야기 역시 매우 흥미롭다. 머시아에 한 남자가 살고 있었는데, 그는 세속적인 일에는 열정을 보여 왕의 신뢰를 얻었지만 하느님께 복종하는 일에 게으른 탓에 하느님의 신뢰를 얻을 수 없었다. 그가 병이 들어 거의 죽음에 임박해서 왕이 그에게 참회를 권했을 때에도 그는 끝내 그것을 거부했다. 임종 시에 다시 찾아온 왕에게 그는 자신이 본 무시무시한 일을 이야기했다. 왕이 도착하기 조금 전에 아름다우며 밝게 빛나는 두 명의 젊은이가 집으로 찾아와 침대 맡에 앉았다. 그중 한 사람이 매우 작고 아름다운 책을 건네주며 읽어보라고 하는데, 그 책에는 그가 과거에 행했던 착한 일들이 적혀 있었다. 그러나 그 책은 아주 작고 내용은 보잘것없었다. 곧이어 무시무시한 외모를 지닌 한 무리의 악마들이 들이닥쳤는데, 그들은 엄청난 무게의 책을 건네주며 읽어보라고 했다. 그 안에는 과거에 저지른 모든 죄가 검고 무서운 글자로 적혀 있었다. 그 책을 다 읽자 악마의 우두머리는 곁에 있던 밝은 빛의 사람들에게 말했다. "당신들은 왜 여기 있소? 당신들은 이 사람이 우리 소관이라는 것을 분명히 알고 있지 않소?" 그러자 그들 역시 동의하며 이렇게 말하는 것이었다. "맞소이다. 그를 데려가 당신네 저주받은 나라의 명부를 채우시오." 그런 후 악마들이 단도 두 개를 그의 머리와 발에 꽂았는데, 이 두 칼이 몸속에서 천천히 움직이다가 서로 닿는 순간 죽음을 맞게 되어 있다는 것이다. 끝내 회개를 거부한 주인공은 결국 죽은 직후 지옥으로 가게 됐다.

이 이야기가 매우 흥미로운 이유는 이처럼 이른 시기의 텍스트에서 소위 '나의 죽음'이라는 현상이 보이기 때문이다. 주인공은 시간의 끝에서 다른 모든 인류와 함께 마지막 심판을 받는 게 아니라 그 자신의 죽음에 임박하여 지옥으로 가게 되는 개인적 심판을 받고 있다. 아리에스의 주장과 달리 12세기보다 훨씬 이전 시대에도 '나의 죽음' 현상이 존재했던 것이다.

비드가 전해주는 이야기들을 보면 12~15세기에 지식인 집단에서 연옥의 개념이 형성되어 교리에 들어갔고, 다른 한편 사후 세계에 대한 관념의 문제에서 공동체적인 태도가 약화되고 개인주의적 태도가 강화되어갔다는 이전의 주장들에는 수정이 필요하다는 것을 확인할 수 있다. 지식인들이 최종적으로 정리를 하고 교리를 다시 정비하기 이전에 우선 일반 민중의 종교 심성이 독립적으로 먼저 변화해가고 있었던 것이다. 그 과정은 어떠했을까?

서킬과 고트샬크의 환상

농민들의 생각을 담고 있는 여러 기록에는 사후 세계를 보고 왔다는 이야기들이 많이 있다. 그런 이야기들 속에는 대개 비슷한 내용들이 반복되곤 한다.[10] 흔히 저승의 초입에는 강 위에 다리가 있고 그 다리 너머 천국이 펼쳐져 있는데, 죄를 짓지 않은 영혼은 탈 없이 다리를 건너는 데 비해 죄 많은 영혼이 지나갈 때에는 다리가 흔들리든지 좁아지든지 하는 일이 벌어져 어려움을 겪다가 급기야 물속에 숨어 있던 악마가 발목을 움켜쥐어 강으로 끌고 들어간다. 평생 지은 선행과 악행을 기록한 장부책도 자주 볼 수 있는 요소다. 드리흐셸름 이야기에서 본 것과 유사하게 불지옥과 한빙寒氷 지옥 두 종류가 병존하여 번갈아 고통을 당하는 장면도 자주 보인다. '브렌단 이야기'의 한 판본에서는 유다 역시 이런 상태에 처해 있어서 월·수·금요일에는 불지옥에서, 화·목·토요일에는 한빙 지옥에서 지낸다. 성스러운 휴식의 날인 일요일에는 지옥도 휴무라, 유다는 바다의 절벽 위에서 홀로 휴식을 취한다. 월요일에 다시 불지옥으로 출근하겠지만 그래도 그날 하루만은 아무런 고통 없이 지낼 수 있으니 이승의 일요일과는 비교할 수 없이 달콤한 휴일이리라.

이런 이야기들 가운데 연옥 개념의 변화를 읽을 수 있는 사례로 '서킬의 환상The Vision of Thurkill'(1206)과 '고트샬크의 환상The Vision of Godeschalk'(1189) 이야기를 주목해보도록 하자.[11]

영국 에식스 지역의 농부인 서킬이 저승을 보고 왔다고 하여 기록을 남겼다. 그가 찾아간 사후 세계는 중심부에 성모 마리아 바실리카가 자리 잡고 있다. 바실리카의 벽 바로 뒤에는 지옥이 있어서 회개가 불가능한 죄를 지은 영혼은 그곳으로 떨어진다(가장 든든한 믿음의 장소인 교회 바로 이웃에 지옥이 자리 잡고 있다는 이런 설정은 사실 옛이야기에서 많이 찾아볼 수 있는 요소다). 바실리카에서 동쪽으로 곧게 길이 나 있는데, 그 길 끝에는 정죄의 불이 타오르는 장소와 큰 연못이 있고, 그 너머에는 시련의 다리가 있으며, 다시 그 너머에 지복至福(bliss)의 산이 있다. 지옥행을 피한 영혼은 이 길을 따라가며 자신의 죄를 없애고 결국 천국으로 들어간다.

이 환상 이야기에서 가장 특징적인 것은 소위 '악마의 극장'이라는 요소다. 매주 토요일 저녁에 악마는 지옥에서 벌을 받고 있는 영혼들을 불러내 무대로 데려와 그들이 생전에 지은 죄를 재현하도록 시킨다. 간통을 저지른 사람들은 악마들과 다른 영혼들이 보는 앞에서 공개적으로 성행위를 해야 한다. 사람을 많이 죽인 기사는 시뻘겋게 단 쇠막대를 말처럼 타고 가고, 뇌물을 많이 받아먹은 변호사는 생전에 부정하게 받은 금화를 시뻘겋게 달구어 뱃속에 꿀꺽 삼켰다가 도로 뱉고 다시 삼키는 일을 반복해야 한다. 살아 있을 때 행했던 쾌락의 행위들이 그대로 자신에게 벌이 되어 돌아온다는 내용이다. '이 글을 읽는 독자들이며, 악한 행위를 하면 엄혹한 처벌이 기다리고 있으니 결단코 그런 일들을 하지 말지어다' 하는 경고라는 것은 말할 나위도 없다.

서킬은 그곳에서 죽은 영혼의 심판 과정도 직접 목도한다. 유사한 다른 이야기에서는 흔히 천사와 악마가 죽어가는 영혼의 죄과를 놓고 서로 자기편으로 끌고 가겠다고 다투는데, 이 이야기에서는 특이하게도 천사 대신 바울이 변호사 역할을 맡고 있다. 이 과정을 거쳐 어떤 사람은 지옥으로 떨어지고 어떤 사람은 연옥을 거쳐 천국으로 향하게 된다. 즉, 사람은 죽자마자 바로 심판을 거쳐 사후의 상태가 판가름 난다.

지금까지 이야기를 듣는 과정에서 줄곧 이런 의문이 제기되지 않았는가? 사람이 죽어서 곧바로 심판을 받아 천국이나 지옥, 혹은 연옥으로 가는 '소종말little eschatology'과, 시간의 끝에서 모든 인류가 깨어나 재림 예수에 의해 심판을 받는 '대종말great eschatology' 사이에 모순이 있지 않은가? 서킬의 환상 이야기는 분명 소종말을 말하고 있는데, 그렇다면 그것과 말세의 심판과는 어떤 관계에 있는가? 서킬의 이야기에서는 그에 대한 자세한 설명을 찾을 수 없다. 교회는 늘 대종말을 가르쳤지만, 민중들의 이야기에서는 그런 교회의 공식적인 가르침은—부정된다기보다—무시됐다. 중세의 시간관은 현재와 과거, 미래가 구분 없이 합쳐지는 특징을 보이곤 한다. 먼 미래에 일어나야 하는 심판이 미리 각 개인에게 일어나서 그 결과가 진행 중인 것도 그 때문이다. 죄인은 벌써 지옥에서 고통받고 있고, 선한 영혼은 이미 천국에서 창조주를 찬미하고 있다. 이런 모호성에 대해 중세 전기에는 사람들이 크게 개의치 않았던 것으로 보인다. 그러나 종교적 감수성이 예민해지는 중세 후기로 가면 이제 이런 모순에 대해 사람들은 더 이상 쉽게 수긍하지 않게 됐다. 어떤 식으로든 두 개념 사이에 정리가 필요했을 법하다. 그런 정황을 보여주는 사례가 고트샬크의 환상이다.

홀슈타인 지방의 농민인 고트샬크Gottschalk(혹은 Godeschalk)는 1189년에 저승 세계를 보고 와서 기록을 남겼다. 유사한 다른 기록에는 흔히 강 위에 걸려 있는 다리를 건너 저승으로 들어가는데, 고트샬크의 기록은 그와는 다른 매우 창의적인 면모를 보여준다. 죽은 영혼들은 넓은 벌판을 가로질러 가야 하는데 그 벌판에는 뾰족한 가시들이 잔뜩 돋아나 있다. 벌판 초입에 신발이 걸려 있는 큰 나무가 있어서 선한 영혼은 그 신발을 신고 편하게 걸어가지만 사악한 영혼은 신발을 얻지 못해 가시에 찔리며 걸어가야 한다. 벌판 끝에서 강을 건널 때에도 선한 영혼은 뗏목을 타고 건너지만, 사악한 영혼은 헤엄쳐서 강을 건너다가 물속에 떠돌아다니는 날카로운 무기들에 찔리곤 한다.

강을 건너면 세 갈림길이 나타난다. 오른쪽 길은 천국으로, 왼쪽 길은 지옥으로 그리고 가운데 길은 연옥으로 이어지는데, 이곳을 지키는 천사가 각각의 영혼에게 갈 길을 정해준다. 고트샬크는 그중 가운데 길을 지정받아 연옥을 탐방하고 온다. 이 이야기에서도 다른 농민 이야기들과 마찬가지로 지옥과 천국 그리고 그 중간적 성격의 장소가 실재한다. 그중 한곳에서는 영혼들이 불로 달궈지는 고통을 당하고 있다. 어떤 사람은 그가 생전에 지은 죄의 기간만큼만 고생하지만, 어떤 사람은 이 세상이 끝나는 날까지 수형 기간이 지속된다. 또 다른 곳에서는 아직 천국으로 직행하지는 못하지만 그래도 지극한 행복 속에서 기다리고 있다. 그러나 그가 강조하는 바는 이런 곳들에서는 "지옥의 징벌이나 천국의 영광은 볼 수 없다"는 점이다. 지옥과 비슷하지만 진짜 지옥은 아니고, 천국과 비슷하지만 진짜 천국은 아니라는 이 이야기는 무슨 의미인가?

이 이야기 안에서 죽은 사람에 대한 심판 자체는 종말까지 미뤄져 있다는 점에 주목할 필요가 있다. 최후의 심판이 내려질 때까지 모든 영혼은 이곳에서 기다려야 한다. 다만 성인들은 지극한 행복 속에서 그날을 기다리는 반면 죄인들은 온갖 고통을 겪으며 기다리는 차이가 있을 뿐이다. 심판이 이루어지지 않았으면서도 마지막 날까지 고통 속에서 지낸다는 것은 곧 이것이 처벌이 아니라 죄를 지우는 과정임을 가리킨다. 이런 장치는 기독교 내에서 모호한 상태로 남아 있던 대종말과 소종말 사이의 모순에 대한 하나의 해결책을 제공한다. 연옥이 정식으로 만들어져 교리 속으로 들어가기 전에라도 대종말과 소종말 사이의 모순을 해결해야 할 긴박한 필요가 제기되어 있었던 것이다. 이 이야기에서 제시된 해결 방식이 더 정교하게 다듬어지면 정식으로 연옥의 교리로 자리 잡게 될 것이다.

민중들의 사고방식은 신학 교리와는 다른 길을 가곤 한다. 대종말을 가르치는 정통 교리와 달리, 일반 민중들은 사후에 바로 자신의 행로가 정해져야 한다고 보았다. 물론 그 길은 천국행이어야 마땅하다고 소망하였다. 자신이나 부모 혹은 친구들이 살면서 작은 잘못들을 저질렀다 해도 결국 죄를 씻고 천국으로 가서 영원한 복을 누리리라고 믿었다. 이것은 논리 이전에 감정의 문제이며, 우리 내면에서 우러나오는 간절한 희구의 자연스러운 결과이리라. 르 고프가 분석한 대로 12세기에 파리 지식인 사회에서 최종적으로 연옥이라는 말이 만들어져 가톨릭 교리에 정식으로 들어갔다 하더라도, 그 개념은 이미 오래전부터 민중들의 상상에서 배태되고 준비되어왔던 것이다.

연옥의 소멸 그리고 죽음의 죽음

루터 이후 프로테스탄트 측에서 연옥의 교리에 대해 맹렬한 비판을 가했지만 트렌토 공의회(1545~1563)에서 교리를 재정비한 결과 연옥은 적어도 가톨릭 국가 내에서는 확고하게 유지됐다. 그뿐 아니라 이 교리는 갈수록 더 큰 중요성을 띠어갔다. 연옥에 대한 믿음은 중세 말이 1차 정점이었고, 17세기 바로크 시대에 2차 정점을 이루었지만, 그야말로 최고의 정점을 찍은 때는 19세기 말 전후한 시점(1850~1914)이었다. 이 시기에 가톨릭 국가들에서는 연옥의 교리가 완전히 일반화됐다. 연옥의 고통을 줄여주기 위한 미사의 중심지 역할을 했던 노트르담 드 몽리종 성당의 경우 1885~1935년 사이에 1500만 번의 미사가 거행됐다! 이 당시에는 모든 영혼이 연옥에서 죄를 닦고 천국으로 갔기 때문에 지옥이 텅 비었다고 말할 정도였다. 이렇게 마지막 정점을 기록한 이후 연옥의 교리는 놀라울 정도로 급격히 쇠퇴하였다. 오늘날에는 가톨릭 신자들 중에서도 연옥에 대해 모르는 사람이 상당히 많다. 그렇다고 연옥이 가톨릭 교리에서 완전히 사라진 건 아니다. 요한 바오로 2세 교황 시기인 1992년에 나온 교리문답서에도 연옥은 여전히 정통 교리의 하나로 포함되어 있다. 그러나 실제로 연옥은 이제 가톨릭 신자들의 마음속에서 지워져가고 있다.[12]

유럽에서 연옥의 교리가 사라져가게 된 중요한 계기는 제1차 세계대전이었다. 흔히 전쟁은 사람들의 종교적 심성을 강화시키곤 했지만, 세계대전은 너무나도 심대한 충격을 주어 오히려 신심을 약화시키는 결과를 가져왔다.[13]

제1차 세계대전—그리고 그 이후 20세기에 벌어진 많은 전쟁—은 우선 너무 많은 죽음을 가져왔다. 이전처럼 칼이나 소총으로 살해하는 정도를 넘어 최신 과학기술의 결과물인 기관총과 독가스 같은 신무기로 인해 사람들이 대규모로 죽어갔다. 죽음은 집단화되고 '산업

제1차 세계대전 참호전.

화'됐다. 너무나 시체가 많아 제대로 다 처치할 수 없을 정도였고, 때로는 죽은 이의 신원을 확인하지 못한 채 집단 매장을 했다. '무명용사의 묘'도 이때 나타난 현상이었다. 죽어가는 모든 병사에게 종부성사를 제대로 할 수도 없었다. 프랑스군의 경우 2만 명의 종군 사제가 있었다고 하나 태부족이었다. 1915년 9월 25일의 공격 당시 숨진 한 병사의 어머니가 프랑스 육군 35 보병연대의 종군 신부에게 보낸 편지를 보자.

신부님, 그 아이를 알고 계셨는지요? 말씀해주세요. 25일 그날의 공격 전날 밤에 그 아이가 당신을 찾아가 죄의 사면을 요구했는지, 그것을 기억하시는지요? 제가 알기에 그 아이는 8월 15일에 공격 준비를 위해 상파뉴 지역으로 갔을 때 이제 총공격이 가깝다는 것을 알았기 때문에 그전에 영성체領聖體를 할 수 있어서 아주 기뻐했지요. 그렇지만 제가 여전히 알고 싶은 것은 전날 사면을 받았는가 하는 것입니다. 그 아이가 그것을 하지 않았다면 그래도 저는 하느님이 우리 아이를 하늘나라에 받아주셨기를 기대합니다. 제 생각에 내 소중한 아이가 하느님의 은총을 받지 못하고 죽는 것을 허락지는 않을 것 같습니다. 그 아이는 하느님을 너무나도 사랑했고, 너무나도 간절히 기도하여 하느님이 그 아이에게 연민을 안 가질 수가 없을 것입니다.[14]

기독교적인 죽음, 곧 선종善終(bonne mort)은 최소한 종부성사를 해야 하고, 더 나아가서는 대사大赦(Indulgence plénière)가 필요하다. 그러나 전장에서 그런 것을 바라는 것은 무리였다. 급박한 상황에서 제대로 격식을 갖추어 종교의식을 거행할 수는 없었다. 예컨대 1915년 2월 6일, 프랑스 군내에서 사면 의식이 단체로 행해졌다. 그나마 치열한 교전이 이루어지는 때에는 아무런 종교의식을 치르지 못하고 죽어가는 일이 다반사였다. 종부성사가 필요한 많은 병사는 아군과 적군의 교전 중간 지역에서 고통에 휩싸여 홀로 죽어갔다. 제1차 세계대전을 겪은 사람들의 증언 중에 가장 괴로웠던 일 중 하나로 많이 거론하는 것이 바로 중간 지역에서 홀로 죽어가는 사람들의 비명 소리다. 돌격을 감행하다 부상을 당한 사람들이 벌판에 버려진 경우, 적의 기관총 세례를 피할 수 없기 때문에 동료들이나 들것 운반병들이 그들에게 접근할 수 없어서, 할 수 없이 그들은 극심한 고통 속에서 울부짖다가 죽어갔다.

밤새 애처로운 비명 소리가 벌판에서 들려왔다. 일정한 간격으로 그

긴 소리가 이어졌다가 중단됐다가 했기 때문에 처음에 나는 그것을 보초들이 신호를 보내는 소리로 착각했다. 사실 그것은 부상병들의 신음 소리였다. 어둠의 심연 속에 거대한 고통의 영역이 내 주변에 펼쳐 있다고 느끼는 것은 실로 엄청난 공포를 안겨주었다. 결국 시간이 지나 이 고통의 소리가 없어졌다.[15]

누구도 돌보지 않은 가운데 극도의 고통 속에 짐승처럼 죽어가도록 내버려둘 수밖에 없다는 사실이 사람들의 심성에 큰 충격을 주었다. 이런 현상들의 연쇄가 신앙심에 치명타를 가했고, 결국 전통적인 죽음의 양식을 뒤흔들어놓을 수밖에 없었다.

기독교적 죽음은 전쟁 중에 위기에 처했다. 자크 리비에르Jacques Rivière라는 참전 병사의 기록은 그런 점을 증언한다.[16] 1914년 8월 24일 그는 포로로 잡히면서 자신의 죽음을 예상했다.

큰 고뇌가 나를 덮쳐 큰소리로 말했다. 하느님, 내 마지막 시간, 마지막 순간입니다. 하느님 저는 이제 죽어야 합니다! 동시에 나는 저 세상과 하느님의 존재를 떠올려보려 노력했다. 이제 내가 곧 마주하게 될 아주 가까운 순간의 일이 아닌가. 나는 그 생각이 나에게 떠오르도록 집중했다. 그러나 아무 소용이 없었다. 모든 것이 침묵했다.

한 달 후에 그는 이렇게 썼다.

두 번 다시 나는 죽음을 바란다는 듯한 코미디에 헌신하지는 않겠다. 나는 제일 아래 밑바닥 기초까지 내려갔고, 거대한 거짓말의 깊이를 알게 됐다.

기존에 굳게 믿었던 사후의 길은 이제 혼란스러워졌다. 그렇다면 전쟁에서 죽은 병사들은 어찌 됐단 말인가? 앞에서 인용한 죽은 병사의 어머니의 편지에서 보듯, 죽은 이들에 대한 회한이 사람들의 마음을 사로잡았다. 국가를 위해 그토록 비참하게 죽어간 수많은 사람이 종부성사를 받지 못했다고 하여 죽은 뒤에 연옥에 가서 다시 엄청난 고통을 겪으리라고 상상하는 것은 괴로운 일이다. 살아남은 우리를 위해 죽은 그들이 사후에 고통 속에 지내도록 한다는 것은 '배은망덕'한 처사라는 생각이 지배적이었다. 이제 국가를 위해 죽은 수많은 영혼은 직접 하늘나라로 간 것으로 생각하게 됐다. 교회 역시 이런 감수성의 큰 흐름에서 비껴나지 못했다. 전사자들을 위한 부속 성당은 연옥에서 치르는 고통을 경감하기 위해 기도하는 곳이 아니라 구국의 영웅들을 '추모'하는 장소로 의미가 바뀌어갔다. 전쟁은 연옥의 개념에 치명타를 가했다. 연옥에서 고통받는 영혼들에 대한 집단적인 연민은 사라져갔다. 전반적으로 하느님에 대한 사람들의 감수성은 심판과 처벌보다는 사랑으로 우리를 구원하는 방향으로 전환했다. 당연히 지옥과 연옥보다는 천국이 강조됐다.

기독교도들은 영생에 대한 믿음을 놓은 적이 없지만, 다만 사후에 심판이 이루어지고 그에 따라 고통을 당하면서 죄의 대가를 치러야 한다고 믿었다. 적어도 19세기까지 그런 믿음은 흔들리지 않고 지속됐다. 그러나 20세기에 들어와 그와 같은 '속죄의 경제학'이 깨지기 시작했다. 사람들은 영생을 얻기 위해 사후에 큰 고통을 통해 죄를 지워야 한다는 믿음을 버린 듯하다. 영생과 속죄 간의 관계가 끊어진 것은 서구인의 내면세계에서 일어난 가장 큰 변화라 할 만하다. 적어도 가톨릭 국가들에서 19세기까지 연옥은 구원의 정상적인 길이었고, 또 사후 세계를 그릴 때 가장 중요한 틀 중의 하나였다. 여태 익숙하고 안정된 교리였던 이 '제3의 처소'는 전쟁을 거치면서 생명력을 상실해갔다. 아직도 현학자들이 연옥을 거론하기는 하지만 그것은 지옥과 유사한 면모가 많이 지워지고 '천국의 입구'의 성격이 강화된 신비적 이미지로 변모했다. 이는 두려움을 덜 일으키지만, 그 대신 더 멀고 더 추상적이 됐다. 연옥 자체가 죽어가고 있는 것이다. 연옥만이 아니라 이제는 지옥도 예전만큼 큰 영향력을 행사하지 못하는 듯하다. 목사와 신부들의 설교 주제에서 지옥은 갈수록 줄어들고 있다고 한다. 이미 연옥 없는 가톨릭으로 가고 있는 마당에, 지옥 없는 기독교(구교와 신교 모두 포함한 기독교)라는 것은 과연 어떤 종교가 될 것인가?

우리의 죽음을 인도하던 틀이 많이 깨졌다. 소위 '죽음의 죽음la mort de la mort' 현상이 벌어지고 있다. 어찌 보면 우리는 이제 치졸한 협박에서 벗어나 맘 편하게 죽게 됐고, 또 어찌 보면 예전처럼 희망을 품고 우아하게 죽기도 힘들어졌다.

예수의 죽음
게르마니아와 이탈리아

신준형 고고미술사학과 교수

미술사는 매우 정치적인 학문이다. 좀 더 구체적으로 말하자면 미술사는 정치적 목적을 위해 이용되는 관제 학문이 될 가능성이 매우 높은 분야이며 실제로 근대 역사에서 서양 국가에 의해서도 동양 국가에 의해서도 그렇게 이용되어온 사례가 많다. 그것은 지역성, 또는 민족성이라는 매우 애매하지만 전적으로 부정하기도 힘든 개념을 정당화하는 데에 너무나 그럴듯하게 잘 들어맞기 때문이다. 미술품은 말을 하지 않는다. 하지만 동시에 언어의 장벽을 넘어서 눈으로 보고 즉각적으로 경험하는 대상이기 때문에 보는 이에게 위험할 정도로 강렬한 작용을 할 수 있다. 이 두 가지 속성을 서양과 동양의 제국주의자들은 참으로 잘 이용해왔다. 그래서 자신들의 지역적 · 민족적 · 인종적 우수성과, 자신들에게 지배당하는 피지배 지역, 민족, 인종의 열등성을 미술품의 비교를 통해 주장하여왔고, 말을 하지 않는 미술품은 인간의 입을 통해, 글을 통해 이러한 정치적 역할에 참으로 효과적으로 복무해왔다.

　대표적인 사례를 둘만 들자면, 인도를 식민 지배했던 영국은 간다라 지방의 불교 조각에 나타나는 그리스적 양식을 들어 이미 고대로부터 인도는 유럽 문명의 영향권하에 있었으며 근대에 와서 다시 영국의 지배를 받는 것은 필연적이라고 강변했던 적이 있다. 지중해 문명의 중심지였던 그리스와 유럽의 끝에 있는 섬나라 영국이 어떻게 그렇게 간단히 서양이라는 이름으로 동일시될 수 있는지에 대해서는 별다른 설명도 없이 말이다. 동양의 경우 일제시대 일본의 미술사학자들이 한국 미술에 대해 쓴 글들을 보면 지나칠 정도로 중국의 영향을 강조하는 것을 볼 수 있다. 이끌어내고자 했던 결론은 물론 조선반도의 문화적 열등성이지만, 일본도 역사적으로 중국 문화를 대단히 동경하고 적극적으로 수용해왔던 사실에 대해서는 어떻게 다르다고 설명했을지 매우 궁금하다.

　이러한 이유로, 20세기 중반 이후 미술사학에서는 지역성, 민족성, 또는 지역적 특성, 민족적 특성을 말하는 것이 매우 구태의연하고 비학술적인 행위로 간주되어왔다.[1] 굳이 이러한 주제를 다룬다면, 민족적 특성을 말하기보다는 왜 민족적 특성을 강조하려 했는가 하는 그 배후의 정치적 의도를 논의함이 더 적절한 학문적 주제로 인정됐던 것이다. 필자도 이제까지 써온 논문에서 한번도 지역적 특성 또는 민족적 특성이라는 것을 다룬 적이 없다. 하지만 매우 역설적이게도, 교육자로서 필자는 매 학기 미술사 수업 시간마다 힘써 지역적 특성을 가르치고 있다. 온갖 국적과 인종의 사람들이 같은 지역에서 섞여 사는 것이 드물지 않게 된 오늘날의 사회와는 달리, 대부분의 사람이 부모가 태어나고 자신이 태어난 곳에서 일생을 살다가 그곳에서 죽었던 과거의 사회에서 지역적 특성이란 결국 그 지역에 사는 사람들의 특성이 된다. 아무리 유럽 대륙이 별로 크지 않은 땅이라 하더라도, 그 안의 두 지역이 적당히 거리가 떨어져 있고 사람들이 사용하는 언어까지 다르다면 이러한 지역적 특성 또는 지역적 차이는, 민족적 특성, 민족적 차이의 이야기로 이어지게 된다. 민족적 특성을 이야기하다 보면 인종적 특성으로까지 이야기가 발전하는 것은 순식간이다.

그렇다면 필자는 이처럼 구태의연한, 게다가 역사적으로 악용된 사례까지 있어 위험천만의 개념인 민족적 특성을, 학술의 장에서는 언급도 하지 않으면서 왜 교육의 장에서는 매 학기 이야기하는 것일까? 한마디로 다른 지역에서 나타나는 미술은 너무나 다르게 보이기 때문이고, 학부 1, 2학년 수준 미술사 수업이 성취하고자 하는 최대의 목적은 학생들이 이러한 지역적 양식 차이를 구별하고 인지할 수 있는 능력을 터득하게 하는 것이기 때문이다.[2] 다만, 민족이라는 말을 굳이 쓰지 않으려 하고—지역과 민족이 떨어진 것이 아닌 과거 사회를 말하면서 민족이라는 말을 안 쓴다고 민족을 논하는 것이 아닐 수는 없지만—또한 어느 지역의 미술이 타 지역보다 더 우월하다거나 열등하다는 식의 표현은 일절 쓰지 않는다. 단지 상대적으로 다를 뿐이라고 한다. 문화상대주의적 관점에서 보자면 어느 지역의 미술이 더 자신의 취향에 맞을 수는 있지만 더 우월하다고 주장할 근거는 없기 때문이다.

이 글에서는, 소위 학술의 장에서는 하지 않아왔던, 그러나 실제로 존재하는 것이 분명한 지역성의 이야기를 하려고 한다. 하지만 이 글의 중심 주제가 지역성은 아니다. 예수의 죽음이라는 미술의 주제가 이 글의 논제다. 좀 더 정확히 말하자면 예수의 죽음이라는 주제가 어떻게 북유럽과 이탈리아에서 중세 말로부터 르네상스에 이르기까지 '다르게' 그려져왔는가를 다루려 한다. 예수의 죽음이 유럽 미술사상에서 가지는 심대한 의미는 아무리 강조해도 지나치지 않는 것이다. 그리고 이 주제가 14세기에서 16세기에 이르는 300여 년 동안에 얼마나 다르게 이탈리아인들과 북유럽인들에 의해 그려져왔는가 하는 문제는 미술사학적으로도 중요한 문제지만 필자에게는 보다 개인적으로 중요한 문제였다. 르네상스 전공 지망생이었던 필자는 우선 이탈리아 르네상스를 전공할 것인지 북유럽 르네상스를 전공할 것이지를 결정해야 했기 때문이다.[3] 어찌 보면 필자의 학문 이력의 출발점에서 너무나 심대한 영향을 미쳤던 주제를 이렇게 시간의 거리를 두고 되짚어보게 되어 감회가 새롭기도 하다.

덧붙여, 예수의 죽음이라는 주제를 통해 필자가 종교미술사가로서 이제까지 줄곧 천착해왔던 핵심적 테마를, 학술적 논의라는 굴레에서 좀 벗어나는 위험을 무릅쓰고 직설적으로 논해보고 싶다. 그것은 내세來世(the hereafter)다. 오랜 기간 내세와 초자연supernatural에 대해, 기독교의 관점과 다른 동아시아 종교의 관점을 비교하는 공부와 저술을 해오면서, 어디까지가 학술의 영역이고 어디서부터가 나의 개인적·영적인 질문의 영역인지가 종종 혼란스러웠다. 학술 저술에서는 이러한 주제를 다루는 데에 어느 선 이상 나아가면 안 되는 경계선이 있다. 하지만 자신의 삶에 대한 질문에서 출발하는 인문학에서 그 질문이 이승의 문제가 아니라 저승의 문제라고 해서 학술·비학술의 경계에 속박된다는 것은 분명 모순이라고 생각해왔다. 이승의 문제, 현실의 문제에 관심이 있는 다른 학자들에게는 자신의 내적 질문과 학문적 질문이 다르지 않아서 이런 고민이 없는지도 모른다. 하지만 필자는 이승에 별다른 관심이 없다. 오래전부터 필자의 마음은 저승의 문제, 다음 생의 문제로 향해왔으며, 필자에게 인문학은 이러한 종교적 질문에 대한 답을 찾아가는 길이다. 어차피 학술의 장에서 다루지 않았던 민족성, 지역성을 다루는 글을 쓸 계기가 됐으니, 더불어 필자가 언제나 3인칭으로밖에 말할 수 없었던 내세의 문제를 1인칭으로 직설적으로 여기에서 말하고자 한다.

예수의 죽음

먼저, 예수의 죽음이라는 주제에 대해 설명하고 넘어가야 할 것이다. 죽음이라는 주제를, 그것도 아주 비참한 고난과 형벌의 끝에 죽어간 시체의 모습을 이처럼 유구한 세월 동안 강박적으로 온갖 정성을 다해 시각화해온 문명이 또 있을까?[4] 이 사람이 누구인가? 왜 저토록 처참하게 죽었는가에 대해, 즉 기독교의 교리와 문화에 대해 이미 어느 정도 지식과 이해를 가진 사람이 아니라면 이처럼 참혹한 주제가 1500년 이상의 세월을 미술 문화의 중심에서 군림해왔다는 사실에 아연해질 것이다. 실제로 16세기에 예수회가 유교 문화의 중국 사회에 기독교를 전파할 때, 되도록이면 십자가 상을 비롯한 예수 수난의 그림들은 대중 앞에 내보이지 않았다는 사실에 주목할 만하다. 유교 문화권의 중국인들에게는 이처럼 참혹한 형벌의 모습이 신성한 종교의 핵심이라는 사실이 불가해했던 것이다. 오늘날 젊은 여성들이 멋으로—종교적인 이유로 하는 경우를 제외하고—십자가 목걸이를 하고 다니는 것을 보면, 기호sign가 그 발생 문화의 맥락을 벗어나면 얼마나 자의적인 의미와 역할을 지니게 되는지 아주 좋은 예를 보는 것 같다. 사람을 못 박아서 매달아 놓고 최대한 천천히 말려 죽이던, 그리고 혹시라도 누가 못을 뽑아줘서 내려오게 되더라도 도망가지 못하도록 다리를 부러뜨려 놓았던 참혹한 형벌의 형틀이 십자가다. 이 형틀의 미니어처를 젊은 아가씨들이 멋으로 목에 걸고 다니는 것이다.

이처럼 참혹하고 무서운 죽음의 이미지가 서양의 기독교에서 그리고 기독교가 1500년 이상을 지배했던 서양의 사회에서 얼마나 숭고하고 아름다운, 감동적인 이미지로 여겨져왔는가를 이해하려면, 이 사람이 누구이고, 왜 십자가에서 죽었는가를 먼저 알아야 할 것이다. 의외로 현대의 한국 사회는 동양의 어느 국가보다도 프로테스탄트나 가톨릭이나 기독교가 성한 곳이라 많은 사람이 종교에 관계없이 기독교와 예수라는 존재에 대해 어느 정도의 상식적 지식을 가지고 있다. 16세기에 이미 예수회가 들어갔던 중국이나 일본에 비해 18세기 말까지 외국인 선교사가 한 명도 오지 않았던 한국이 오히려 이 종교가 가장 번성한 나라가 됐다는 것은 어떻게 설명해야 좋을지 모를 패러독스지만 말이다.

기독교의 신학 논리의 요체는 다음과 같다. 구약의 시대에 신과 인간은—여기에서 인간은 유대인을 말한다—율법이라는 일종의 계약에 의해 관계를 맺고 있었다. 그러나 인간은 율법을 완벽하게 지키기에는 너무나 불완전하고 나약하여 끝없이 죄를 짓게 됐다. 이에 신은 결단을 내린다. 그것은 신이 인간으로 태어나서, 인간들이 이제까지 과거에 지어온 죄와 현재 지은 죄 그리고 앞으로 미래에 걸쳐 짓게 될 모든 죄에 대해서 자신의 죽음으로 한번에 그 모든 죗값을 치러주기로 한 것이다. 과거와 현재의 인간들이 지은 죄뿐 아니라, 아직 태어나지도 않은 미래의 인간들이 짓게 될 죄에 대해서도 인간으로 태어난 신이 참혹한 고통 속에 죽음을 맞는 대가를 지불함으로써 그 죗값을 미리 속량하여주었다는 것이다. 신의 인간에 대한 무한한 사랑 때문이었다. 바로 그 대신 희생된 인간, 신이 인간으로 태어난 존재이며 따라서 아무 죄가 없지만 인류를 위해 스스로를 희생한 그 인간이 예수인 것이다. 이로써 예수 이후에 오늘날까지, 그리고 이후로도 태어날 모든 인간은 결국 끝없이 죄를 짓더라도 이미 그 죗값의 피를 대신 흘리고 죽은 예수의 수난에 의해 죄의 용서받음을 보장받았다. 조건은 예수를 통해 하느님의 구원을 믿으면 되는 것이다. 물론 여기에서 믿음의 절대성에 의해서 구원을 보장받을 수 있느냐 아니면 믿음에 더해서 행동으로 선업도 쌓아야 하느냐의 견해가 갈라지면서 프로테스탄트와 가톨릭이 구별된다는 점은 덧붙일 필요가 있겠다.

많은 사람이 예수가 인간의 죄를 대신 짊어지고 죽음을 맞이했다는 것은 알지만, 예수가 인간으로 태어난 신이라는 점은 명확히 인지하지 못하는 경우가 있다. 예수는 하느님의 아들이라고 하는 비유적·신학적 표현을 통해 이해하고 있기 때문이라고 생각한다. 따라서 예수의 죽음은 다름 아닌 신의 죽음 혹은 죽음의 경험이며, 신이 인간이 죽을 수 있는 방법 중에 아마도 가장 고통스럽고 참혹한 수형일 십자가형의 죽음을 택했다는 사실은 매우 중요한 것이다. 바로 다름 아닌 그 고통의 무게 때문에 우리가 지은, 우리가 짓게 될, 우리의 후손들이 짓게 될 모든 죄가 씻겨진 것이므로. 이러한 논리의 종교가 로마제국 말기로부터 프랑스 혁명기까지의 유럽 사회를 지배하는 사상이고 이데올로기이고 철학이고 윤리였다는 사실을 생각한다면, 그 종교의 핵심이자 클라이맥스를 차지하는 예수의 수난, 특히 죽음 장면이 얼마나 빈번히, 최고의 정성을 쏟아부어, 얼마나 대단한 열정과 열망 속에서 그려졌을지 가히 상상할 수 있으리라. 물론 여기에는 십자가 위에서 고통받고 있는 예수, 숨이 넘어간 시체로서의 예수 등 수난의 각 단계에 따라 다양한 도상이 존재하지만, 필자는 이 모든 장면을 크게 묶어 예수의 죽음이라는 주제로 포괄적으로 통칭하고자 한다.

수많은 종류의 예수의 죽음 그림이 유럽 각지에서 1500년이 넘는 기간 동안 끊임없이 그려졌다. 그중에서 필자는 중세 말에서 르네상스에 이르는 즉 1300~1600년의 300년 동안 미술 문화의 중심지라고 부를 수 있는 이탈리아(주로 피렌체 일대와 로마)에서 그리고 알프스 산맥을 넘어 북쪽에 있는 게르마니아(대체로 지금의 독일, 오스트리아, 네덜란드)에서 그려진 예들을 가지고, 이처럼 유럽 문명에서 심대한 의미를 갖는 예수의 죽음이라는 도상이 어떻게 '다르게' 시각화됐나를 이야기하려 한다. 시각적으로 다르게 나타나는 지역성과 민족성의 이야기가 학술적으로 구태의연한 논제가 된 이유는 역설적이게도 그것이 너무나 명백하게 눈에 보이기 때문이다. 지역과 민족에 따라 나타나는 미술상의 이 명백한 차이는, 과거 대학생이었던 필자가 학문의 길을 택하는 데에 중요한 분기점이 됐으며, 지금도 학문의 길을 가려는 필자의 학생들이 바로 이 갈림길에서 서로 다른 길로 접어드는 것을 늘 목도하기에 그 의의를 다시 짚어보고자 하는 것이다.

죽음이라는 주제는 무언가 어둡고 고통스럽고 슬픈 것, 상실되고 말 무엇인가를 연상시키며, 더구나 그 죽음에 이르는 길이 병이나 형벌 같은 고통의 길이었다면 더욱더 어두워진다. 하지만 인간이 아니라 인간의 옷을 입었으나 신이 죽었다는 사실, 그렇기에 사흘 뒤에 다시 살아났던 그러한 죽음이라는 면에서 예수의 죽음은 보통 우리 인간의 죽음과는 분명히 다른 것이기는 하다. 그렇다면 신의 죽음이었으니, 다시 부활할 한시적인 죽음이었으니 우리 인간이 걷는 마지막 길처럼 어둡고 절망스러운 것은 아니었을지 모른다는 생각도 든다. 하지만 그 죽음이 어느 인간의 죽음보다도 더 고통스럽고 참혹한 것이었기 때문에 인류 전체의 죄가 속량된 것이니 그 죽음의 순간만큼은 어느 인간의 죽음보다도 더 어둡고 고통스러웠을 것임에 틀림없다. 그렇다면 예수의 죽음에는 부활의 약속을 가지고 죽었다는 희망의 요소와 참혹한 수난 속에 죽어야만 인류의 죄를 씻어낼 보혈을 흘릴 수 있었다는 고통의 요소가 상존하는 것이다.

알프스의 이남과 이북에서 살았던 유럽인들, 언어와 풍습 그리고 상당 부분 인종적인 면에서도 차이가 있었던 이탈리아 반도의 사람들과 게르마니아의 사람들은 이를 어떻게 이해했을까? 그림은 인간이 세계를 이해한 방식을 시각적으로 표현한 것이다.

이탈리아

미술사든 일반 역사든, 유럽의 문화사를 다룰 때에 그 시작은 언제나 지중해 지역이다. 근동 지방 및 북아프리카 이집트와의 상호 교류 속에서 눈부신 성장을 이루었던 그리스 문명과 이를 계승한 혼혈적 로마 문명은, 미술사에서도 마찬가지로 제국의 확장에 의해 알프스를 넘어 북유럽과 심지어 영국과 아일랜드까지 전해진다. 어찌 보면 독일의 미술사가 요한 요아힘 빙켈만이 그토록 동경했던 그리스보다도 지중해 문명을 전 유럽으로 전파시켜 오늘날 우리가 유럽이라고 인지하는 하나의 공동체적 문명 개념을 시발시킨 로마제국이야말로 위대한 것인지도 모른다. 앞서 언급했던 섬나라 영국과 그리스와의 문명적 동일시도 그 근거는 로마제국이 마련해준 것이니까 말이다. 따라서 로마제국의 중심지였던 이탈리아 반도가 문화사에서 얼마나 중요한 의미를 가질지는 두말할 필요가 없을 것이다. 르네상스가 이탈리아에서 시작되는 것은 이러한 배경에 기인한다.

특히 미술사라는 학문에서 이탈리아가 갖는 의미는 심대한 정도가 아니다. 다른 인문학에 비해 학문적 역사가 매우 짧은 미술사는 이탈리아 르네상스를 동경한 독일어권 학자들에 의해 시작됐다. 미술사 학문의 역사 또는 방법론의 역사를 가르칠 때에 학기의 전반부는 거의 다 독일계 학자들의 르네상스 논의로 채워진다. 이탈리아 르네상스를 최고의 미술로 상정했던 초기 학자들의 위대한 저술 덕에, 중세에 대한 연구와 이탈리아가 아닌 알프스 이북 북유럽의 미술사 연구는 이탈리아 르네상스학에 대한 일종의 반작용으로 발전하게 된 측면이 있다. 다시 말하자면 중세나 북유럽 미술사 연구는 이탈리아 르네상스에 비해 폄하됐던 가치를 재고하고 또 다른 문화상대주의적 의의를 부여하는 작업이었다고도 볼 수 있다.

따라서 르네상스의 두 세기는 미술사학에서 가장 첨예한 관심과 논의가 집중됐던 분야이고 이탈리아 르네상스와 그것에 필적하는 상대로서의 북유럽 르네상스는 자연스럽게 르네상스 미술사학의 두 갈래가 됐다. 이러한 초기의 학사에서 미술의 우열성을 지역적 특성, 민족적 특성과 연결 지으려는 시도가 얼마나 극심했을지는 충분히 상상할 수 있으리라. 그러다 보니 80년대 이후의 북유럽 르네상스 미술사는 이탈리아와의 비교에서 벗어나려는 움직임을 보이며 아예 많은 학자가 르네상스라는 용어를 버리고 북유럽의 15, 16세기 미술사라는 가치중립적 용어를 쓰게 됐다. 이제 '르네상스'라는 말은 굳이 '고대 문화의 부활'이라는 원래의 의미보다는 15, 16세기를 가리키는 단순한 시대 이름으로 통용되는 측면도 크다.

미술사에서 이처럼 첨예한 토론의 장이며 중심 영역이었던 르네상스 시대에 만들어진, 또한 서양의 미술사에서 가장 핵심적이라고도 볼 수 있는 예수 죽음의 주제는 중심의 중심에 있는 주제라고 할 수 있으리라. 이러한 면에서, 예수의 죽음이라는 주제를 대표하면서 또한 이탈리아 르네상스를 대표하는 두 가지 역할을 충실히 하고 있는 작품을 하나 들라면, 많은 학자가 고민하지 않고 바로 이탈리아 화가 마사초Masaccio의 1425년경 작 「성 삼위일체」를 이를 것이다. 위엄 찬란한 건축적 배경하에 십자가에 매달린 예수가 보이지만 고통스러운 형벌을 받고 있는 것으로는 보이지 않는다. 고통의 요소는 거의 표현되지 않아 잠시 정신을 잃고 잠들어 있는 듯도 보이고, 그보다는 예수를 떠받쳐 들고 있는 성부 하느님의 위엄 어린 모습과 십자가의 좌우에 시립한 성모 마리아와 요한의 좌우 대칭적 모습이 어울려, 이 순간의 예수는 형틀에 매달린 것이 아니라 장엄한 현시의 장에 찬연히 나타난 듯한 인상마저 주는 작품이다. 물론, 아버지인 성부가 아들인 성자 예수의 죽은 시체를 들고 우리에게 들어 보이는 이 도상은, 위엄 찬란하고 장엄한 도상만은 아니고 그 이면에는 상당히 공포스러운 측면도 있는 것이지만 이 작품에서 그런 점을 느끼기는 쉽지 않다.

이탈리아 미술의 특징이다라고 말하면 너무 지나친 일반화라고 비판받을 수도 있겠으나 그 이상 적절한 말도 없다. 이처럼 십자가 상의

마사초, 「성 삼위일체」, 프레스코, 1425년경, 산타마리아 노벨라, 피렌체.

예수를 고통받는 모습보다는 위엄 어린 제왕의 모습으로 그리는 전통은 기실 이전의 비잔틴 미술에서 온 것이다. 심지어 비잔틴에서는 십자가 상의 예수에게 화려한 보라색의 옷을 입기기도 했는데, 이는 로마 황제의 복색이었기 때문이다. 즉 십자가 상의 예수는 왕들 중의 왕인 것이므로 고통의 요소가 아니라 위엄과 권위가 강조된 것이다. 비잔틴 도상에 나오는 이러한 영광과 위엄의 강조는 르네상스 이탈리아에서 보이는 이상화된 아름다움과는 그 종교적 의미가 조금 다르다. 마사초의 작품과 같은 이탈리아 미술은 예수의 신적 권위의 장엄함을 표현하기 위해서뿐만 아니라, 거기에 더하여 예수의 몸과 모습에서 이상화된 인간의 아름다움을 표현하려고 했다. 신이 인간의 몸을 입고 태어났다고 한다면, 그 몸은 죄와 더러움에서 자유로울 것이며, 태초에 신이 만드신 타락 이전의 인간의 아름다움을 지니고 있을 것이다. 이러한 종교적인 해석이 인간의 이상적인 정신적·육체적 아름다움을 추구하는 그리스적 인본주의와 묘하게 합치되어 르네상스의 인간의 이미지가 탄생한 것이고 그것이 이탈리아 중북부에서 이 시기에 절정에 다다른 것이다.

이처럼 이상화된 아름다운 신체, 아름다운 인간의 모습으로 죽은 예수를 표현하는 전통은 다음 세기인 전성기 르네상스에도 지속됐다. 16세기 초반 그 라파엘이 제작한 십자가형의 장면은 그의 작품들 중에서 특별히 자주 언급되는 것은 아니지만, 예수의 죽음을 이탈리아적으로 해석한 매우 전형적인 예라고 생각한다. 어찌 보면 너무 전형적이라서 그의 다른 작품들에 비해 학자들의 주목을 덜 받아왔는지도 모르겠다. 앞서 보았던 마사초의 그림을 실외로 옮겨 놓았다고나 할지, 좌우대칭으로 도열한 성인들과 천사들의 모습이 다소 기계적으로

라파엘, 「십자가형」, 나무패널
에 유화, 1502~1503, 내셔널
갤러리, 런던.

까지 보이며 십자가 상의 예수는 고통 속에 죽어가고 있기보다는 잠
들어 있는 듯하다. 바로 이것, 잠 또는 수면이라고 하는 모티프를 필
자는 이탈리아판 예수의 죽음상과 관련지어 이야기하고자 한다. 죽음
은 고통과 절망의 요소와 결부되기보다는 수면이라고 하는 생리적 상
태에 빗대어 비유적으로 그려지고 있다. 십자가 상의 예수를 제왕으
로서 위엄 있게 표현했던 비잔틴 미술에서는 예수의 죽음이 잠에 비
유되는 듯한 형상으로 보이지 않았었다.

미켈란젤로, 「피에타」, 대리석 조
각과 그 부분(아래), 1499년경,
성 베드로 대성당, 로마.

죽은 예수를 잠든 예수로 비유한 계열의 최고작은 역시 미켈란젤로의 작품들이다. 막 16세기로 넘어가는 길목에 만들어진 이 작품은 조각가의 경력에서 상당히 초반의 것이다. 일반인들이 레오나르도 다 빈치 하면 흔히 떠올리는 작품이 「최후의 만찬」인 것처럼 미켈란젤로를 대표하는 조각 작품으로 이 「피에타」를 든다. 하지만 미술사가의 입장에서는 참으로 곤혹스러운 것이, 누구나 미켈란젤로의 대표작으로 꼽는 이 '대중적' 인기 작품은 사실 너무나 미켈란젤로적이지 않은, 그의 작품으로서는 너무나 예외적인 경우이기 때문이다. 미켈란젤로의 미술 세계는 '그로테스크한 미'라고 불릴 정도로, 한마디로 기괴하고 보기에 불편하다. 제어되지 않는 힘과 충동이 터져버릴 것 같은 불안감이랄까? 시스틴 성당의 천장과 제단 벽에 그려진 벽화들은 이러한 그로테스크 미의 절정이다. 그 폭발 직전인 듯한 힘이 너무나 놀랍기 때문에 사람들은 그 앞에서 입을 다물지 못하는 것이다.

그에 비해 이 「피에타」는 정말로 아름답다라는 말 이외에는 달리 설명할 표현이 없다. 죽은 아들을 무릎에 누이고 바라보는 성모의 고요한 표정은 기도 혹은 명상으로 빠져드는 듯하다. 다음 절에서 보겠지만 이보다 이전인 14세기에 독일 지역에서 만들어진 동일한 자세의 피에타 상은 참혹함과 고통의 극한까지 가고 있다. 일반 관람객은 이 조각에 바짝 다가설 수 없기 때문에 이 순간 죽어 있는 예수의 얼굴을 직접 보기는 매우 어렵다. 성모의 얼굴도 그렇지만 예수의 이 얼굴이 새벽부터 해질녘까지 이어진 수난과 고초 끝에 십자가 상에서 피를 흘리며 죽어간 이의 얼굴로 보이는가? 곤히 잠든 평온한 모습이다. 한편 아름다운 대리석으로 만들어진 그의 몸에도 상흔은 최소화되어 있어 죽음에 이르기까지 예수가 겪어야 했던 고통과 수난의 흔적은 보이지 않는다. 이러한 미화랄까 시각적 완곡어법이랄까 하는 것을 설명하는 가장 단순한 방법은 이탈리아 르네상스 특유의 이상화라는 개념이다. 인간의 몸은 정신을 담는 그릇이고, 인간의 정신이 숭고하니 그것을 담은 인체 역시 숭고하고 아름다운 모습이라는 지극히 그리스적 인본주의 사상이 예수의 죽은 몸에 표현된 것이다라는 설명으로 이 작품이나 라파엘, 마사초의 작품들을 모두 해석해왔다.

하지만 필자가 이 글에서 지적하고자 하는 것은 단순히 미화된 모습이 아니라 '잠들은,' '잠자는' 듯한 모습으로 표현됐다는 사실이다. 죽음을 잠자는 듯한 모습으로 묘사하는 것, 잠을 죽음에, 죽음을 잠에 빗대어 표현하는 것은 고전적 인본주의나 르네상스와 상관없이 전 세계에 거의 전 시대에 걸쳐 나타나는 보편적인 은유다. 이 작품에 나타나는 것은 앞서 마사초나 라파엘의 그림에서 보았던 바와 같이 이상화된 예수, 단순히 아름다운 인간의 몸을 가진 예수가 아니라 잠들은 예수, 잠들은 듯이 죽은 예수, 죽음과 잠이 교차하는 예수의 모습이다. 매우 충격적이고 폭발 직전인 듯 긴장감이 감도는, 보는 이를 압도하는 충격의 이미지를 그려 그로테스크한 미술이라 불리는 작품 세계를 이룬 미켈란젤로는, 이 작품뿐 아니라 일련의 죽은 예수를 그린 작품들에서 의외로 이처럼 잠들어 있는 듯한 예수를 그려냈다. 이것도 놀라운 사실이지만 르네상스를 대표하는, 인문주의와 미술의 교차점에 서 있는 대표적인 인물로 항상 언급되는 미켈란젤로가 일생 동안 천착한 주제가 '죽은 예수'였다는 점도 크게 주목받지 못했었다는 것이 신기하다.[5] 이 역시, 예수의 죽음이라는 주제가 유럽의 미술사에서 얼마나 심대한 의미를 갖는 라이트모티프Leitmotiv인가를 다시 한번 확인시켜주는 대목이다.

미켈란젤로, 「피에타」, 드로잉,
1523, 알베르티나, 비엔나.

　이 조각 「피에타」는 미켈란젤로가 24살 무렵의 청년 시절에 만든
것이고 이후 40대 후반에 이르러 그린 일련의 드로잉 중 하나를 보면
이처럼 잠든 듯한 죽음의 모습이 조금 더 변화해 나가고 있음을 알 수
있다. 이 작품이 미켈란젤로의 '전형적'인 작품상에 훨씬 더 가깝다.
필자가 전형적이라고 말하는 점은 무엇보다도 지나치게 비틀어진 인
체의 제스처다. 르네상스는 고전적 인체의 아름다움, 이상화된 인체
의 아름다움을 추구했던 사조다. 당연히 인체는 비율의 수학적 정합
성뿐 아니라 그 자세에 있어서도 자연스러운 아름다움을 보여주는 균
형 잡힌 모습으로 주로 그려졌다. 하지만 이 경우, 가운데에 있는 예
수의 몸을 주위의 몇 명인지도 잘 분간이 가지 않는 인물들이 부축하
고 있는 이 모습은, 한마디로 르네상스적 명료함과 거리가 멀다. 모두

가 한데 뒤엉켜 붙어 있어 서로 녹아들고 있는 듯한 비이성적 구성인 것이다. 일단, 예수는 살아 있는 것인가, 죽어 있는 것인가? 떨구어진 머리, 질질 끌리는 듯 무력한 왼쪽 다리는 살아 있는 모습으로 보이지 않으나, 사후강직이 시작된 인간의 시체는 이렇게 부드럽지도 않다. 그보다는 오히려 술에 흠뻑 취해 인사불성이 된, 즉 꿈과도 같은 술의 혼몽함 속에 정신을 잃은 취객처럼 보인다. 그렇다면 그를 둘러싸고 있는 인물들은 취객을 부축하고 있다고도 볼 수 있겠다. 일단 몇 명이 둘러싸고 있는 것인지, 예수의 왼쪽 아래쪽에 웅크린 사람은 앞으로 돌출한 왼쪽 무릎과 그 위의 상체의 일부 이외에는 남자인지 여자인지, 정확히 어떤 자세를 취하고 있는 것인지도 알 수가 없다. 바로 이처럼 르네상스적인 명증성과 뚜렷한 정의를 용감하게 일탈하는 것이 미켈란젤로의 참 모습이며 점차 성숙기로 들어가면서 점점 심해지는 그의 그로테스크한 경향이다.

앞서 바티칸의 성 베드로 대성당에 있는 「피에타」의 예수가 곤히 잠에 빠져 있는 평화로운 휴식을 연상시켰다면, 여기서 예수는 술에 취해 인사불성인 취객과 같다. 잠, 술에 취함, 이것은 무엇일까? 예수의 죽음을 잠에, 더 나아가 술에 취해 의식을 잃음에 빗대어 그려내고 있는 조각과 드로잉은 그 의도와 근거가 무엇일까? 이에 대해 가장 집중적인 연구를 한 근래의 저술은 이 역시 그리스 고전에서 유래한 것으로 해석하고 있다.[6] 그것은 술에 취해 의식을 잃고 잠에 빠진, 그래서 주위의 다른 인물들에 의해 부축되어 옮겨지는 디오니소스의 모습에서 근원했다는 해석이다. 일견 이러한 주장은 매우 충격적이고 도발적인 것으로 들린다. 인류를 구원하기 위해 처참한 고통 속에서 죽어간 육화한 신의 죽음과, 술의 신 디오니소스의 만취 상태의 혼절이 어떻게 비유적으로라도 이어질 수 있다는 말인가? 여기에서 우리는 예수의 죽음에 대한 또 다른 신학 해석을 듣게 된다. 물론 신이 예수라는 존재로 태어났을 때에 그 목적은 고통 속에서 희생됨으로써 인간들 대신 피를 흘리고 인간의 죄를 씻어주기 위함이었다. 따라서 예수의 수난은 고통을 통해서만 성취될 수 있는 신의 자기희생이자 사랑의 표현이었다. 그러나 동시에, 이는 신의 죽음이었고 인간을 구하기 위한 한시적인 죽음, 사흘 뒤에 부활할 죽음이었기 때문에 그 과정은 다시 깨어날 잠과도 같다. 고통 속에서 죽음에 이르기는 하지만 일단 죽음에 이르러 고통이 그치면 그 과정은 깨어남을 기다리는 잠과도 같다.

성모 마리아는, 자신이 주님을 잉태하게 될 것이라는 수태고지를 받았을 때부터 이를 알고 있었다는 것이다. 자신의 몸을 통하여 낳은 아들이 끔찍한 고통 속에 죽어가는 것을 끝까지 목도하며 '자신의 심장이 칼로 갈리는' 듯한 고통을 감내해야 했지만, 그렇게 죽은 아들은 죽는 것이 아니라 다시 살아날 것임을 알고 있었고 믿고 있었다. 따라서 고통 속에서 울부짖는 어머니로서의 마리아도 그려졌지만, 또한 동시에 이 모든 과정을 신앙의 힘으로 견디어내며 부활을 기다리는 굳건한 어머니의 모습, 기도하며 인내하는 어머니의 모습도 그려졌던 것이다.[7] 미켈란젤로가 20대의 젊은 시절에 만들었던 「피에타」는 이 전통을 따른 것이다. 더하여, 이 일시적인 잠의 상태는 신비의 잠, 상처가 치유되어 죽음에서 삶으로 전이하는 미스터리의 잠이기 때문에 일종의 황홀경과 같은 상태로 이해하는 신학 전통이 있었다. 이것이 디오니소스의 취한 몽환지경에 이어지는 비유를 낳은 것이다. 물론 현대의 독자들에게는 이러한 해석이 충분히 납득이 가지 않을 것

앙게랑 카르통, 「아비뇽 피에타」, 나무패널에 유화, 1455, 루브르.

이다. 아무리 신의 죽음이 인간의 죽음과 달리 부활을 앞둔 한시적인 잠이었다 하더라도, 이교도의 술의 신인 디오니소스의 만취 상태에 비유하는 것은 당치 않다고 생각할 것이다.[8] 하지만 이것이 르네상스의 모순이기도 하다. 워낙 열렬하게 그리스 고전을 사랑하고 이것을 기독교에 포섭하고 기독교 교리에 조화시키려다 보니 무리에 가까운 억지 해석이 일어나고 만다. 사실상 기독교와 그리스의 다신교는 그다지 서로 이어질 만한 공통분모가 없다는 것이 필자의 솔직한 생각이다. 하지만 생각해보면, 유대교와 기독교도, 구약성경과 신약성경도 표면적으로는 그다지 이어질 만한 점이 없는 것도 사실이다. 유대인들만의 배타적인 신, 복수하는 신, 질투하는 신이 갑자기 온 인류의 신, 사랑의 신이 되는데 이러한 극적인 변화를 이성적으로 설명하려는 노력이 중세 신학 천 년의 과업이었으니까. 이미 유대교의 구약과 기독교의 신약을 조화시키기 위해 온갖 노력을 기울였던 유럽 신학자들에게 기독교와 그리스 신화를 조화시키는 것은 그다지 새로운 과업도 아니었는지 모른다.

다시 말해, 평온히 잠들은 듯한 죽은 예수, 더 나아가 만취의 몽환경에 빠진 듯한 죽은 예수는 이러한 신학 해석과 그리스 고전을 발굴하려는 노력의 결합으로 이탈리아 반도에서 미켈란젤로에 의해 완성됐다. 물론 여기에는 예수의 몸을 이상화된 아름다운 인체로 표현하려는 이탈리아 르네상스의 경향도 분명 한몫을 했다. 그리하여 결론적으로, 이탈리아에서는 '부활의 희망 속에 잠든' 예수의 모습이 형상화된 것이다. 하지만 서양의 종교미술사를 전공하고자 결심했던 대학 3학년의 필자에게는 이러한 이탈리아의 죽음이 별다른 감동을 주지 못했다. 그래서 필자는 미술사 책들을 넘겨가며 다른 세계를 찾았다. 알프스 이북으로.

게르마니아

게르마니아, 이 땅과 필자의 인연은 의외로 오래됐다. 2006년부터 르네상스의 교류사로 연구 방향을 바꾸면서 필자에게 가장 중요한 서양 언어는 독일어가 아니라 포르투갈어로 바뀌었지만, 1996년의 석사 논문, 2001년의 박사 논문은 모두 독일 조각가, 독일 화가에 대한 것으로 썼으며 독일어는 저자에게 영어 다음으로 익숙한 서양 언어였다. 군 제대 후 유럽의 기독교 미술사를 전공하겠다는 결심을 굳히고 있던 1993년에 필자는 빌헬름 보링거Wilhelm Worringer의 『고딕 형식의 문제*Formprobleme der Gotik*』를 읽었는데, 서울대학교의 고문헌 자료실에 독일어 원본과 일어 번역본이 있었다.[9] 필자에게 큰 영향을 준 것은 「북유럽인의 종교적 심성」이라는 제목이 붙은 챕터였다.

　『고딕 형식의 문제』는 보링거가 자신의 박사 논문이었던 『추상과 감정이입*Abstraktion und Einfühlung*』(최초 출판은 1907년)의 논지를 고딕, 정확하게는 로마네스크에서 16세기에 이르는 북유럽의 미술사에 대입하여 쓴 책이다.[10] 보링거는 미술의 역사를 크게 두 가지 방향성으로 볼 수 있다고 분류했다. 인간이 자신을 둘러싼 세계와 친화감을 느끼고 그것에 '감정이입'을 일으켜 그것이 가진 자연적인 아름다움을 추구할 때에 인간은 '감정이입'의 미술을 만들어내게 된다. 대표적인 예로 그리스인들의 고전적 조각들과 르네상스 이탈리아 미술을 들었다. 반면 인간이 자신을 둘러싼 세계에 동화되지 못하고 격리감과 괴리를 느끼며 심지어는 공포까지 품게 될 때 인간은 그 상황을 지각 능력으로 체계화하고 수용할 만한 것으로 대치하기 위하여 '추상'적인 미술을 만들어내게 된다. 그리스 미술과 대비하여 이집트의 미술을 그리고 르네상스 이탈리아 미술에 대비하여 중세의 '고딕' 미술을 이러한 '추상'적 미술로 들었다. 오늘날의 미술사학자들은 이러한 일반화를 낡은 이론이라고 생각한다. 더구나 이러한 이론에 고질적으로 보이는 집체적 정신collective mentality에의 강박적 집착은 '독일적인' 사고의 병폐라고 지적되어왔고, 이제는 독일 학자들도 이러한 모호한 정신성의 존재를 인정하지는 않는다. 하지만 민족성, 지역성의 경우처럼, 굳이 이제 학술의 장에서 이러한 정신성과 그 경향성을 이야기하는 것이 고루하게 보인다고 하더라도 눈에 보이는 미술에서 그러한 경향성이 강하게 느껴지는 것마저 부정하기는 참으로 힘들다.

블루텐부르크 제단화.

　보링거의 다소 이분법적인 분류에서 특히나 필자가 주목했던 대목은 '추상'의 미술이 어떻게 해서 시작되는가의 문제였다.[11] 그의 표현을 빌리면 추상의 미술은 "삶의 부조리와 쓰디씀"의 경험에서 삶과 거리를 두고, 삶을 이해할 수 있는 체계로 환원하고, 그리고 궁극적으로는 그것을 초월하기 위해 나온다는 것이었다. 이미 추상과 초월의 단계로 들어간 미술이 아니라 그 이전의 삶의 고통과 부조리를 발견한 미술로서 보링거가 그의 책에 언급하고 실은 그림들 중에 두 작품을 여기에서 다루고자 한다. 먼저 작가 미상으로 15세기에 그려진 제단화로 현재 독일 블루텐부르크에 있는 것이다. 아마 전적으로 우

마티아스 그뤼네발트, 「이젠하임 제단화」, 나무패널에 유화, 1515, 콜마르.

연이겠지만 블루텐부르크라는 말은 피의 도시라고 읽히는데 정말로
그러한 도시의 성당에 있는 제단화답게, 아버지 성부의 손에 받쳐져
우리에게 보여지고 있는 죽은 예수의 몸은 피투성이에 온갖 상처가
낭자하다. 또 하나는 16세기 독일 화가 마티아스 그뤼네발트Matthias
Grünewald의 그 유명한 「이젠하임 제단화」의 중앙 패널 중 상처 입은
예수의 몸을 그린 디테일이었다. 이 작품은 아마도 역사상 가장 참혹

마티아스 그뤼네발트, 「이젠하임 제단
화」 부분.

하게 예수의 상처 입은 몸을 그려낸 것이라 할 것이다.

그뤼네발트의 충격적인 그림은 중세 말 스웨덴의 성녀 비르기타
Birgitta of Sweden의 환시vision에 기반한 것으로 알려져 있다.

드디어 그들은 예수의 몸을 십자가 위에 한껏 늘려 벌렸다. 두 다리를
겹치게 하여 못으로 발을 십자가에 고정시켰다. 그들의 주님의 영광스러
운 사지를 강하게 잡아당겨 십자가 위에 박아서 그분의 혈관과 힘줄은
터질 듯했다. 그리고 가시관… 주님의 빛나는 머리를 너무도 강하게 찔
러대어 그분의 눈에는 피가 흘러내렸고 피는 귀마저 막아버렸다. 얼굴과

수염은 마치 장밋빛 핏물에 깊이 담근 듯 피로 물들어버렸다.…

그분의 섬세하고 자애로운 눈은 반쯤 죽은 듯 보였으며, 입은 열려 피흘리고 있었으며, 얼굴은 창백하고 꺼져 들고 흙빛으로 변하고 피로 얼룩졌다. 그의 몸은 온통 퍼렇고 검었으며 끊임없는 출혈에 점점 쇠약해지고 있었다.… 그분의 배는 푹 꺼져서 안에 내장이 하나도 남아 있지 않은 듯했으며….

"아버지 당신의 손에 저의 넋을 넘기나이다." 이 말과 함께 그분은 잠시 고개를 들려고 하다가 이내 고개를 떨구며 숨을 거두셨다. 그 순간… 몸의 무게를 감당하지 못하여 그의 몸과 팔은 더욱 길게 늘어졌다.[12]

그뤼네발트의 예수는 온 몸이 채찍질로 찢어져 있으며 군데군데 가시관에서 부러져 나온 가시마저 박혀 있다. 옆구리는 십자가에 매달린 하체의 무게를 견디어내지 못한 듯 한껏 수축되어 있으며, 못에 박힌 고통에서인 듯 손가락들은 사방으로 뻗쳐 경련하고 있다. 두 다리는 고통으로 비틀어져 있고, 힘없이 떨군 고개는 눈도 감았고 입도 열려 있다. 장엄함, 위대함, 인간으로 태어난 신이 마땅히 갖추어야 할 속성은 찾을 수 없고 무참한 죽음의 힘 앞에 무너져버린 하나의 인간이 있을 뿐이다. 가장 축복받아야 할, 가장 고귀해야 할, 아무 죄도 있을 수 없는 육화된 신이 이처럼 처절하게 죽어야 한다는 것 이상으로 삶의 고통과 부조리를 직설하는 것이 무엇이 더 있겠는가?

이탈리아의 아름다운 미술에서 별다른 감흥을 느끼지 못했던 저자는 이처럼 처절할 그림을 그렸던 독일의 화가들과 종교에 깊은 관심을 가지게 됐고 전공을 북유럽 르네상스로 결정했다. 이러한 결심의 동기가 됐던 무엇인가를 한 단어로 말해보라면, 그것은 '예수'도 아니었고 '죽음'도 아니었고, '고통'이었다. 우리말로는 느낌이 잘 안 오고, 게르만의 말로 쉬메르젠Schmerzen이라고 하면 지금도 그 피의 냄새가 느껴진다. 알프스 넘어 게르만의 땅으로 오면 예수의 죽음이라는 주제는 잠, 신비가 아니라 쉬메르젠, 고통의 절규, 쉬메르젠스루프Schmerzensruf가 된다. (이렇게 독일적인 것에 빠졌던 대학생이 왜 미국으로 유학을 갔느냐는 말은 그때부터 지금까지 끊임없이 듣는 질문인데, 이제는 대답할 힘도 없다). 그리고 바로 이 고통의 절규가, 보링거의 표현을 빌리자면 '제어되지 않는 게르만의 충동과 불안'이 나를 사로잡았다. 이미 당시는 서양미술사에서 지역성과 민족성을 테마로 이야기하는 것이 구태의연한 일이 됐지만, 역설적으로 바로 그 테마가 이후의 내 전공 방향을 결정했고, 지금 필자의 학생들도 알프스 이남으로 가거나 이북으로 가거나 두 길로 갈라선다. 물론 게르만 민족의 정신성, 미술 경향과 같은 것은 필자의 전공 방향을 정하는 데에 중요한 계기가 됐지만 이후 필자는 그런 주제를 가지고 논문은커녕 대학원 페이퍼도 써본 적이 없다. 이미 시효가 지나도 한참 지난 테마였기 때문이다.[13]

서구인들은 나치즘과 우생학적 인종주의에 대한 트라우마 때문에 그리고 우리는 일제의 식민사관 때문에 이제는 더 언급하는 것 자체가 피로하게만 느껴지는 지역성과 민족성의 문제는, 이제는 또 다른 이유로 점차 학술의 장에서 사라지고 있다. 그것은 서구뿐 아니라 아시아의 사회도 점차 다민족, 다인종, 다문화 사회로 바뀌어가고 있기 때문이다. 이것은 서구의 문제만이 아니다. 우리나라도 동남아를 비롯한 많은 외국에서 사람들이 이주 귀화하여 한국인이 되어가고 있고, 무엇보다도 인구가 10억이 넘는 중국은 공식적으로 스스로를 다

민족 다문화 국가라고 천명하고 있다. 현대 사회가 이런 방향으로 변하다 보니 역사학도 과거에 존재했던 다문화 다인종 사회의 선례로 점차 관심을 돌리고 있는 실정이다. 심지어는 유럽학 그 자체로 생각됐던 르네상스학도, 이제는 유럽과 비유럽의 교류, 공존에 대한 연구로 그 색채가 많이 바뀌었다.

독일의 미술과 유럽의 문학

독일의 중세 르네상스 시기 조각, 회화에는 유독 고통의 요소가 강하다. 이것은 같은 북유럽이라 하더라도 네덜란드어 지역과는 다소 차이가 있다. 고통의 미술에 끌린 나에게 엄청난 감동을 준 또 하나의 작품은 14세기 무렵 라인 강 유역에서 만들어졌다고 추정되는 이른바 「뢰트겐 피에타Roettgen Pieta」였다. 작가가 누구인지는 알려져 있지 않지만, 한마디로 고통과 슬픔의 극한이라고밖에 볼 수 없다. 아직 중세적인 인체 비례나 묘사법이 능숙한 솜씨로 다듬어진 후대의 르네상스 조각에 비해 조야하다고 볼 수도 있겠지만, 오히려 그 때문에 이 작품이 주는 고통의 힘은 더 호소력이 있다. 역시 예수의 얼굴에는 아무 위엄도 남아 있지 않고 완전히 죽음 앞에 무너진 나약한 육체의 흔적만이 남아 있을 뿐이며, 그 어머니의 얼굴은 울다 울다 이제는 눈물마저도 말라버린 듯, 비명과 오열도 터져 나오지 못하는 듯 넋을 놓고 있다. 예수의 옆구리와 손바닥 손등에 꽃송이처럼 들러붙은 것은, 뚫린 상처로 분수처럼 뿜어 나오는 피를 형상화한 것이다.

역시 독일인 소설가 토마스 만이 쓴 역작 『마의 산』에는, 주인공 한

작가 미상, 「뢰트겐 피에타」(오른쪽)와 부분, 채색목조, 1325, 라인 박물관.

스 카스토르프가 나프타라는 예수회원의 방을 방문하는 장면이 나오는데, 그 방에서 발견한 기괴한 피에타 상에 대한 묘사는 다음과 같다.

정말로 처절한 느낌을 주는 조각으로, 그리스도의 시체를 안고 서러워하는 성모 마리아를 표현한 피에타였는데 단순하고 그로테스크하기까지 한 인상을 주었다. 수건을 쓴 성모는 눈썹을 찌푸리고 비통에 이지러진 입을 벌리고 무릎 위에 수난의 그리스도를 안고 있었지만, 그 그리스도의 모습은 각 부분의 크기의 균형이 졸렬하고 해부학적으로 과장되고 오히려 (조각가가) 해부를 전혀 모른다는 것을 느끼게 했다. 드리워진 머리에 가시관이 얹혀 있고 얼굴과 사지에는 피가 묻고 옆구리의 상처와 손발에는 흘러나온 피가 큰 포도알같이 엉겨 있었다. … 이렇게 추악하

한스 홀바인, 「죽은 그리스도」, 나무패널에 유화, 1521~1522, 바젤 미술관, 바젤.

고… 또 동시에 이렇게 아름다운 것이 있으리라고는… 모든 것이 고뇌와
육체의 무력에 대한 과격한 표현….

—『마의 산』6장

나는 이 작품이 바로 이 목조 피에타를 묘사한 것이라고 생각한다.
『마의 산』은 폐병의 병균에 의해 조금씩 침식되어 시들고 결국에는
부패해 버리는 육체의 죽음이라는 테마를 정말 진저리 날 정도의 집
중력과 집요함으로 서술해 나가고 있는데, 그러한 작품의 배경으로
정말로 어울릴 만한 작품을 고른 것이라 생각했다. 다음에 서술할 도
스토옙스키의 예는 많이 알려져 있는 것이지만, 토마스 만의 소설에
나오는 이 조각상 이야기도 실제 작품에 기인한 것이라고 이야기하는
학자를 아직 보지 못했다.

문학작품의 이야기를 하자면 또 하나 빼 놓을 수 없는 작품이 한스
홀바인Hans Holbein the Younger이 그린 「죽은 그리스도」다. 홀바인은
성화를 많이 그리지 않았고, 주로 초상화가로서 사회적 지위가 있는
귀족 또는 지식인들의 모습과 성격을 기가 막힌 통찰력과 테크닉으로

그려낸 화가인데, 유독 이처럼 극도로 어두운 성화도 그렸다는 것이 놀랍다. 그의 작품 세계에서 매우 예외적인 경우라 할 것이다. 도스토옙스키의 소설 『백치』에 보면, 주인공인 뮈쉬킨 공작이 독일 지역을 여행하다가 어떤 성화를 보고 너무나 충격을 받았던 일을 기술하는 대목이 나온다. 그것은 죽은 그리스도의 그림이었다.

그것은 십자가에 오르기까지의 참을 수 없는 고통인 상처와 고문과 채찍 그리고 십자가를 지고 갈 때 무거워서 넘어지기도 하며, 마침내는 마지막 여섯 시간에 걸친 십자가 위에서의 고통을 참아낸 한 인간의 시체를 적나라하게 묘사한 것이었다.… 그러나 그 얼굴에는 자비라고는 한 점도 없었다. 그것은 당연한 것이며 실로 어떠한 사람이라도 그만한 고통을 받고 나면 반드시 그렇게 될 것이다.… 그 그림에 그려진 얼굴은 채찍의 난타로 인해 처참했으며, 피가 맺히고 두 눈은 벌어지고 눈동자는 뒤틀려져 있었으며, 커다랗게 돌출한 흰 눈은 죽은 이의 눈이 그렇듯이 유리알처럼 번들거렸다.… 만일 이와 같은 시체를 그의 모든 제자와 미래의 사도들, 그를 보기 위해서 온 여인들 그리고 그 밖에 그를 믿고 숭배하던 모든 사람들이 목격했다고 한다면 이 순교자가 부활하리라고 어떻게 믿을 수 있었겠는가?

그 죽음의 묘사가 얼마나 처절하고도 절망적이랴, 이 사람이 부활할 것이고 우리를 구원할 메시아라는 희망까지도 산산이 깨져버릴 수 있을 것인가? 이 대목은 많은 미술사가가 홀바인의 「죽은 그리스도」를 묘사한 것이라고 믿고 있다.

이것으로 멈추지 않는다. 더욱 끔찍하고도 집요하게 이어지는 도스토옙스키의 구절은 다음과 같다.

> … 만일 죽음이라는 것이 이렇게도 처참하고 자연의 법칙이 그렇게도
> 강력하다면… 자연이라는 것이 어떤 거대하고 포악한 말없는 야수처럼
> 느껴진다. … 그림에는 한 사람도 그려져 있지 않지만 이 시체를 에워싸
> 고 있던 모든 사람은, 자기의 소망과 자기의 신앙이 일시에 깨어진 이날
> 저녁에 무서운 고뇌와 동요를 느꼈을 것임에 틀림없다. … 그들은 형언
> 할 수 없는 공포를 품은 채 그 자리를 떠났음이 분명하다.
>
> —『백치』 3편 6장

여기에서, 인간을 둘러싼 자연과 세계의 공포를 어떻게든 납득할
수 있는 언어로 바꾸기 위해, 그것으로써 세계의 공포를 가로막는 벽
으로 삼기 위해 인간은 초월의 미술인 '추상'의 미술을 만들어냈다.
보링거라면 이렇게 쓰지 않았을까?

삶이 부조리라는 것, 고통의 바다라는 것을 알고 있는 이는 많았
다. 아니, 모든 인류가 태초부터 그것을 알고 있었는지도 모른다. 인
도인들의 불교는 거기에서 나왔고 이 위대한 종교, 인간 조건의 부조
리와 고통을 지적한 이 위대한 가르침은 동진東進하여 중국과 조선반
도를 넘어 일본에까지 뿌리를 내렸다. 그런데 필자는, 유독 역사의 한
시기에, 보링거가 '고딕'이라는 다소 부정확한 이름으로 불렸던 중세
에서 르네상스에 걸친 독일의 미술사에서 삶의 고통에 대한 자각이
시각화되어 남아 있는 것을 본다. 자연적 형체가 지닌 유기적인 아름
다움이 아닌, 그것이 무참하게 깨어지고 부서졌을 때의 고통과 쓰디

에밀 놀데, 「십자가형」, 유화, 1912, 루트비히 박물관, 쾰른.

쌈을 그리는 독일인의 전통은 20세기까지 이어져 표현주의 화가 에밀 놀데Emil Nolde의 20세기판 이젠하임 제단화라고나 할 만한 작품까지 나왔다. 그렇다면, 독일인들은 그리스도의 죽음을 통해 이렇게 무참하게 부서진 육체의 묘사를 통해 과연 무엇을 그리고자 한 것일까? 끊임없는 절망과 공허함일까?

극한의 고통이 묘사된 예수상을 그렸던 그뤼네발트는, 같은 제단화의 안쪽 날개에, 부활하여 떠오르는 예수도 그렸다. 여기에서 예수의 부서진 몸, 찢어졌던 몸은 하얀빛 속으로 녹아들어 치유되고 다시 살아나고 그것을 넘어 육신의 벽을 넘어버렸다.[14] 보링거의 '추상'은

마티아스 그뤼네발트, 이젠하임 제단화
중 안쪽 날개 부분.

바로 이것이 아니었을까? 고통과 절망으로 산산이 부서지고 무너지
고 난 후에, 그러한 부정의 과정을 통해 육신을 벗어버리고 난 후에,
우리는 모두 빛으로 승화될 것이니까.

죽음에 관한 12세기의 철학적 담론

아벨라르두스를 중심으로

강상진 철학과 교수

12세기 철학적 · 신학적 사유 틀 안에서의 죽음

기독교는 자신의 교리를 통해 인류에게 삶과 죽음에 관한 새로운 차원을 제시했다고 주장한다. 오랜 박해와 순교의 시절을 거쳐 몰락해가는 로마 문명의 국교로 공인받은 기독교의 사유는 아우구스티누스(354~430)에 이르러 가장 수사적이고 포괄적인 방식으로 표현된다. 그의 작품에서 읽을 수 있는 사유들은 개인적인 고백의 형식에서부터 고전적 세계관에 대한 사상적 정산의 형태[1]들에 이르기까지 상당한 폭을 보여준다. 서양 중세가 이런 사유를 토대로 삶과 죽음, 현세적 행복과 영원한 지복과 같은 주제를 철학적이고 신학적인 틀 안에서 발전시켜왔음은 널리 알려진 사실이다. 그런데 그런 사유를 접할 기회가 적거나 이해할 능력이 부족했던 민초들이 실제로 자신의

헬로이사와 아벨라르두스.

죽음이나 친지의 죽음을 어떻게 이해하고 소화했는지, 또 그런 실제
적인 이해가 기독교의 교리와 어느 정도의 친연성과 거리를 보이는
지는 물론 다른 문제다. 중세시대에 글로 씌어지고 읽혀졌던 많은 문
학작품이 죽음에 대한 어떤 이해를 보여주는지, 주로 어떤 관심과 소
재를 통해 이 문제에 접근했는지를 밝히는 것은, 아우구스티누스에
서 읽을 수 있는 사유를 이해하는 것과는 또 다른 세계라고 해야 할
정도다.

　이 글에서는 아우구스티누스에게서 그 기초를 확인할 수 있는 기
독교적 죽음 이해가 12세기의 사유 안에서 구체적으로 어떻게 이해
되고 수용됐는지를 살펴볼 작정이다. 우리는 이 과제를 아벨라르두스
(1079~1142)를 둘러싼 담론을 소재로 소화하려 한다. 우리에게 전해
진 문헌이나 연구의 양으로 보아 12세기 유럽인 중 아벨라르두스와 헬

로이사(엘로이즈)[2]처럼 그들의 삶이 글을 통해 널리 알려진 인물은 없기 때문이다. 무엇보다도 친구에게 위로 편지의 형식으로 작성된 아벨라르두스의 자서전적 글인 『나의 수난의 역사*Historia Calamitatum*』와 그에 이어지는 헬로이사와의 편지 교환 모음집, 더 나아가 오랜 위작 논쟁을 겪어야 했던 두 사람 사이의 연애편지 모음집[3]을 비롯해서 당시 사건과 사건에 대한 세간의 평가를 짐작할 수 있는 수많은 글이 있다.[4] 사랑하는 연인이 비극적인 사건으로 각자 수도원에 입회해서 수도자로서 삶을 마감하는 것도 전설을 만들기에 충분하지만, 먼저 세상을 떠난 아벨라르두스의 죽음을 받아들이는 방식이나 헬로이사의 죽음 이후 둘의 합장에 이르기까지 영웅적 사랑의 이야기는 죽음에 대한 12세기적 이해의 한 단면을 가지고 있다. 우리는 이 글을 통해 아벨라르두스와 헬로이사가 죽음과 인간적 감정을 이해하는 방식 그리고 아벨라르두스의 죽음이 소화되는 방식을 축으로 기독교적 죽음 이해의 12세기적 수용의 모습을 살펴보고자 한다. 어떤 주제와 관점이 12세기의 그리스도적 죽음 이해의 중심적 주제였는지, 구체적으로 어떤 말과 논변을 통해 상실의 슬픔, 감정의 진폭, 돌이키는 마음, 슬픔을 넘어서는 전환을 보여주고 있는지 살펴볼 것이다.

아우구스티누스 : 인간이 마주해야 할 두 겹의 죽음

원죄의 벌에서 의덕義德의 도구로

아우구스티누스에 따르면 인간의 죽음은 원죄의 결과로 온 것이다. "하느님은 그 어떤 죽음도 자연 본성의 이법에 따라 만든 것이 아니며 죽음은 오로지 죄의 값으로 닥쳐온 것"[5]이며 인간 본성의 관점에서 보자면 인간은 본성적으로 죽음을 기피하려 하고, 자신이 단일한 생명체로서, 즉 육체와 영혼이 결합된 채로 살아남기를 간절히 바란다[6]는 것이다. 하지만 이러한 기본 입장은 순교자들의 죽음에서 보는 바와 같이 죽음이 참된 생명으로 건너가는 도구, 혹은 의덕의 수단으로 전환된다는 생각으로 이어진다. 신앙을 포기할지 아니면 죽음을 선택할지라는 양자택일 앞에서 의인들은 최초의 죄인들이 믿지 않음으로써 겪어야 했던 것(=죽음)을, 믿음으로써 감당할 것을 선택하고, 하느님이 신앙에 부여한 그토록 대단한 은총 덕에 생명과 상극임이 분명한 죽음이 생명으로 건너가는 도구가 됐다는 것이다.[7] 구세주의 은총에 힘입어 죄의 벌이 도리어 의덕의 수단usus iustitiae으로 전환되는 일[8]은 아우구스티누스가 다른 곳에서 자주 언급하듯 악한 것을 선용하는 일에 해당한다. 율법은 악이 아니면서도 죄를 짓는 사람들의 욕망을 가중시킬 수 있듯이, 죽음은 선이 아니지만 당하는 사람들의 인내를 증대시켜서 진리를 위해 죽음을 받아들인 사람을 순교자로 만든다. 정의는 선한 것만 선하게 사용할 뿐 아니라 악한 것도 선하게 사용하는 것처럼 죽음은 악한 것임에도 선인들이 선하게 죽는 일이 생긴다[9]는 것이다.

두 겹의 죽음과 인간적 감정

그런데 아우구스티누스는 두 겹의 죽음이라는 주제를 통해 약간 복잡한 방식으로 죽음에 관한 사유를 심화시킨다. 첫 번째 죽음은 우리가 경험하는 죽음으로 영혼과 육체의 분리가 중심이 되는 사건이며, 아우구스티누스가 전인totus homo의 죽음이라고 묘사하는 사건이다. 두 번째 죽음은 여기서 설명하지 않지만 '어떠한 파괴로도 분리되지 않을 만큼 영혼이 육체에 강력하게 결합되기 전에는 일어나지 않는 것으로' 첫 번째 죽음이 일시적이라면 두 번째 죽음은 영원하다는 특징을 갖는다. 또 첫 번째 죽음이 앞에서 살펴본 것처럼 선인들에게는 선한 죽음일 수 있지만 둘째 죽음은 어느 누구에게도 선한 죽음일 수 없는 것이다.[10] 아우구스티누스는 한 강론에서 두 겹의 죽음을 언급하면서 다음과 같이 말한다.

첫 번째 죽음은 모든 사람에게 준비되어 있습니다. 두 번째 죽음은 오직 악인, 불경한 사람, 불신자와 신성모독자, 성스러운 가르침에 반하는 그 밖에 다른 것을 범한 자에게만 있습니다. 당신 앞에 저 두 개의 죽음을 상상해보십시오. 그럴 수 있다면 당신은 두 개의 죽음 모두를 겪고 싶지 않습니다. 나는 압니다. 당신이 삶을 사랑하며 죽기를 원하지 않는다는 사실을. 그리고 이 삶에서부터 다른 삶으로 건너가되, 이미 죽은 자로서 다시 부활하는 방식이 아니라 아직 살아 있는 자로서 보다 나은 상태로 변화하기를 바란다는 것을. 당신이 이것을 원한다는 것, 이것이 인간적 감정humanus affectus입니다. 어떤 식으로든 영혼 자체는 이것을 자신의 의지와 욕망 안에 가지고 있습니다. 영혼은 삶을 사랑함으로써 죽음을 미워합니다. 그리고 영혼이 자신의 삶을 미워하지 않기 때문에, 자기가 미워하는 것이 자신에게 생기는 것을 바라지 않습니다.[11]

이 강론의 전체적인 방향은 우리가 첫 번째 죽음에 대한 강력한 공포 때문에 그토록 많은 노력과 희생을 바치지만, 정말 무서워해야 할 것은 두 번째 죽음이라는 것이다. 적에게 포로로 잡히면 몸값으로 큰

돈을 지불하는 것을 마다하지 않고 심지어 소유 재산 전체까지 석방금으로 지불해서 아들에게 물려줄 재산을 남기지 못하게 될 수도 있지만, 그렇게 석방된 다음 날 죽을 수도 있다. 석방금을 내고 얼마나 더 살지 모르는 불확실성 속에서도 그토록 큰 희생을 감내한다면, 의지에 반해서 잃을 수 없는 것, 즉 가슴의 보물창고에 깊이 머물고 있는 정의를 통해 하느님과 연결되는 확실한 길을 더 큰 열정으로 가야 한다는 것이다. 육신의 죽음보다 더 무서운 죽음을 피하기 위해 필요한 것은 오직 의지뿐이며 그 결과는 확실함을 보여주려는 논변의 성격상 어쩔 수 없었겠지만, 아우구스티누스는 주로 삶에 대한 사랑과 자기자신의 죽음에 대한 공포에 집중할 뿐, 타인의 죽음과 슬픔의 정서 자체를 주제화하지는 않는다. 이러한 관심으로부터 오히려 분명해지는 것은 인간적 감정이 주제화되는 방식이다. 모든 사람의 영혼과 욕망 안에 자리 잡고 있는 삶에 대한 사랑과 육신의 죽음에 대한 미움을 '인간적 감정'이라는 이름으로 잡아내고 있기 때문이다. 우리는 이 '인간적 감정'을 연결고리로 12세기적 죽음 이해로 나아갈 작정이지만, 그전에 한 가지만 지적해두자. 두 겹의 죽음에 관한 아우구스티누스의 생각은, 소멸되어버릴 것을 그토록 사랑할 수 있다면 영원한 것들을 얼마나 더 사랑해야 할 것인가라는 수사적 물음으로 정리된다. 강조점이 첫 번째 죽음이 아니라 두 번째 죽음에 주어진다는 것으로부터 아우구스티누스가 자신의 죽음뿐 아니라 타인의 죽음을 바라보는 그의 태도를 이해할 수 있다. 430년 반달족에 의해 포위된 히포에서 그가 자신을 위로하면서 인용하곤 했다는 말은 이렇게 전해진다.

나무와 돌이 떨어지고, 죽어야 할 존재가 죽는 것을 대단하게 생각한

다면 대단한 사람이 아닐 것이다.[12]

헬로이사 : 인간적 감정의 딜레마

1122년 9월 16일 사비니 수도원의 창립자였던 비탈리스Vital of Mortaine가 사망하자 그를 추도하는 조문집funerary roll이 작성된다. 당시에는 이 수도원 저 수도원을 다니면서 망자를 추모하는 조문을 모았던 것으로 보이는데, 여기에는 아르장퇴유 수녀원의 한 수녀에 의해 작성된 조시弔詩도 포함되어 있다. 연구자들은 이 시기에 이런 글을 쓸 만한 인물이 유일하게 헬로이사였다는 점을 근거로 이 시의 저자를 헬로이사로 추정한다.[13] 이 시가 보여주는 범상치 않은 감수성은 우리의 주목을 끌 만하다. 시는 육각운hexameter과 오각운 pentameter이 반복되는 디스티콘distichon의 운율[14]로 씌어져 있다.

Flet pastore pio grex desolatus adempto

Soletur miseras turba fidelis oves.

Proh dolor! hunc morsu sublatum mortis edaci

Non dolor aut gemitus vivificare queunt.

Ergo quid lacrime? Quid tot tantique dolores

Prosunt? nil prodest hic dolor, imo nocet.

Sed licet utilitas ex fletu nulla sequatur,

Est tamen humanum morte dolere patris,

Est etiam gaudere pium, si vis rationis

Tristitie vires adnichilare queat.

Mors etenim talis, non mors sed vita putatur

Nam moritur mundo, vivit et ipse Deo.

Ores pro nobis; omnes oramus ut ipse

Et nos ad vitam perveniamus. Amen.[15]

경건한 목자를 잃고 우는 양들

믿는 이의 무리가 이 불쌍한 양들을 위로할지어다.

아, 이 슬픔. 죽음의 게걸스런 입에 사라진 망자를

슬픔도 한숨도 살려낼 수는 없으니.

그렇다면 이 눈물은 무엇이란 말인가? 그토록 큰 고통이

무슨 소용인가? 이 고통은 아무런 도움이 되지 않고 오히려 해를 줄

뿐.

하지만 눈물에 아무 유익이 없다 하더라도

아버지의 죽음을 슬퍼하는 것은 그럼에도 인간적인 일.

더 나아가 그 죽음을 기뻐하는 것은 경건하기까지 한 일. 만약 지성의

힘이

슬픔의 힘들을 무화시킬 수 있다면.

실상 그런 죽음은 죽음이 아니라 삶으로 여겨지니

세상에 대해서는 죽지만, 망자 자신도 하느님에 대해서는 살기 때문.

망자께서 우리를 위해 기도하시기를. 우리는 망자처럼

우리도 삶을 향해 (그리스도를 향해)[16] 나아갈 수 있도록 기도할 뿐이

니. 아멘

시는 망자를 잃은 슬픔에 잠긴 어린 양들로부터 시작해서 망자를 살려낼 수도 없는 눈물과 슬픔의 무익함을 거쳐, 그럼에도 불구하고 슬퍼하는 것이 인간적인 일이라고 위로한다. 반전은 '지성의 힘vis rationis이 슬픔의 힘들을 무화시킬 수 있다면', 죽음을 기뻐하는 일이 경건하기까지 하다는 데서 주어진다. 죽음에 대한 이러한 독특한 시각은 세상에 대해 죽지만, 하느님에 대해서는 사는 것이라는 생각에서 연유하며, 이를 통해 망자에게 살아 있는 우리를 위해 기도해 달라는 부탁으로, 망자처럼 우리도 죽음 너머의 삶으로 나아갈 수 있게 해 달라는 기도의 부탁으로 끝이 난다. 눈물의 무의미성과 인간적인 성격을 동시에 바라보던 시는 죽음의 불가역성을 기독교적 배경에서 기쁨의 대상으로 승화하는 셈이다. 수도원장의 죽음을 세상에 대해 죽지만, 하느님에 대해서는 사는 것으로 표상하는 대목은 확실히 아우구스티누스적인 두 겹의 죽음이라는 사유를 받아들인 것으로 보인다.

우리는 여기서 육신의 죽음이 하느님에 대해서 삶이 되는 논리가 아우구스티누스에게서는 볼 수 없었던 중요한 조건 하나와 결부되어 있다는 점을 지적하고 싶다. 그 조건은 '지성의 힘이 슬픔의 힘들을 무화시킨다'는 것이다. 슬퍼하는 것이 소용없음을 알면서도 슬퍼할 수밖에 없는 이 상황을 인간적 감정의 딜레마[17]로 부를 수 있다면, 도대체 지성의 힘은 어떻게 슬픔의 힘들을 무화시킬 수 있을까? 우리는 이 대목에서 아벨라르두스가 '의도intention' 개념을 도입함으로써 해결하려고 했던 문제를 만나게 된다. 그리고 그의 의도 개념을 접하면서 중요한 12세기 죽음 담론의 한 측면을 비교적 자세히 살펴볼 수 있게 될 것이다. 그리스도의 죽음, 아버지의 자연적 죽음과 순교자의 죽음은 한편에서는 불가피한 것이지만 동시에 슬픔과 비통함을 동반

루브르 박물관에 서 있는 아벨라르 두스 입상.

하는 것이다. 이러한 죽음을 기독교인은 어떻게 이해하고 받아들여야 하는가?

아벨라르두스 : 지성과 인간적 감정[18]

그리스도의 죽음 : 의지와 의도

아벨라르두스는 그리스도의 수난passio을 분석하는 대목에서 수난 혹은 감내tolerare가 의미 있게 얘기되기 위해서는 일차적으로 죽음에 대해 부정적인 의지가 성립해야 한다는 점을 지적한다. 건강을 목적으로 치료 과정에서 고통을 감내한다고 할 때 역시 고통 자체에 대해서는 부정적 의지의 지향이 있는 것과 마찬가지다. 우리의 일차적인 원의顧意 혹은 의지에 반하는 성격이 없다면 수난을 당하거나 감내하는 일이 불가능하기 때문이다. 이때의 '의지'는 "나는 내 뜻voluntas이 아니라 나를 보내신 분의 뜻을 실천하려고 하늘에서 내려왔기 때문이다"[19]라고 고백할 때의 의지이며, 그리스도의 인성으로 하여금 '근심과 번민에 휩싸이고', 죽음의 잔이 그에게 오기보다는 '비켜 지나가기'를 더 바라게 했던 의지다.[20] 그리스도는 이 인간의 본성적 의지에도 불구하고 우리의 구원을 위해 수난과 죽음을 감내했다는 것이다. 즉 우리의 구원이라는 목적을 위해, 바로 이 의도 때문에 수난과 죽음과 같이 본래적으로 의지에 반하는 대상들을 감내했다는 것이 아벨라르두스의 분석이다.

그리스도의 수난에서 나타나는 "이 잔을 저에게서 거두어" 달라는 기도로부터 "그러나 제 뜻이 아니라 아버지의 뜻이 이루어지게 하십시오"(「누가복음」 22장 42절)에로의 이행을 아벨라르두스는 이렇게 설명한다. 그리스도께서 자신의 근심 때문에 죽음을 두려워하고 죽음을 정면으로 맞기보다는 죽음이 지나쳐가기를 원했을 때 죽음이 어떤 의미로 그리스도의 인성을 장악한 것 같았지만,[21] 자신의 죽음 안에서 동의하리라 알고 있었던 우리의 구원에 대한 열망 때문에 고통과 죽음을 감내했던 것으로 설명하기 때문이다.[22] 죽음에 대한 두려움이라는 일차적 의지의 방향으로부터 감내를 이끌어냈던 것은 '인류의 구원'이라는 목적에 의해 매개되어 자신의 죽음에 동의하는 의도라고 볼 수 있다. 이런 이해에 따르면 '제 뜻'과 '아버지의 뜻'의 대비는 잠시 후 살펴보게 될 '인간적 의지'와 '신적인 의지'의 대비와 정확히 일치한다.

아우구스티누스와 연결되는 부분은 아무래도 죽음에 대한 일차적으로 부정적인 의지일 것이다. 그런데 이 부분의 해석에서 아우구스티누스와 아벨라르두스의 차이점이 발견된다. 아무도 죽음을 그 자체로 사랑하지는 않고, 그리스도의 인성 역시 다르지 않은데, 죽음을 피하려는 이 마음, 이 의지를 연약한 사지에 의한 것이라고 해석하면서 이 발언을 한 그리스도에게 온전한 인간성을 인정하지 않은 아우구스티누스[23]와는 달리, 아벨라르두스는 이러한 면모를 그리스도 인성의 당연한 부분으로 인정한다. 위대한 것은 그럼에도 불구하고 인류의 구원을 위해 수난과 죽음을 감내하는 것이지, 연약한 인성으로부터 나온 죽음을 회피하려는 본성적 의지 자체를 인간의 것이 아니라고 부정할 이유는 없다는 것이다.

아벨라르두스는 그러니까 그리스도의 죽음을 두 층위의 마음으로 분석하는 셈이다. 아우구스티누스가 '인간적 감정'이라고 불렀던, 죽음에 대한 일차적인 반응으로서의 직접적인 회피를 지향하는 의지와, 그럼에도 불구하고 인류의 구원을 위하여 자신의 뜻(의지)이 아니라 아버지의 뜻을 따르기로 하는 마음, 자신의 최초의 의지를 넘어서는 마음이 있는 것이다. 아벨라르두스는 이 두 번째 마음을 '의도'라는 이름으로 부르고, 우리의 진정한 윤리적 평가는 바로 이것에 근거해야 한다고 주장한다. 우리는 여기서 아벨라르두스가 '의도' 개념의 도입을 통해서 12세기 죽음 담론의 형성에 일정 부분 기여하고 있는 바를 읽어낼 수 있다. 그것은 아우구스티누스의 두 개의 죽음mors duplex 담론과는 다른 방식으로 12세기의 신학적 지평을 도입하는 것으로, 죽음을 피하고자 하는 인간적 감정에는 아무 문제가 없고, 우리의 인간성 또는 도덕성이 진정으로 드러나는 곳은 그 감정을 소화할 보다 큰 맥락에 대한 이해와 수용이라는 지적이다. 즉 무슨 의도로 죽음에 대한 회피와 같은 일차적 의지를 받아들이거나 넘어서는가 하는 문제가 보다 결정적이라는 것이다. 그리스도의 죽음에 대한 이해가 아벨라르두스와 같은 기독교인들의 죽음 이해의 모범이라면, 무슨 이유로 혹은 무슨 의도로 우리의 인간적 감정은 싫어하기 마련인 죽음을 수용하거나 받아들일 것인지가 당신의 인간성humanity, 도덕성morality, 기독교인다움christianity을 결정할 것이라는 점이다. 우리는 다행히 아벨라르두스가 현존하는 자신의 죽음의 위험 앞에서 취한 태도나, 가까운 곳에서 그의 죽음을 묘사한 기록들을 가지고 있다. 이러한 자료들이 어떤 말을 하고 있는지 살펴보기에 앞서, 타인의 죽음을 수용하는 방식에 대한 그의 논변을 따라가 보기로 하자.

아버지의 죽음, 순교자의 죽음 : 슬픔과 섭리

앞에서 살펴본 자연적 의지의 일차적 성격을 잘 보여주는 다른 예는 아버지의 죽음을 슬퍼하는 경건한 아들의 경우다. 아버지를 극진히 사랑하여 나이 드신 아버지가 자연적인 죽음을 맞아 세상을 떠나는 것을 볼 때, 이렇게 세상을 떠나는 것이 자연의 섭리 자체에 따른 것임을 알면서도 아버지의 현전이 사라짐을 온몸으로 슬퍼하는 아들의 경우[24]를, 아벨라르두스는 효성의 감정 때문에 알면서도 이성에 반하는 행위를 하게 하는 경우 중의 하나로 제시한다. 우리의 관심과 관련해서 주목할 만한 것은 아버지의 죽음 앞에서 우리가 느끼게 되는 고통과 슬픔을 우리가 인간적인 의지로써 신적인 의지에 반대하는 상황으로 해석한다는 점이다. 이 점은 섭리dispositio를 신적인 의지의 외적 표현[25]으로, 슬픔이나 고통과 같은 우리의 일차적 반응을 인간적 의지에 대응시킬 때 이해될 수 있다. 정확히 이런 의지, 즉 자연적이고 일차적인 영혼의 움직임 차원에서 부딪치게 되는 신적인 의지와의 충돌은 다른 어떤 것에 의해 매개되지 않고서는 삭여질 수 없을 것이다. 다음 절에서 살펴보겠지만 의도 개념이 수행하는 이 매개의 역할은, 의도가 자연적이고 일차적인 영혼의 움직임으로서의 의지에 대한 이차적-반성적인 것으로 이해될 때만 가능하다.

　아벨라르두스는 아버지의 자연적 죽음을 슬퍼하는 일이 비록 효성스러운 마음에서 일어난 것이긴 해도, 죽는 사람에게 아무런 도움도 되지 않으며 슬퍼하는 사람에게도 상당한 고통만을 안겨주기 때문에 이치에 맞지 않게 수행되는 것이라고 지적한다. 비슷한 구조를 가진 일로 순교자의 죽음 혹은 성인들의 고통을 슬퍼하는 일을 들 수 있다. 순교자들이 죽음을 통해 비참에서 지복beatitudo으로 이행한다는 것을 알지만, 그들의 지복에 대해 기뻐하기보다는 그들이 겪은 고통을 슬퍼하기 때문이다. 각각의 경우에 우리의 슬픔과 같은 일차적 반응은, 그렇게 슬퍼하는 것이 사실은 이유가 없거나 이치에 맞지 않는 일이라는 앎과 충돌한다. 우리의 자연적이고 일차적인 의지, 즉 슬픔은 마치 이성을 결한 듯 그런 일이 일어나지 말았어야 한다고 말하는 듯이 보이기 때문이다. "너희가 나를 사랑한다면 내가 아버지께 가는 것을 기뻐할 것"[26]이라는 말씀은 슬픔의 힘vis doloris이 이성ratio을 받아들일 때만 가능한 것처럼 보인다.[27] 그래서 아버지의 죽음을 슬퍼하는 아들의 경우에서 보는 바와 같이 경건하게pie 수행된 일, 혹은 경건한 헌신pia devotio에 의해 일어난 일이지만 이치에 맞지 않게 일어난 일이며[28] 정신의 현혹deceptio animi이 동반해서 생긴 일이라 올바른 의도가 아니라[29]는 것이다. 온몸으로 슬퍼하는 것이 돌아가신 아버지에게도 도움이 되지 않고 자신에게도 엄청난 고통을 안겨줄 뿐이라는 사실을 앎에도 불구하고 자신의 슬픔에만 몰두하는 것[30]은 그것이 효성스러운 마음에서 우러난 것이라 하더라도 순수한 의도라 부를 수 없다는 것이다. 지금까지의 분석이 맞다면 일차적이고 자연적인 의지의 방향, 즉 슬픔에도 불구하고 '자연의 계획 혹은 섭리dispositio naturae'를 적극적으로 수용함으로써 슬픔을 돌이키는 방향, 혹은 슬픔을 거두는 방향이 순수한 의도일 것이다. 헬로이사의 조시를 분석하면서 등장했던 물음, 즉 지성의 힘vis rationis이 슬픔의 힘들을 어떻게 무화시킬 수 있는가라는 물음은 아마 이렇게 대답될 것이다. 즉 신의 섭리와 같이 보다 큰 맥락을 이해할 수 있는 지성이 아버지의 자연적인 죽음이나 순교자들의 의로운 죽음에 대한 슬픔의 섭리적 무의미성을 자신에게 설득하고 그럼으로써 슬픔이라는 일차적 감정에 더 이상 동의하지 않음으로써 슬픔의 힘을 무화시킬 수 있다고 말이다.

그리스도적 죽음 담론의 12세기적 판본

결국 죽음에 대한 12세기적 이해는 죽음에 대한 자연스러운 반응으로서의 슬픔의 감정이라는 한 축과, 슬퍼해도 죽음은 신의 뜻이라 변할 수 있는 것은 아무것도 없다는 이성적 파악이라는 또 다른 축을 중심으로 성립한다. 헬로이사의 조시나 아벨라르두스의 신학적 논의 모두 슬픔의 힘vis doloris(vires tristitiae)과 이성 또는 이성의 힘vis rationis을 통해 이 두 축을 개념화하고 있고, 아벨라르두스의 경우 전자를 인간적 의지에, 후자를 신적 의지(섭리)에 연결시키고 있다. 아벨라르두스는 이러한 일차적인 반응과 지성적 이해를 매개할 의도 개념을 제안함으로써 죽음을 신학적으로 수용하는 길을 가고 있고, 이러한 틀은 헬로이사의 조시에서도 부분적으로 확인되는 것으로 보인다. 즉 죽음은 인간적인 감정과 반응의 측면에서는 슬픔으로 드러나지만, 세상에 죽고[31] 하느님에 대해 사는 또 다른 삶의 시작으로 죽음을 이해하고 수용할 것을 제안하는 셈이다. 이러한 이해에 따르면, 순교자들이 죽음을 통해 비참에서 지복beatitudo으로 이행한다는 것을 알지만, 그들의 지복에 대해 기뻐하기보다는 그들이 겪은 고통을 슬퍼하는 것이 인간적임을 부정할 수도 없다. 기독교인은 자신이 믿는 희망에 따라 성인들이 의덕의 수단이 된 죽음을 통해 "삶을 향해 (그리스도를 향해) 나아갈 수 있도록" 기도하면서 타인의 죽음을 이해하고 자신의 죽음을 준비할 뿐이다.

필자는 이러한 12세기적 죽음 담론이 근본적으로는 아우구스티누스의 두 겹의 죽음에 관한 사유를 물려받으면서도 아우구스티누스에게 상대적으로 약하게 조명됐던 첫 번째 죽음을 둘러싼 인간적 감정을 의도를 통해 내적으로 소화하는 계기를 보여준다고 평가한다. 첫 번째 죽음과 관련한 인간적 감정을 단순히 소멸되어버릴 것에 대해 지나친 비중을 두는 어리석음으로 판단하기보다, 더 큰 맥락에 대한 이해를 통해 내적으로 승화되어야 할 것으로 이해해야 한다는 것이다. 이미 우리는 그리스도의 죽음을 이해하는 방식에서 드러난 아우구스티누스와 아벨라르두스의 차이를 이런 관점에서 언급했었다. 두 겹의 죽음이라는 고유한 기독교적 죽음 담론은 아벨라르두스의 '의도' 개념의 도입을 통해 슬픔과 같은 인간적 감정에 충실하면서도 죽음 이해의 그리스도적 승화를 가능하게 하는 길을 확보하고 있으며, 이 점을 12세기 죽음 담론의 중요한 성취로 평가해야 한다고 주장한다.

아벨라르두스와 헬로이사 : 비참한 삶과 행복한 죽음

지금까지의 논의를 통해 확인된 죽음의 이해와 수용 방식이 12세기 전체를 대표한다는 주장은 물론 감히 할 수 없다. 문헌을 통해 하나의 이해를 확인하는 정도일 뿐이다. 그런데 이러한 이해는 구체적으로 아벨라르두스의 죽음을 둘러싼 반응과 이해에 어떤 식으로 투영되고 있을까? 아벨라르두스는 1132/33년부터 시작한 편지 교환에서 자신이 느끼는 죽음의 위험을 언급하면서 자신이 죽거든 자신을 파라클리투스에 묻어달라는 부탁을 한다. 무덤의 현전을 통해 자신을 더 잘 기억해서 자신을 위해 더 잘 기도할 수 있도록 그렇게 해달라는 것이다. 헬로이사는 죽음에 대한 언급이 불러일으킨 상실의 슬픔을 토로하면서 다음과 같이 항의한다.

유일한 분이시여, 당신은 제게 우리가 없는 곳에서 그 어떤 연유로 이 삶을 마감하게 되거든 당신의 육신을 우리들의 무덤으로 옮겨줄 것을, 그럼으로써 당신에 대한 뚜렷한 기억 덕분에 우리들의 기도가 더 큰 열매를 맺을 수 있기를 요청하십니다. 하지만 당신은 어떻게 우리들이 당신을 잊을 수 있다고 의심하실 수 있단 말입니까?

헬로이사는 과연 그녀가 1122년에 지성의 힘이 슬픔의 힘을 무화시킬 수 있을 가능성을 언급한 사람이 맞나 싶을 정도로, 죽음의 언급이 불러온 감정의 소용돌이를 토로한다. "또 크나큰 동요가 어떤 평안도 허락하지 않는 그 시간에 어찌 기도하기에 적당한 시간이 있다는 말씀이십니까? 이성의 영혼anima rationis이 감정을 다잡을 수도 없

아벨라르두스와 헬로이사.

고 설교의 말씀이 평소와 같은 언행을 유지할 수도 없는 때, 슬픔으로
사나워진 마음이, 하느님을 향해 평안하기보다는―감히 이렇게 말해
도 좋다면―화를 품는 때, 기도로써 하느님의 마음에 들기보다 불평
으로 괴롭히게 될 때 말입니다."[32] 아벨라르두스의 죽음에 대한 언급
이 이미 자신들에게는 일종의 죽음일진대, 진짜 죽음이 닥치면 어떻

게 되겠냐는 이 항의는 당신이 죽으면 '우리는 우는 것을 할 수 있을 뿐 기도를 드릴 수는 없을 것'[33]이라는 예상과 함께 그런 말씀일랑 접어달라는 부탁으로 끝난다. 이 항의에 대한 아벨라르두스의 답변을 들어보자.

　　모든 비참한 삶은 종말을 반기는 법이며 누구든 타인의 고뇌에 진정으로 공감하고 함께 슬퍼하는 사람은 그 고뇌가 끝나기를 바라기 마련이오. 자신의 사람을 잃는다 하더라도, 만약 고뇌하는 사람을 진정으로 사랑한다면 그 상실에서 자신에게 좋은 것보다 상대방에게 좋은 것을 생각하는 법이오. 그래서 오랫동안 병을 앓는 아들을 둔 어머니는 자신도 감내할 수 없는 그 병이 죽음으로써라도 끝나기를 바라며, 비참의 동반자를 갖는 것보다 차라리 혼자가 되는 것을 참아내는 것이오. 무엇보다 친구가 곁에 있는 것을 기뻐하는 사람이라도 곁에 있는 친구의 비참보다는 자기 곁에 없더라도 친구가 행복하기를 바라니, 자신이 도움을 줄 수 없는 고통을 감내할 수 없기 때문이오. 당신은 나의 현존, 비참하기까지 한 내 현존을 향유할 수도 없었소. 내 안에서 당신에게 좋은 것을 본 것이 아니라면 내가 행복하게 죽는 것보다 그토록 비참하게 사는 것을 당신이 어째서 선호하는지 난 알 수가 없소. 만약 당신이 나의 비참이 연장되는 것을 당신에게 도움이 되는 것으로 원한다면 당신은 나의 친구가 아니라 오히려 적임을 입증하게 될 것이오. 당신이 그렇게 보이기를 거부한다면, 제발 부탁이니 이 한탄을 멈춰주시오.[34]

비참한 삶과 행복한 죽음 사이의 대비가 이 답변을 관통하는 주제처럼 보인다. 친구가 비참하게 삶을 연장하는 것보다 종말을 통해 그

아벨라르두스와 헬로이사의 연애 사건은 곧 많은 작가의 작품 소재가 되었다. 그림은 연애사건 약 100년 후 프랑스에서 나온 소설(Rosenroman)의 수고본에 그려진 두 사람의 모습이다. 13세기 대중들의 불어로 씌어진 이 소설은 약 2만 3천 행 정도의 분량인데 남아 있는 수고본의 수 등으로 미루어 대단한 인기를 누렸던 것으로 짐작된다.

비참이 끝나기를 바라는 것이 더 친구다운 일이라는 것이다. 비참한 삶을 사는 친구의 죽음에 대한 일차적인 슬픔과 한탄의 감정을, 진정 친구를 위하는 길은 무엇인가라는 지적인 판단에 따라 넘어서라는 주문으로 들린다. 이러한 구조는 앞에서 살펴보았던 슬픔의 힘과 지성의 이해 사이의 대조와 잘 연결된다. 아벨라르두스는 자신이 설파했던 의도의 윤리학이라는 입장에서 자신의 죽음을 바라보고 있다고 해야 할 정도다. 아버지를 잃은 아들의 슬픔과 대비되는 방식으로 오랫동안 병을 앓는 아들을 둔 어머니의 입장을 제시하는 장면 역시 죽음이라는 악을 선용하는 것은 아니지만, 적어도 단순한 생존보다 무엇이 더 친구를 위하는 길인가에 대한 지성적 반성에 호소하고 있다. 죽음이 모든 고려에도 불구하고 우선적이고 무조건적으로 피해야 할 것이라는 생각에서 한 걸음 비켜서서 종말이 가져다주는 행복을 사유하고 있으니 말이다. 반면에 헬로이사는 자신이 조시에서 표현했던 사유에도 불구하고 사랑하고 존경하는 친구의 죽음 앞에서 이성보다는 인간적인 감정에 보다 충실한 셈이다. 헬로이사는 이 편지 이후 아벨라르두스의 입장에 설득됐는지, 더 이상 그의 죽음에 관한 언급을 하지 않는다.

아벨라르두스의 죽음 : 페트루스 베네라빌리스

다음은 아벨라르두스가 그의 생의 마지막을 의탁했던 페트루스 베네라빌리스Petrus Venerabilis가 그의 임종을 묘사한 글이다. 이 묘사는 헬로이사에게 보낸 편지에 기록되어 있다.

이 성스러운 작업에 열중하는 중 저 하늘의 사자가 그를 찾아왔습니다. 많은 사람처럼 자고 있을 때가 아니라 깨어 있을 때였습니다. 그가 정말 깨어 있을 때 하늘의 사자는 어리석은 처녀가 아니라 현명한 처녀처럼 그를 영원한 혼인 잔치로 불러냈습니다. 그는 기름이 가득 든 등잔을, 즉 거룩한 삶을 살았다는 증거로 가득한 양심을 가지고 갔으니까요. 죽어야만 하는 모든 인간이 공통적으로 치러야 하는 값을 치르기 위해 점점 중해졌던 병에 들어 길지 않은 시간에 삶의 마지막으로 인도됐습니다. 그때 그가 얼마나 거룩하고 경건하게 먼저 신앙을 고백한 후 죄를 고백했는지, 또 얼마나 깊은 가슴으로부터 저승길 양식이며 영원한 생명을 위한 보증금을, 즉 구원자이신 주님의 몸(=성체)을 받아들였는지, 또 얼마나 신앙인답게 자신의 몸과 영혼을 주님께 이곳에서부터 영원으로 의탁했는지는 수도원의 형제들과 이 수도원 전체가 증언합니다. 이렇게 스승magister 페트루스는 자신의 이승에서의 날들에 마지막 마침표를 찍었습니다. 그는 거의 전 세계에 알려진 학문의 경외할 교사이면서 다음과 같이 말씀하신 분의 제자였습니다. "나는 마음이 온유하고 겸손하니 내 멍에를 메고 나에게 배워라. 그러면 너희가 안식을 얻을 것이다."(「마태복음」11장 29절) 온유와 겸손을 견지하면서—그렇게 믿어야 마땅하듯—그분께로 이렇게 건너가셨습니다.[35]

우리는 이 편지에서 두 가지를 주목하고자 한다. 첫 번째는 "죽어야만 하는 모든 인간이 공통적으로 치러야 하는 값"을 어떻게 맞이했는가에 관한 페트루스 베네라빌리스의 전언이다. 클뤼니의 수도원장은 아벨라르두스가 '거룩한 삶을 살았다는 증거로 가득한 양심'을 가지고 갔다며, 혼인 잔치에 초대됐을 때 기름이 가득 찬 등잔을 들고 간 처녀에 비유하고 있다. 페트루스 베네라빌리스나 헬로이사처럼 아벨라르두스 윤리학에서 의도 혹은 양심 개념이 차지하는 중요성을 이해하고 있는 사람이라면, 이 비유를 통해 전통적인 공덕merium을 전유하고 있음을 알아차릴 수 있을 것이다. 중요한 것은 겉으로 드러난 것, 아벨라르두스의 예를 들자면 그가 공의회에서 두 번이나 단죄를 받았다는 것, 제자였던 헬로이사와의 스캔들로 거세를 경험했다는 것이 아니라, 하느님만이 아시는 그의 속마음, 의도, 양심이다. 이것이 그가 훌륭한 죽음을 맞이할 공덕임을 아벨라르두스의 마지막 거처인 클뤼니의 수도원장은 지적하고 있는 것이다. 그

살바도르 달리의 아벨라르두스와
엘로이사.

가 얼마나 훌륭하게 죽음을 맞이했는지 서술하는 페트루스 베네라
빌리스는 이 죽음의 장면을 아벨라르두스의 삶과 의도적으로 연결
시키고 있는 것이다.

우리가 주목하고 싶은 두 번째는 아벨라르두스의 임종을 그의 제
자이자 연인이었던 헬로이사에게 전하는 편지에서 등장하는 스승과
제자의 비유에 관한 것이다. 아벨라르두스는 그의 삶을 관통하는 논
쟁의 정신을 통해 오만하다는 편견을 지고 살아야 했던 사람이다. 그
의 강의를 사랑한 많은 제자로부터 갈리아의 소크라테스라는 칭호
로 존경을 받았던 스승이었다. 이러한 스승을 페트루스 베네라빌리스
는 온유와 겸손을 가르친 그리스도의 제자답게 삶을 마감했다고 말한

다. 이 대목 역시 앞에서 살펴본 것과 마찬가지로 아벨라르두스가 평생 싸워야 했던 편견을 겨냥한 것으로 보인다. 임종 장면에 관한 묘사는 결국 아벨라르두스가 죽음을 맞이하는 방식이 그가 살았던 삶에 값하는 것이라는 칭송이자 그의 삶을 짓눌렀던 편견을 교정하고 싶어 하는 마음을 드러내는 것 같다. 이 편지의 수신자가 아벨라르두스의 연인이자 제자였던 헬로이사라는 점에서 그의 죽음을 가까이서 지켜본 페트루스 베네라빌리스는 이런 방식으로 그녀의 인간적 감정에 대한 배려를 제공했던 것이다.

12세기적 죽음의 이해 : 전설과 철학 사이

우리는 지금까지 아벨라르두스의 죽음을 둘러싼 글들을 중심으로 12세기의 죽음 담론이라고 부를 만한 것들을 살펴보았다. 논의를 통해 밝힌 것처럼 이러한 글들은 그리스도적 죽음 이해라고 부를 만한 것을 12세기가 자신의 고유한 방식으로 소화하는 장면을 잘 보여준다. 아벨라르두스가 그리스도의 죽음을 비롯해서 순교자의 죽음, 효성스러운 아들을 둔 아버지의 죽음을 바라보는 방식, 자신의 삶과 죽음에 대해서 가지는 태도, 특히 페트루스 베네라빌리스의 복음적 수사는 한 시대를 풍미했던 사람이 그리스도적 죽음 일반을 어떻게 이해하고 있는지, 또 그의 실제적 죽음과 이를 둘러싼 담론이 어떻게 그리스도적 맥락 안에서 자리 잡고 있는지에 대한 인상적인 기록이다.

모든 비참한 삶은 종말을 반기는 법이며, 친구의 비참한 현전보다 행복한 부재를 더 소원하는 것이 친구다운 일이라는 아벨라르두스의 설득을 헬로이사가 내적으로 받아들였는지는 원천적으로 알 수 없는 문제다. 두 사람의 편지 교환에서 읽을 수 있는 일반적 경향은 아벨라르두스가 과거의 연애에 대해 거리를 두고 그리스도적으로 승화시키려는 데 반해, 헬로이사는 여전히 그러한 거리두기에 반대하고 있다는 것이다. 헬로이사는 아벨라르두스가 신적인 정의라고 불렀던 불행에서 도대체 신적인 정의를 이해할 수 없다고 고백한다. 아벨라르두스가 그토록 노력했던 논변, 즉 악은 선이 아니지만, 악을 보다 큰 선으로 바꾸는 맥락하에서 바라보면 '악이 존재하는 것'은 선이라는 논변이, 적어도 자신의 불행에 관련해서는 헬로이사를 설득하지 못했던 것으로 보인다. 같은 논리라면 아벨라르두스가 자신의 죽음을 비참한 삶에 대한 행복한 종말이라고 했던 진단을 헬로이사는 적어도 감정적으로는 수용하지 못했을 수도 있다. 아벨라르두스는 의도 개념의 도입을 통해서 인간적 감정의 딜레마를 철학적으로, 혹은 신학적으로 소화하는 방식을 제공하고, 실제로 자신의 죽음까지 이 틀에서 바라보고 있지만, '세상에 대해서는 죽지만… 하느님에 대해서는 사는 것'이라는 조시를 썼던 헬로이사는 전적으로 동의하지는 못했던 것 같다. 그래서인지 헬로이사가 썼다고 전해지는 아벨라르두스의 묘비명은 단 두 줄이다.

이것이 묘비명으로 충분하다: 여기 페트루스 아벨라르두스 잠들다.
알려질 수 있는 모든 것을 알았던 유일한 사람[36]

헬로이사는 왜 이 두 줄로 충분하다고 생각했을까? 묘비명은 아벨라르두스의 철학을 담기에는 너무 작았기 때문이었을까? 헬로이사는 이런 종류의 신학적 사유에 근본적으로 동의하지 않았기 때문일까? 아니면 그의 삶과 죽음을 아벨라르두스가 사유했던 정신으로 표현하는 것보다는 그가 알 수 있는 것을 다 알고 간 사람이라는 언급으로 그것까지 표현된다고 생각했던 것일까? 아벨라르두스의 고난에 찬 삶과 죽음이 어떻게 그리스도적으로 소화되는지, 말하자면 왜 비참한 삶보다 행복한 죽음을 더 선호해야 하는지, 슬픔이 인간적이긴 하지만 왜 보다 큰 맥락에 대한 이해 속에서 순수한 의도 속에서 매개하는 것이 그리스도적인지를, 죽음 일반과 구체적으로 자신의 죽음을 둘러싼 반응의 그리스도적 의미와 가치까지를 다 이해하고 간 사람으로 묘사하는 것이 충분하다고 생각했던 것일까?

이 묘비명을 썼던 헬로이사가 받은 묘비명은 다시 보다 관습적인 그리스도적 틀로 돌아오는 것 같다. 그리고 그 점에서 헬로이사 자신이 썼던 조시의 틀을 그대로 이어받는 것처럼 보인다.

여기 현명한 수녀원장 헬로이사 잠들다.
파라클리투스를 세웠고 파라클리투스와 함께 쉬노라.
별들보다 높은 성인들의 기쁨을 가지리니
당신의 공덕과 기도로 우리들을 깊고 깊은 곳에서 들어올려 주시기를.[37]

헬로이사가 아벨라르두스의 묘비명을 그렇게 새긴 이유가 무엇이든 간에 우리가 살펴보았던 의도를 축으로 하는 죽음의 수용 모습에서 한 걸음 물러섰다고 평가할 수 있다면, 지금 헬로이사의 묘비명은 아마 한 걸음 더 떨어져, 아벨라르두스가 전혀 존재하지 않았더라도 가능했을 그리스도적 죽음 이해를 보여주는 것 같다.

헬로이사의 죽음 이후 드디어 두 사람의 육신이 합장됐을 때를 묘사한 시적인 전설은 보다 세속적인 길을 가는 것으로 보인다. 더 이상 걱정할 것이 없는, 오해의 가능성을 의식하지 않아도 좋은 죽음 이후의 만남, 더 이상 그리스도적으로 영혼의 만남을 소재로 전설을 만들기보다, 세상이 갈라놓았던 육신의 결합을 전설로 남겨주고 있으니 말이다. 헬로이사의 육신이 먼저 있던 아벨라르두스의 육신 옆에 안치됐을 때 아벨라르두스의 팔이 헬로이사를 반겼다[38]고 한다. 전설은 이렇게 죽음을 넘어선 사랑의 이야기를 남겨주지만, 철학적으로 성숙한 시기의 아벨라르두스라면 보다 철학적이고 신학적인 길을 선호했을 것이다. 우리는 아벨라르두스를 통해 그리스도적 죽음 이해의 12세기적 자기화를 논하고 싶지만, 신학적이고 지적인 차원에 그칠 뿐, 그의 제자였던 헬로이사부터 그녀의 제자였던 수녀원의 수도자들, 둘 사이에 죽음을 넘어선 사랑이라는 전설을 만들어내고 향유했던 사람들은 보다 인간적 감정에 충실한 방식으로 죽음 담론의 다른 층을 구성하고 있었던 것이다.

제2부

문학 속 죽음

아서 왕의 죽음

신화의 형성과 해체

김정희 불어불문학과 교수

하나의 신화가 만들어지고 무너지는 과정을 보여주는 것으로 아서 왕의 죽음만한 것이 또 있을까? '아서'라는 이름은 9세기 브리튼 역사서에 처음 등장한 이후 수 세기 동안 전 유럽인의 상상 세계를 사로잡았다. 13세기의 한 수도원장이 설교 시간에 꾸벅꾸벅 졸고 있는 수사들을 깨울 때 썼던 확실한 카드가 바로 아서 왕 이야기였다고 하지 않던가![1] 영국에서 씌어진 초기 아서 왕 텍스트들은 프랑스를 비롯하여 유럽 전역으로 퍼져 나갔고 각 지역의 변화하는 역사적 현실 그리고 그것을 뒷받침하는, 혹은 그것에 저항하는 이데올로기와 결합하면서 끊임없이 증폭되고 변형되었다. 상이한 가치들이 투영된 탓일까? 아서 왕 문학에 나타난 아서 왕의 초상은 이질적인 이미지들이 중첩된 한 장의 콜라주와도 같다. 신화적인 아서 왕의 이미지들이 상투적인 수식어 형태로 존속하는 가운데 그 신화를 무너뜨리는, 반증적인 에피소드들이 허다하기 때문이다. 그중에서도 특히 아서 왕의 죽음에 대한 변주는 그를 둘러싸고 이루어진 신화화와 탈신화화 시도들의 총화라 할 만하다.

10세기에 씌어진 연대기는 단 한 줄로 그의 죽음을 확정적인 사실로 기록하지만 민중들 사이에서는 아서가 다시 살아 돌아올 것이라는 믿음이 퍼져나갔다. 이어서 12세기 초엽의 역사서가 기록한 아서 왕의 최후는 생사 여부를 단정할 수 없을 정도로 모호하다. 아서 왕이 치명상을 입은 채 상처 치유를 위해 아발론 섬으로 가는 것으로 이야기를 끝내고 있기 때문이다. 해당 역사서를 20여 년 후 프랑스어로 번역한 사람은 아서 왕이 살아 돌아오기를 기다리는 브리튼인들의 희망을 강조하면서도 아서 왕의 생사 문제는 영원한 미제로 남을 것이라 확언한다. 미확정 상태로 있었던 아서의 죽음은 현실 속에서는 1191년 영국 글래스턴베리 수도원에서 그의 것이라는 유해가 남아 있는 무덤이 발견되면서, 그리고 문학 속에서는 13세기 초 프랑스 소설 『아서 왕의 죽음』에서 "검은 예배당" 내 그의 무덤이 발견되면서 마침내 확정된다.

대관절 아서 왕의 죽음이 중세인들에게 어떤 의미를 갖고 있기에 이토록 오랜 세월에 걸쳐 확정의 절차를 밟아야 했을까? 아서 왕 텍스트들은 전장에서 입은 치명상, 죽음의 유예 및 생환에 대한 기대 그리고 무덤의 발견과 죽음의 확정 등의 요소들을 선택적으로 사용하고 있는 바, 이는 해당 텍스트 각각이 씌어지던 당시 역사적 상황과 무관하지 않은 것으로 보인다. 아서 왕 죽음에 대한 변주는 5세기부터 13세기까지 일어난 일련의 역사적 사건들 즉, 색슨족의 브리튼 침략과 정복, 이에 대한 브리튼족의 저항과 왕국 재건의 꿈, 노르망디 공 기욤에 의한 잉글랜드 정복과 앙글로노르망 왕조의 위상 강화, 그리고 프랑스의 왕권 강화라는 맥락에서 이해해야 할 것이다. 아서 왕은 이러한 맥락 속에서 역사적 인물과 신화적 인물 사이를 오갔으니, 그의 죽음은 신화를 만들어내고 그의 주검과 무덤은 신화를 무너뜨렸다. 누가 그리고 왜 아서 왕 신화를 만들고 무너뜨리고자 했을까? 이 글은 아서 왕의 죽음에 대한 다양한 서사들이 내포하는 역사적 의미, 사회적 의미, 문학적 의미를 살펴봄으로써 이에 답하고자 한다.

영국 역사서에 나타난 아서 왕의 죽음

아서의 이름은 정작 그가 활동했다고 추정되는 시기, 즉 색슨족이 브리튼을 침략했던 시기에 씌어진 질다Gildas의 『브리튼의 멸망과 정복De Excidio et conquestu Britanniae』[2](540년경)에는 등장하지 않는다. 비드Bede의 『영국민의 교회사Historia Ecclesiastica Gentis Anglorum』(731)에도 역시 등장하지 않는다. 아서의 이름은 9세기경 웨일스 출신 역사가 네니우스Nennius가 쓴 『브리튼족의 역사Historia Brittonum』(830년경)에 처음 나온다. 네니우스는 아서를 색슨족에 대한 저항 전쟁을 승리로 이끈 브리튼족의 지휘관으로 소개하고 있다.

"관대한 아서는 브리튼의 모든 왕과 군사들을 이끌고 색슨족에 대항하여 싸웠다. 그보다 더 고귀한 신분의 사람들이 많았지만 그는 열두 번이나 그들의 지휘관으로 선택됐고 매번 승자가 됐다. 그가 처음 참가한 전투는 글레니 강 어귀에서 벌어졌다. … 여덟 번째 전투에서 아서는 어깨에 성모상을 메고 나가 예수 그리스도와 성모의 힘으로 색슨족을 물리쳤다. … 가장 치열했던 전투는 열두 번째 전투였다. 아서는 바든힐까지 가서 하느님 외에는 그 누구의 도움도 받지 않고 혼자 힘으로 960명을 쓰러뜨렸다. 이 모든 전투에서 브리튼족이 승리를 거두었으니 전지전능하신 분에게 대항할 수 있는 힘은 이 세상에 없는 까닭이다.[3]

저자는 가장 치열했던 바든힐 전투에서 아서 혼자 960명을 쓰러뜨린 것으로 기술하고 있다. 아서의 무훈에 대한 이 같은 비사실적 묘사는 당시 아서에 대한 이야기가 전설의 성격을 가지고 있었음을 보여주는 단서라 하겠다. 아서가 실재 인물이었다면 9세기보다는 그가 활동했던 6세기 텍스트에 더 생생한 기록이 보존되어 있었을 것이다. 그러나 바든힐 전투의 거의 동시대 기록이라 할 수 있는 질다의 텍스트는 해당 전투는 기술하되, 아서에 대해선 어떠한 언급도 하지 않는다. 네니우스가 아서를 바든힐 전투의 영웅으로 묘사한 것에 대해 필립 발터는 작가가 당시 널리 알려진 켈트 민담 속 인물인 아서와 6세기에 일어난 역사적 사건을 결합시킨 것으로 보고 있다.[4] 그러나 네니우스의 책에서도 아서는 용맹스러운 브리튼인 영웅으로만 소개되고 있을 뿐, 아직 왕으로 묘사되고 있지는 않다. 그의 죽음 또한 언급되지 않고 있다.

아서의 죽음을 처음 기술한 텍스트는 그로부터 한 세기 뒤 10세기에 씌어진 『웨일스 연대기*Annales Cambriae*』다. 이 책은 바든힐 전투와 더불어 아서가 전사한 장소와 연도 그리고 그와 더불어 메드로트라는 이름을 가진 사람이 전사한 사실을 간략하게 기록하고 있다.

537년, 캄란 전투에서 아서와 메드로트가 전사했다.[5]

흥미로운 것은 아서의 죽음에 대한 언급이 역설적으로 아서의 화려한 귀환에 대한 희망으로 이어진다는 점이다. 아서는 다시 살아 돌아와 색슨족의 지배로부터 브리튼족을 구원하리라는 믿음을 낳으면서 브리튼 왕국 재건의 상징이 됐다. 이러한 아서의 귀환 신앙은 1066년 노르망디 공 기욤에 의한 잉글랜드 정복 이후 영국의 새로운 지배자가 된 앵글로노르망 왕실의 입장에서는 상당히 불편한 요소였던 것으로 보인다. 노르망디 출신 역사가 맘즈베리의 윌리엄William of Malmesbury은 『잉글랜드 왕들의 행적Gesta regum anglorum』(1125년경)에서 웨일스인들이 언젠가 아서가 돌아와 브리튼 왕국을 재건할 것이라는 황당한 이야기를 하고 있다고 빈정거린다.

브리튼인들은 여전히 아서에 대해 헛소리를 지어내고 있다. 이런 엉터리 이야기 대신에 그에 대한 진실된 역사를 말하는 것이 나을 것이다.[6]

이에 반박이라도 하듯 그로부터 약 10여 년 후, 아서의 이야기를 "엉터리 이야기"가 아니라 "진실된 역사"의 형태로 기술한 텍스트가 등장한다. 웨일스인 몬머스의 제프리Geoffrey of Monmouth(1100년경~1155년경)가 집필한 『브리튼 왕실사Historia Regum Britanniae』(1138년경)가 바로 그것이다. 『브리튼 왕실사』는 트로이로 거슬러 올라가는 왕실의 기원부터 7세기 말 앵글로색슨족의 패권이 공고해질 때까지의 브리튼 왕실의 역사를 기술하고 있는 책이다. 무엇보다도 이 책은 처음으로 아서를 왕으로 지칭할 뿐만 아니라 아서 왕의 일생을 탄생부터 죽음까지 기술하고 있다는 점에서 아서 왕 문학의 진정한 산실이 되는 책이다. 저자가 이 책을 집필하게 된 동기를 기술하는 부분을 보도록 하자.

머릿속에서 끊임없이 온갖 종류의 소재와 주제를 찾던 중 브리튼 왕들의 역사를 읽게 됐다. 놀랍게도 질다와 비드의 탁월한 저작 외엔 기원전에 통치했던 왕들에 대해서는 아무것도 찾을 수 없었다. 심지어 아서 왕이나 그 뒤를 이은 다른 왕들의 경우도 마찬가지였다. 영원히 칭송할 만한 그들의 업적은 기록 대신 기억을 통해 전해지고 있다. 옥스퍼드의 부주교인 고티에로부터 옛 브리튼어로 쓰인 책을 받았을 때 나는 마침 이 모든 것에 대해 골똘히 생각하던 참이었다.[7]

여기서 주목할 것은 제프리가 앞서 질다가 초점을 맞추었던 브리튼 왕실의 멸망 과정이 아니라 브리튼 왕실의 탄생 과정 및 전성기에 초점을 맞추고 있는 점, 특히 브리튼의 저항을 상징하는 아서를 부각시키고 있는 점이다. 특히 이 부분에 대해 구전 전통뿐만 아니라 옛 브리튼어로 씌어진 책이 존재한다고 언급한 것은 앞서 맘즈베리의 윌리엄이 브리튼인의 믿음을 '헛소리'로 폄하했던 것에 대한 반박이라 할 수 있겠다. 이렇게 해서 브리튼인들의 전설 속에 희미하게 남아 있었던 아서는 제프리의 친브리튼적 정서를 집약하고 있는 이 책에서 아서 왕이라는 신화적 인물로 재탄생한다. 저자는 신비로운 출생 배경, 정복 사업 등 아서를 신화적 인물로 만드는 데 결정적 역할을 하는 요소들을 다수 도입했으나 이 글에서는 아서 왕의 죽음 에피소드에 국한하여 살펴보도록 하겠다. 브리튼계 역사가 제프리의 저술은 앞서 맘즈베리의 윌리엄이 도발했던 것에 대한 대응의 성격을 가진 것으로, 특히 아서의 귀환과 관련된 브리튼 민간신앙에 '진실된 역사'의 외피, 식자문화적 색깔을 입히는 작업으로 볼 수 있을 것이다. "캄란 전투에서 아서와 메르드로가 전사했다"는 『웨일스 연대기』의 짤막한 기술은 이제 『브리튼 왕실사』에서 하나의 완전한 이야기로 발전한다. 아서 왕의 죽음을 유발한 사건 이야기가 시작되는 대목을 보도록 하자.

여름이 시작될 무렵, 아서 왕은 로마를 향해 출발하기로 한다. 산간 지역을 통과하고 있을 때 아서 왕은 자신이 대브리튼 왕국의 통치를 위임했던 모르드레가 그를 배반하고 왕위를 찬탈했다는 소식을 접한다. 게다가 모르드레는 왕비 그니에브르와 동거를 시작했으니 이로써 왕비는 첫 결혼의 서약을 깨버린 셈이다.

고귀한 공작이시여, 저 몬머스의 제프리는 이에 대해 침묵하고 싶습니다. 그럼에도 불구하고 지체하지 않고 변변찮은 문체로나마 이 탁월한 왕이 로마인들에게 승리를 거둔 후 영국으로 돌아와 자신의 조카와 벌였던 전투 이야기를 들려드리도록 하겠습니다. 저는 이 전투에 대한 이야기를 웨일스어로 쓰인 원전에서 읽었으며 아주 학식이 높고 많은 역사서를 읽은 옥스퍼드의 고티에로부터도 들은 바 있습니다.[8]

아서 왕은 로마 원정을 떠나면서 왕국을 맡겼던 조카 모르드레가 왕위와 왕비를 찬탈했다는 소식을 듣고 다시 영국으로 돌아와 모르드레 진영과 일전을 벌인다. 양 진영의 거의 모든 지휘관과 병사들이 전사했던 치열한 전투에서 모르드레는 전사하고 아서 왕은 치명상을 입는다.

　전투는 점점 더 치열하고 잔혹해졌다. 양 진영의 거의 모든 지휘관과 그들이 이끌었던 병사들이 전사했다. 모르드레 진영에서는 색슨족인 첼릭, 일라프, 이그브리트, 아일랜드인인 길라패트릭, 길라보, 길라퍼와 길라 그리고 스콧인들과 픽트인들이 그들의 지휘관들과 더불어 모두 전사했다. 아서 왕의 진영에서는 노르웨이의 왕인 올베릭, 덴마크의 왕인 애쉴 그리고 캐도르 리메닉과 캐시벨라우누스 그리고 브리튼인들과 그들이 데려온 숱한 병사들이 전사했다. 그 유명한 아서 왕으로 말할 것 같으면, 그는 치명상을 입은 뒤 상처 치유를 위해 아발론 섬으로 옮겨졌다. 그는 대브리튼의 왕관을 542년 콘월 공 캐도르의 아들인 콘스탄틴에게 물려주었다. 그의 넋이 평화롭게 잠들기를.[9]

　아서 왕이 콘스탄틴에게 왕위를 물려주었다는 사실 그리고 아서 왕의 넋이 평화롭게 잠들기를 바라는 저자의 소망이 언급되긴 하지만 여기서 아서 왕의 죽음은 독자들의 시야에서 벗어나 있다. "치명상"과 "치유"라는 상충되는 표현들의 공존에서 알 수 있듯이, 아서 왕의 죽음에 대한 제프리의 기술은 상당히 모호하다. 왕의 넋이 안식하기를 소망하는 대목을 추가한 필사본들이 명시하듯이 아서 왕이 그 상처로 인해 죽을 것을 의미하는 것으로 해석될 수도 있지만, 또 한편으로는 그 대목이 빠진 필사본들이 암시하듯이 아서 왕의 죽음을 미확정 상태로 두어 브리튼인들의 희망에 무게를 실어주는 방향으로도 해석될 수 있기 때문이다. 후자와 관련하여 로랑스 마테 마유는 아서 왕이 옮겨진 아발론 섬이 웨일스어로 '사과나무 섬'이라는 의미를 가지고 있으며 켈트적 전통에서 사과나무는 불멸을 보장하는 마법의 나무라는 점을 들어 이를 아서 왕에게 불멸의 위상을 부여하는 방식으로 보고 있다.[10]

20년 후, 라틴어로 된 『브리튼 왕실사』를 보다 많은 독자들이 읽을 수 있도록 프랑스어로 번역한 바스Wace의 『브뤼트Brut』는 이 점에서 조금 덜 모호해 보인다. 번역서라고는 하지만 번역의 중세적 개념은 오늘날보다는 훨씬 더 유연하여 바스는 종종 원작과 거리를 두고 자유롭게 가필하는 것을 서슴지 않았다.[11] 바스가 기술한 아서 왕과 모르드레 간의 전투와 아서 왕의 최후 장면 또한 원작과 유사하면서도 의미 있는 차이를 보인다.

전투는 콘월 지방 카멜 강을 따라서 벌어졌다. 대단한 분노 속에서 전투가 벌어졌다. 전사들의 수효는 엄청났으며 끔찍한 살육이 자행됐다. 누가 더 잘 싸웠는지, 누가 이기고 누가 졌는지, 누가 쓰러졌으며 누가 건재한지, 누가 죽이고 누가 죽었는지 말하는 것은 불가능했다. 양 진영 모두 엄청난 손실을 입었다. 들판은 시체로 뒤덮였고 죽어가는 자들의 피로 온통 물들었다. 아서 왕이 양성한, 각지에서 모여들었던 훌륭한 젊은이들이 모두 그곳에서 스러졌다. 그곳에서 원탁의 기사들이 스러졌으며 그중엔 세상에 널리 그 영광이 알려졌던 이들도 포함됐다. 모르드레는 부하 대부분과 더불어 이 전투에서 목숨을 잃었다. 아서 왕이 이끌었던 가장 우수하고 가장 막강했던 엘리트들 또한 여기서 목숨을 잃었다.

만약 이 이야기가 진실이라면, 아서 왕은 치명상을 입었고 그 상처를 치유하기 위해 아발론으로 옮겨졌다. 브리튼인들은 그가 여전히 그곳에 있다고 말하며 그가 돌아오기를 기다리고 희망한다. 이 책을 쓴 바스는 아서의 최후에 대해서 예전에 예언자 메를랭이 말한 것 이상의 것을 말하기를 원치 않는다. 메를랭은 아서 왕이 죽었는지 아닌지 알 수 없을 것이라고 말했거니와, 이 예언자의 말은 옳았다. 사람들은 예전부터, 그리고 앞으로도 아서가 죽었는지 아니면 살아 있는지 계속 물어볼 것이다. 사실을 말하건대 아서는 기원후 542년 아발론으로 옮겨졌다. 그에게 후사가 없었던 것은 얼마나 큰 불행이었던가! 아서 왕은 자신이 돌아오는 날까지 통치하도록 콘월 공 카도르의 아들인 콘스탄틴에게 왕국을 물려주었다.[12]

아서 왕의 귀환 가능성에 대해 모호한 태도를 견지했던 몬머스의 제프리에 비해서 바스의 이러한 기술이 아서 왕의 귀환에 대한 믿음을 더 강조하는 것이라고 보는 견해도 존재한다. 그러나 아서의 귀환에 대한 브리튼인들의 기대를 강조하면서도 동시에 메를랭의 예언에 기대어 아서의 생사에 대해선 알 수 없다고 기술한 것, 아서 왕의 생존 가능성을 두고 '브리튼인의 믿음이자 희망 사항'이라고 하는 것은 실질적으로는 브리튼인의 기대와 거리두기를 하는 것으로 볼 수 있지 않을까? 그들은 확신을 가지고 있으나, 자신은 알 수 없다고 하는 것은 그 확신을 약화시키는 것에 다름없지 않은가? 또한 "사실을 말하면"이라는 표현은 메를랭의 예언과 브리튼인의 기대와 대비를 이루면서 그것들이 "사실"이 아님을 암묵적으로 의미하는 것이 아니겠는가? 아발론 섬으로 옮겨진 아서 왕의 죽음을 미확정 상태로 두고 언젠간 다시 살아 돌아온다는 신화가 퍼져나가도록 둘 것인지, 아니면 확정적 사실로 만들 것인지의 문제는 바스에게 그 작업을 주문한 플랜태저넷 왕가 헨리 2세의 정치적 의도와 무관하지 않다고 할 수 있다.

헨리 2세는 아서 왕 전설에 대해 두 가지 활용 계획을 세운 것으로 보인다. 하나는 당시 프랑스 왕과 경쟁 관계에 있는 자신의 입지를 강화하기 위해 프랑스가 내세우는 샤를마뉴에 견줄 만한 상징적 선조를 부각시키는 것이다.[13] 아서는 그 역할을 수행할 만한 인물로서 적격이었다. 이 점에서 바스가 제프리의 책을 번역하면서 "브리튼 왕"이라는 표현 대신에 "잉글랜드의 초기 왕들"이라는 표현을 사용하고 있는 것은 주목할 만한 부분이다. 여기서 '잉글랜드'라는 표현이 '브리튼'을 대신하여 사용되는 것은 브리튼 왕실을 잉글랜드 왕실로 통합시키는 의미를 갖는다고 볼 수 있겠다.

> 잉글랜드의 초기 왕들이 누구였는지, 그들의 출신과 왕위 계승에 대해 차례로 듣고 싶어 하는 사람들에게 바스는 사실에 충실한 번역본을 제공하고자 한다.[14]

또 한편으로는 브리튼인들이 아서 왕의 귀환 신화에 대해 여전히 기대를 가지고 있는 것이 플랜태저넷 왕조의 정치적 야심에 대해 걸림돌로 작용할 수 있다는 점에서 헨리 2세와 그의 아들들은 아서 왕 신화에 종지부를 찍을 필요성이 있었던 것으로 보인다. 따라서 바스는 이 상반된 두 가지 정치적 목적에 부응하기 위해 아서 왕을 지역주의 너머 범잉글랜드적 모델로서 부각시키는 한편, 아서 왕의 메시아니즘은 브리튼인들만의 희망 사항으로 희석시키는 작업을 한 것으로 보인다. 바스가 서문에서 사용한 "잉글랜드 왕들"이라는 표현과 아서 왕 죽음을 서술할 때 사용한 "브리튼인들"이라는 표현은 이렇게 통합과 거리두기를 동시에 꾀하는 저자의 의도를 반영하는 것이 아닐까?

이렇게 다소 희석된 아서 왕의 귀환 신화에 결정적 타격을 입힌 것은 문학작품이 아닌 현실에서 아서 왕 무덤이 발견된 사건이다. 1191년 글래스턴베리 수도원의 수도사들은 경내에서 아서 왕과 금발이 아직 남아 있는 그니에브르 왕비의 유해가 있는 무덤을 발견한다.[15] '글래스턴베리'가 가진 '유리로 된 섬'이라는 어원은 '아발론'이란 단어가 가지는 여러 의미 중 하나이기도 했던 바, 이러한 발견은 아서 왕 귀환에 대한 브리튼인의 희망을 완전히 무너뜨렸다. 이것은 아서 왕의 죽음과 관련된 논란을 해결하는 동시에 아서 왕을 역사적 인물로 각인시키는 데 기여했다. 이것은 전설의 아름다움을 손상시키지 않으면서도 그것이 갖는 전복적 성격을 완화시켜 플랜태저넷 왕가의 정치적 목적에 부합할 수 있도록 통제하는 해법이었다.

프랑스 소설 속 아서 왕의 죽음

프랑스에서 아서 왕은 연대기나 역사서를 표방하는 책이 아니라 본격적인 문학작품에서 등장한다. 프랑스에서 아서 왕 문학이 본격적으로 시작되는 시기는 1160년경이다. 이때부터 1190년경까지 크레티앵 드 트루아가 쓴 다섯 편의 소설들은 프랑스 아서 왕 문학의 초기 걸작들이라 할 수 있다. 흥미로운 것은 정작 이 소설들의 주인공은 아서 왕이 아니라 원탁의 기사들이며, 그 기사들의 모험담이 주요 줄거리를 구성하는 가운데[16] 아서 왕은 상징적 구심점 역할을 할 뿐이라는 사실이다. 이처럼 명성은 높으나 실권은 없는 아서 왕의 이미지에서 에릭 쾰러는 당시 루이 7세와 존엄왕 필립 같은 프랑스 왕들이 기울였던 왕권 강화의 노력과 이에 반발하는 봉건 제후들 간의 갈등을 포착해냈다.[17] 흥미로운 점은 작가가 무력한 왕을 상징하기 위해서 새로운 인물을 도입하거나 기존의 프랑스 샤를마뉴 문학을 패러디하는 대신 영국 왕실의 상징적 선조가 된 아서 왕을 등장시킨다는 점이다. 달리 말하면 아서 왕의 무능한 이미지는 영국 신화에 대한 프랑스의 대응, 그리고 왕권 강화에 대한 봉건귀족의 저항이라는 이중의 짜임을 갖고 있는 것이다. 이렇게 아서 왕의 실질적인 퇴진이라 할 만한 상황이 전개되지만 12세기 후반부 크레티앵의 소설들 속에서는 선조적 시간 대신 일 년 단위로 되풀이되는 순환적 시간이 소설 배경을 이루고 아서 왕은 노화와 죽음을 벗어난 존재처럼 보인다.

마침내 아서 왕이 죽음을 맞이하는 사건은 13세기 초 산문 소설 『아서 왕의 죽음』에서 벌어진다. 원탁의 기사들에게 부여된 궁극의 모험이라 할 수 있는 성배 탐색이 완수된 뒤 아서 왕국에서는 신비로운 모험이 완전히 사라져버린다. 프랑스 아서 왕 문학이 아서 왕 궁정 기사들의 모험담에 지나지 않음을 생각하면 '모험의 부재'라는 것이 왕국에, 나아가 아서 왕 문학에 어떤 결과를 초래할지 쉽게 이해할 수 있다. 이제 남은 이야기는 살아남은 자들의 미미한 죽음에 대한 이야기일 수밖에 없다.

크레티앵 드 트루아의 소설들이 일종의 연대기 상 공백 속에 씌어지면서 환상적인 공간, 순환적인 시간을 그 배경으로 하고 있다면 『아서 왕의 죽음』에선 다시 연대기적 시공간이 등장한다. 환상적인 공간 대신에 실재하는 지명들이 대거 등장하고 순환적 시간 대신에 선조적 시간이 등장한다. 그리고 "그 나이에 그 정도로 용맹스러운 사람은 없다"는 애매한 찬사와 더불어 92세라는 구체적인 아서의 나이가 처음 언급된다.

소설 『아서 왕의 죽음』에서 아서 왕의 죽음 장면을 구성하는 시퀀스는 앞서 몬머스의 제프리와 바스의 저작에서 사용된 몇몇 요소들, 즉 모르드레의 왕위 찬탈, 솔즈베리 평원에서의 전투, 아서의 치명상, 섬으로의 출발 등의 모티프들을 재사용한다. 그러나 12세기 영국 텍스트에서 아서 왕의 죽음이 서술된 맥락과 13세기 프랑스 텍스트 『아서 왕의 죽음』에서 아서 왕의 죽음이 서술된 맥락이 의미 있는 차이를 보인다는 점에 주목할 필요가 있다. 영국 텍스트에서는 아서 왕이 로마 원정이라는 대의명분을 위해 왕국을 떠나면서 모르드레에게 왕국을 맡기는 반면, 프랑스 텍스트에서 아서 왕은 왕비와 간통한 기사 랑슬로에 대한 개인적인 복수를 위해 골Gaule(프랑스)로 떠나면서 왕국을 모르드레에게 맡긴다. 따라서 모르드레의 과오만이 조명되는 영국 텍스트와는 달리, 프랑스 텍스트에선 아서 왕이 모르드레에게 왕국을 맡기고 골로 떠나는 과정의 전모가 드러나고 그 과정에서 아서 왕이 저지르는 과오들이 상세하게 서술되고 있다.

아서 왕국의 종말을 촉발한 일차적인 원인은 물론 아서 왕비 그니에브르와 최고의 기사 랑슬로가 저지른 불륜이다. 그러나 그들의 밀회가 발각된 뒤 궁정에서 벌어지는 일련의 사건들에서 두드러지는 것은 랑슬로보다 오히려 아서 왕의 과오다. 랑슬로를 잡는 데 실패한 뒤 아서 왕은 "온 세상이 두고두고 이야기할 만한 벌"을 그니에브르에 내려 복수를 하기로 결심하고 봉신들에게 조언을 구한다. 이때 아서 왕은 봉신들에게 자문을 구하는 형식을 취하긴 하되, 이들이 어떤 의견을 내더라도 자신의 뜻을 관철시킬 것임을 분명히 한다.

나는 왕비가 저지른 죄에 대해 가혹한 처벌을 원하오. 우선 당신에게 그리고 여기 참석한 다른 봉신들에게, 왕으로서 그리고 당신들이 내게 한 맹세를 들어 왕비에게 내릴 벌을 정해줄 것을 청하는 바이오. 왕비는 죽음을 면할 수 없소. 설사 당신들이 왕비 편을 들어 반대 의견을 낸다 해도 절대로 그녀를 살려둘 수 없소.[18]

왕이 무엇을 원하는지를 알기에 대부분의 봉신은 그러한 아서 왕의 판결을 지지할 수밖에 없는 입장이다. 다만 고뱅만이 왕비를 사형시키는 결정에 반대하여 아서 왕이 그런 일을 저지른다면, "전하에게 받은 것을 다 돌려줄 것이며 더 이상 단 하루도 전하를 위해 봉사하지 않겠다"고 강경한 태도를 보인다. 그러나 아서 왕은 "정신이 다른 데 팔려 그가 말하는 것에 대답하지 않는다." 이렇게 봉건 체제의 근간을 이룬다고 할 수 있는 봉신의 자문 기능이 제대로 수행되지 못하는 장면은 이외에도 여러 차례 등장한다. 왕비 그니에브르는 결국 화형장으로 끌려가고 위험에 처한 왕비를 구하는 과정에서 랑슬로는 본의 아니게 아서 왕의 조카이자 고뱅의 형제인 기사들을 죽이게 된다. 아서 왕과 고뱅은 복수를 다짐하고 다시금 봉신들을 모아 자신들이 당한 수치를 되갚을 수 있도록 조언을 청한다. 봉신들이 아서 왕의 눈치를 보면서 먼저 말을 하기를 꺼리는 가운데 이윽고 욘 왕이 다음과 같이 말한다.

전하, 저는 전하의 봉신입니다. 저는 우리의 명예 그리고 전하의 명예를 위해 조언을 해야 할 의무가 있습니다. 전하의 명예는 당연히 전하가 당하신 수치의 복수를 요청합니다. 그러나 왕국의 이해를 생각한다면 저는 방왕의 가문과 결코 전쟁을 해서는 안 된다고 생각합니다. 하느님은 그 가문을 어떤 가문보다도 더 영예롭게 하셨고 그리하여 제가 아는 한, 전하를 제외한다면 제 아무리 용맹한 자라 하더라도 그들과 전쟁을 하여 패배하지 않을 자는 없습니다. 바로 그러한 이유에서 그들과 겨뤄 이길 수 있다는 확신이 있지 않는 한, 그들에게 전쟁을 선포하지 않기를 하느님의 이름으로 간청하는 바입니다.[19]

욘 왕은 아서 왕의 개인적인 명예 못지않게 "왕국의 이해", "우리의 명예"를 고려할 것을 촉구한다. 그리고 랑슬로 가문과의 전쟁에서 패배할 가능성이 높다는 점을 고려한 정치적 판단을 요구한다. 그러나 아서 왕은 그의 조언을 무시한 채 "내 가문 사람들을 죽인 자들과의 전쟁을 포기할 수는 없소"라고 선언하고 랑슬로 진영과의 전면전에 들어간다. 앞서 비교적 냉철하게 자문을 할 줄 알았던 고뱅마저 랑슬로에게 동생들을 잃은 뒤 아서 왕과 더불어 사적인 복수를 맹목적으로 추구하면서 이제 궁정에서 아서 왕을 제어할 수 있는 장치는 모두 사라지게 된다.[20]

이렇게 왕국을 이끄는 왕이 아니라 일개 가문을 이끄는 자의 입장에서 아서 왕은 모르드레에게 왕국을 맡기고 골로 떠나게 되는 것이다. 이것은 도미니크 부테가 지적하듯이 왕이 더 이상 왕으로서 사고하지 않고, 그를 제어할 수 있는 장치도 작동하지 않는, 통제 불능의 상태에 놓인 봉건 체제를 말하고 있는 것일 수도 있으며,[21] 장 모리스가 지적하듯이 당시 왕권 강화의 추세 속에 무력해진 상층 귀족들이 소설 속에서나마 왕의 지나친 권력 주장으로 인해 사회가 해체되는 모습을 보여줌으로써 일종의 복수를 하는 것일 수도 있다.[22] 아서 왕이 맹목적으로 추구했던 사적 전쟁의 권리는 실제로 프랑스에서 12세기 말부터 왕권을 강화해 나가던 존엄왕 필립에 의해 제한을 받기 시작하며 마침내 13세기 루이 성왕 시대에 이르러 금지된다. 즉 이 소설이 씌어지던 당시 강화일로에 있었던 왕권이 금지하고자 했던 봉건적 폐단이 아서 왕에 의해 구현되며 그나마 그것을 통제할 수 있었던 봉신들의 자문 역할이 무력화되면서 아서 왕국의 최후와 아서 왕의 죽음이 다가오게 되는 것이다.

아서 왕의 죽음으로 귀착되는 봉건 체제의 오작동은 또 다른 차원에서도 발견된다. 그것은 바로 봉건영주의 가장 중요한 덕목 중 하나로 간주되어 온 '관후함largesse'의 덕목으로서 영국 연대기뿐 아니라 프랑스 초기 아서 왕 소설에서도 아서 왕이 대표하던 덕목이었다. 그러나 『아서 왕의 죽음』에서 그 덕목을 구현하는 인물은 이제 아서 왕이 아니라 모르드레이며 그것은 아서 왕에게 대항하기 위해 모르드레가 세를 규합하는 과정에서 나타난다. 『브리튼 왕실사』에서 모르드레는 주로 아서 왕에게 평소 반감을 가지고 있었던 세력인 이민족들 즉 색슨, 픽트, 스콧, 아일랜드인과 결탁을 도모했다. 그리하여 전선이 아서 왕이 이끄는 브리튼족과 모르드레가 이끄는 이민족 간에 형성됐다면, 프랑스 소설 『아서 왕의 죽음』에서 모르드레가 재물을 이용하여 포섭하는 세력은 바로 아서 왕의 봉신들이다. 모르드레는 아서 왕이 자기에게 맡긴 재물을 아서 왕의 봉신들에게 아낌없이 나누어주면서 그들의 충성을 확보한다.[23]

그들은 모두 모르드레 앞에 무릎을 꿇고 그의 우선봉신이 됐으며 죽을 때까지 모든 사람에 대항하여 그를 도울 것을 성유물을 놓고 맹세

했다.[24]

이들은 나중에 아서 왕이 생존해 있음을 알게 된 뒤에도 "모르드레를 위해 목숨을 바치기를 두려워하지 않으며" 솔즈베리 전투에서 아서 왕에 대항하여 모르드레를 지원한다. 그리하여 솔즈베리 평원에서 모르드레가 이끄는 병력은 아서 왕 병력의 두 배에 달하게 된다. 이것은 봉토와 군사적 지원의 맞교환에 기초한 봉건 체제 자체의 취약성을 드러낸다. 그리고 그 취약성은 이 소설에서 모르드레와는 대조적으로 아서 왕이 봉신에 대한 보상에 있어서 인색함을 보이면서 더욱 강조되고 있다. 아서 왕이 랑슬로에게 영국을 떠나 프랑스로 돌아가라고 하자 랑슬로는 갈르오에게 왕국을 잃을 뻔한 전쟁에서 아서 왕에게 결정적인 도움을 주었던 일을 상기시키면서 "만약 당신이 봉사한 것에 대해 왕답게 보상할 줄 안다면 마땅히 당신이 나에게 표했어야 할 애정"을 언급한다. 그리고 로그르 왕국을 떠나 골로 떠나가면서 랑슬로는 아서 왕으로부터 받은 모든 것을 되돌려주면서 그에 대한 봉사의 대가로 박차 하나도 가지고 가지 않겠다고 선언한다.

바다 건너 골에 도착한 랑슬로는 다음 날 사촌인 보오르와 리오넬을 각각 브노익과 곤의 왕으로 책봉하고 아서 왕에게서 받은 골 왕국은 돌려주기로 결정한다. 이들은 이제 아서 왕에 대해 어떠한 종속적 지위도 갖지 않게 되는 것이다. 이 점은 랑슬로가 고뱅과의 마지막 결투를 피하기 위해 매우 이례적인 조건을 내걸 때도 새삼 강조되는 점이다. 자신과 동생 엑토르를 비롯하여 자신의 친지 모두가 다시금 아서 왕과 고뱅에게 충성을 맹세할 준비가 되어 있다고 할 때에도, 보오르와 리오넬만큼은 고뱅에게 종속되지 않도록 이러한 제안에서 제외시킨다. 보오르와 리오넬이 속한 가문이 아서 왕에 대해 철저하게 독립적 지위를 확보하는 장면은 제프리의 『브리튼 왕실사』에서 광대한 영토를 정복하고 그것을 수단으로 하여 많은 봉신을 확보하고 그들의 충성 위에 불패의 왕국을 건설해 나가던 아서 왕의 쇠락을 결정적으로 보여주는 것이다. 『아서 왕의 죽음』에서 아서 왕의 죽음은 바로 그의 정치적 입지가 점진적으로 축소되어가는 과정의 끝에 있다. 영국 내에서는 아서 왕의 봉신들이 봉토를 모르드레에게 다시 수여받는 과정을 거치고, 바다 건너 프랑스에서는 랑슬로, 보오르, 리오넬, 엑토르처럼 한때 아서 왕 궁정의 대표적인 기사였던 자들이 아서 왕으로부터 독립적인 지위를 갖게 되면서 아서 왕이 이제 이민족이 아니라 자신의 예전 봉신들과 대결하는 구도가 만들어지는 것이다.

가문을 위한 복수심에 눈이 멀어 왕으로서 정치적 판단을 제대로 내리지 못하고, 봉건 왕으로서 봉사를 보상하는 데에 인색했던 개인적 오류들과 체제 자체의 취약성이 맞물리면서 아서 왕이 완벽하게 구현하는 것으로 보였던 봉건 체제는 외부의 공격이 아니라 왕국 내부에 치명적인 전선이 구축되면서 붕괴된다. 그리고 아서 왕은 죽음을 피할 수 없게 된다.

13세기 프랑스 아서 왕 문학이 도입한 가장 혁신적 요소인 아서 왕과 모르드레의 부자 관계는 바로 이런 맥락에서 살펴보아야 한다. 다음은 아서 왕국의 기사들 거의 모두가 죽음을 맞이하는 솔즈베리 전투의 마지막 순간이다.

그는 손에 굵고 단단한 창을 쥐고 전속력으로 말을 몰았다. 모르드레는 왕이 자신을 죽일 일념으로 달려오고 있음을 보았다. 그는 피하는 대신 아서 왕을 향해 말머리를 돌렸다. 전력을 다해 질주해온 아서 왕은 그를 세게 가격했고 창끝은 모르드레가 입은 갑옷의 사슬들을 부수고 몸을 꿰뚫었다. 이야기에 따르면 그가 모르드레의 몸에 박힌 창을 뽑을 때 한 줄기 햇빛이 상처를 관통했다고 한다. 그 빛은 너무나 강렬하여 지르플레도 그것을 볼 수 있었다. 그 고장 사람들은 이 놀라운 광경이 하느님의 분노를 알리는 기호였다고 말한다. 모르드레는 자신이 입은 상처를 보고 죽음을 예감했고 아서 왕의 투구를 세게 가격했다. 그 칼날이 아서 왕의 머리에 박히는 것을 막을 수 있는 것은 아무것도 없었다. 그 충격으로 아서 왕은 말에서 떨어졌다. 모르드레 또한 말에서 떨어졌다. 그 둘 모두 위중한 상태여서 나란히 누운 채 아무도 일어나지 못했다. 이렇게 아버지는 아들을 죽이고 아들은 아버지에게 치명적인 상처를 입혔다.[25]

몬머스의 제프리와 바스의 텍스트는 아서 왕과 모르드레의 죽음과 치명상이 구체적으로 누구에 의해 유발됐는지 밝히지 않지만 프랑스 소설 『아서 왕의 죽음』은 이들의 죽음이 서로에 의해 유발됐음을 명확히 서술한다. 특히 제프리의 『브리튼 왕실사』에서 아서 왕의 신임을 받은 조카로 소개된 모르드레와 아서 왕의 관계는 프랑스 소설로 넘어오면서 아서 왕이 자신의 누이와의 근친상간을 통해 낳은 아들과 생부의 관계임이 밝혀지며 이들의 결투는 '부자 살해'라는 새로운 양상을 띤다.[26] 이는 물론 아서 왕국 멸망의 중심에 아서 왕의 성적인 죄가 원죄로서 자리 잡고 있음을, 그리고 이 모든 것이 다 "욕망에 취약했던 인간인"[27] 아서 왕의 죄로 인한 것임을 보여준다. 아서 왕의 배에서 나와 아서 왕국을 초토화시키고 아서 왕에게 달려든 뱀의 꿈이 직접적으로는 근친상간으로 낳게 된 아들 모르드레에 의한 아서 왕의 죽음을 의미할 수 있다. 그러나 더 넓게 해석했을 때 아서 왕국의 자기 파괴적 최후를 의미하는 것은 아닐까? 근친상간[28]에서 태어난 아들 모르드레에 의한 아서 왕의 죽음은 기사도 소설을 지배하는 주요 테마 중 하나인 성적인 죄의 가장 강력한 예이자 또한 내파되는 봉건 사회의 강력한 메타포가 아닐까?

아서 왕과 더불어 모든 기사가 거대한 살육의 현장에서 목숨을 잃게 되는 이 사건은 더 이상 귀환을 위한 예비 작업이 아니라 실질적으로 아서 왕이 주축을 이루었던 세계의 붕괴, 그가 구현했던 가치들의 종식을 의미한다. 영국 텍스트에서는 아서가 콘스탄틴에게 왕위를 물려주지만 프랑스 텍스트 『아서 왕의 죽음』에서 아서 왕은 왕위를 아무에게도 물려주지 않고 왕국은 메를랭의 예언대로 '고아'가 되며 왕권은 거의 절대적인 최후를 맞이하는 듯이 보인다. 영국 텍스트들이 일말의 귀환 가능성을 남겨놓았던 죽음은 이제 돌이킬 수 없는 양상을 띤다. 자신의 죽음이 임박한 것을 느낀 아서 왕은 지르플레에게 자리를 떠날 것을 명한다. 이때 둘이 나눈 대화는 아서 왕의 죽음을 둘러싼 그간의 변주들과 성격을 달리한다. 아서 왕의 말은 더 이상 그의 귀환에 대한 기대를 가질 수 없게 한다. 그리고 지르플레는 끝내 아서 왕이 떠나가는 곳의 이름을 알아내지 못한다.

"제가 언젠가 전하를 다시 뵐 수 있을 것이라 생각하십니까?"
"내 분명히 말하건대, 그럴 수 없을 것이오."
"그렇다면 전하, 어디로 가시려는지요?"
"그것은 당신에게 말하지 않겠소."

지르플레는 아서 왕으로부터 더 이상 알아내기를 포기하고 떠난다.[29]

그 이후의 일은 오로지 마지막 남은 원탁의 기사 지르플레의 눈에 비친 대로 묘사된다. 세찬 비가 내리는 가운데 지르플레는 반 리 정도 떨어진 동산에 올라가 그곳에서 아서 왕을 두고 온 곳을 바라본다. 아서 왕 최후의 모습은 비가 잦아들긴 했지만 그 먼 곳에서 바라본 흐릿한 원경 속에서 잡힌다. 바다 한가운데서 배가 한 척 들어오고 아서 왕은 그의 누이 모르간을 비롯한 여러 귀부인이 탄 배에 무장을 한 채 말을 끌고 올라탄다.

그러자 놀라울 정도로 세찬 비가 쏟아졌다. 반 리 정도 떨어진 언덕에 도착하자 비가 서서히 잦아들었다. 그는 아서 왕을 두고 온 곳을 바라보았다. 먼 바다로부터 귀부인들을 가득 태운 배가 오고 있었다. 배가 왕이 서 있는 곳에 닿자 귀부인들은 뱃전에 모여들었다. 그들을 지휘하는 한 부인의 부축을 받고 있었던 아서 왕의 누이인 모르간은 왕에게 배에 올라탈 것을 청했다. 왕은 모르간을 보자 곧 앉아 있었던 자리에서 일어나 말을 끌고, 무장을 다 가지고 배에 올라탔다.[30]

'아발론'이라는 이름은 나오지 않는다. 그로부터 사흘 후 지르플레는 '검은 예배당'에서 아서 왕의 무덤을 발견한다.

지르플레는 그로부터 사흘째 되는 날, 죽은 동료 뤼캉이 매장됐는지 보기 위해 검은 예배당으로 갔다. …그는 제단 앞에 화려하게 꾸며진 두 개의 무덤이 만들어진 것을 보았다. 그중 하나는 다른 무덤보다 훨씬 더 아름답고 호화롭게 꾸며져 있었다. 덜 아름다운 무덤 위에는 다음과 같은 비명이 적혀 있었다.

"여기 아서 왕이 껴안아 질식시킨 주류 담당관 뤼캉이 묻히다."

그리고 특별히 더 호화로운 무덤의 비명엔 "여기 열두 왕국을 정복한 용맹한 아서 왕이 묻히다"라고 적혀 있었다. 이것을 본 지르플레는 정신을 잃고 무덤 위에 쓰러졌다. 정신이 들자 그는 무덤에 열렬히 입을 맞추었다. 저녁이 되어 제단을 담당하는 성직자가 들어왔다. 그를 보자 지르플레는 곧 "사제님, 아서 왕이 이곳에 묻혀 있는 것이 사실입니까? 물었고 그는, 그렇소, 형제여. 처음 보는 귀부인들이 그를 이곳에 데려왔다오"라고 답했다. 지르플레는 그들이 아서 왕을 배에 태운 부인들이었을 것이라 생각했다. 아서 왕이 이 세상을 떠났으니 그 또한 더 이상 속세에 머무르지 않을 것이라 선언했고 은자에게 한 그의 간청이 받아들여졌다.[31]

이렇게 해서 프랑스 소설 『아서 왕의 죽음』은 아서 왕의 죽음을 확정짓는다. 아서 왕은 여기서 정치적인 죽음에 이어 육체적인 죽음을 맞는다. 모르간의 초자연적 힘도 그를 치유하지 못한 채 돌려보내고, 어떤 성직자도 그에 합당한 기독교 의식을 치러주지 않은 채 아서 왕은 "검은" 예배당의 무덤 속에 그가 마지막으로 생명을 앗아간 원탁의 기사 뤼캉과 같이 나란히 누워 있다. 아서 왕의 묘비는 근친상간과 부자 살해, 10만 명의 군사왕 원탁의 기사 거의 전원을 죽음으로 몰고 간 솔즈베리 평원의 대참사에 대해 침묵한 채, 열두 왕국을 복속시킨 정복자의 삶을 기록하고 있다. 그러나 그와 나란히 묻힌 뤼캉의 묘비에 적힌 "여기 아서 왕이 껴안아 질식시킨 뤼캉이 묻히다"는 문구는 정복자의 무장에 압사한, 무장을 걸치지 않은 한 인간의 죽음을 기록한다. 뤼캉은 지르플레와 더불어 솔즈베리 평원의 전투에서 마지막까지 살아남은 기사였다. 아서 왕은 자신을 위로하던 그를 힘껏 포옹하지만 무장을 벗어버린 그의 심장은 아서 왕이 걸친 무장의 압박에 터져버린다. 그리고 아서 왕은 그 사실을 너무나 늦게 알게 된다. 그리고 운명이 더 이상 자신의 편이 아니며, 이제 고통과 씁쓸함, 슬픔속에 놓이게 됐음을 깨닫고 더욱 슬프게 한탄한다.

아서 왕은 기도로 밤을 지새웠다. 다음 날 주류 담당관 뤼캉은 아서왕 뒤에서 그의 탈진한 모습을 보고 눈물을 쏟으며 그에게 말했다. "아서 왕 전하, 얼마나 고통이 크십니까?" 이 말을 듣고 아서 왕은 무장 때문에 무거워진 몸을 힘들게 일으켰다. 그리고 무장을 걸치지 않은 뤼캉을 껴안았다. 아서 왕이 너무나 힘껏 껴안은 나머지 뤼캉은 심장이 터져 말 한마디 하지 못하고 숨을 거두었다. 왕은 그가 죽었다는 사실은 전혀 생각하지 못한 채 한동안 이렇게 그를 포옹했다. 마침내 그를 놓아주었을 때 뤼캉을 한참 동안 바라본 지르플레는 그가 죽었다는 것을, 아서 왕이 그를 죽였다는 것을 알고 통곡하기 시작했다. "아, 뤼캉을 죽게 하시다니, 전하, 도대체 무슨 일을 하신 겁니까?" 이 말을 듣고 아서 왕은 소스라쳐 주변을 둘러보았고 뤼캉이 숨이 끊어져 바닥에 누워 있는 것을 보았다. 아서 왕의 슬픔은 배가됐고 지르플레에게 침통한 모습으로 이렇게 말했다. "지르플레여, 운명은 여태 내게 어머니와도 같았는데 이제는 계모처럼 변했구려. 운명은 이제 내게 남은 시간을 고통과 회한과 슬픔

죽음이 다가오자 아서 왕은 마지막 남은 원탁의 기사에게 자신의 칼 엑스칼리버를 호수에 던지도록 한다. 그가 칼을 던지자 호수에서 손이 하나 올라와 칼을 받아 하늘을 향해 서너 번 크게 휘두르고는 칼과 함께 물속으로 사라진다.

속에서 보내게 하는구려."[32]

이렇게 아서 왕은 신화적 차원에서 내려와 인간적인 조건에서 죽음에 이른다. 여기서 아서 왕의 묘비명이 그의 모든 인간적인 취약점에 대해 침묵하고 영웅의 면모만을 부각시키고 있긴 하다. 그러나 15세기 영국에서 토머스 맬러리의 소설이 보여주는 것처럼 "여기 한때 왕이었고 미래에도 왕이 될 아서가 잠들다"라는 희망적인 묘비명과는 분명한 차이가 존재한다. 프랑스는 당연히 처음부터 영국 왕실의 상징으로 떠오른 아서 왕의 귀환 신앙을 전혀 필요로 하지 않았다. 그리고 시기적으로도 13세기에 프랑스는 왕권강화기로 접어들고 있었다. 보다 강력한 군주제 이데올로기에 대항하는 봉건 제후들의 이상을 그렸던 아서 왕 문학은 더 이상 설 자리가 없었다. 다만 봉건적 이데올로기의 한계를 보여주기 위해서만 필요했을 뿐이다. 아서 왕의 죽음은 그가 구현한 체제의 죽음을 상징한다. 『아서 왕의 죽음』에서 호수 아래에서 떠올라 아서 왕의 칼 엑스칼리버를 물속으로 가지고 들어가는 손[33]은 앞서 『성배 탐색』에서 갈라아드가 죽은 뒤 하늘에서 내려와 성배를 하늘로 들어올렸던 손과 더불어 전사적 영역과 종교적 영역 모두에서 아서 왕에게 맡겨졌던 소임을 거두어들이는 기호다.

사랑의 이름으로?

귀네비어와 란슬롯의 이별과 죽음

김현진 영어영문학과 교수

왕국은 내전 끝에 폐허로 변했다. 최후의 전투에서 반역자 모드레 드는 아서 왕의 손에 목숨을 잃었고, 왕은 치명상을 입은 뒤 이름 모 를 숙녀들이 탄 나룻배에 실려 종적을 감추었다. 유일한 생존자 베드 웨어에게 "나는 아발론 계곡으로 가서 중한 상처를 치료할 테니 내 소식을 영영 듣지 못하거든 내 영혼을 위해 기도하라"라는 말을 남기 고.[1] 왕의 오른팔 가웨인은 반군에 맞서 상륙을 감행하던 도중 란슬 롯에게 앞서 입은 상처가 터져 일찌감치 유명을 달리했다. 그의 숨이 끊어진 것은 란슬롯에게 화해와 도움을 청하는 편지를 쓴 지 두 시간 반이 지나서였다. (아서 왕이 가웨인의 성화에 못 이겨 프랑스에서 란슬롯 을 상대로 원치 않는 전쟁을 벌이는 동안 모드레드가 본국에서 반란을 일으킨 것이다.) 하지만 란슬롯이 한발 늦게 도착했다. 아니 파국이 한발 빨리 왔다. 그사이 아서 왕은 세상을 떠났고 귀네비어 왕비는 행방이 묘연해졌다. 란슬롯은 가웨인의 무덤에서 이틀 밤을 눈물로 새운 뒤 사흘째 되던 날 귀네비어를 찾아 홀연 길을 떠났다. 부하들이 그를 말렸지만 소용없었다.

그는 서쪽으로 길을 떠나 칠팔일 동안 왕비를 찾아 헤맸다. 그러다가 마침내 한 수녀원에 이르렀다. 란슬롯 경이 수녀원 안을 배회할 때 귀네비어 왕비가 바로 그를 알아보았다. 왕비는 그를 보자마자 세 번 거푸 혼절했다. 시녀들이 왕비를 땅에서 일으켜 세우느라 큰 고역을 치렀다. 말을 할 수 있을 만해지자 왕비가 시녀들을 불러 이렇게 일렀다.

"부인들, 내가 왜 이러는지 의아해 하시겠죠. 실은," 그녀가 말했다.

"저기 서 있는 저 기사를 보아서 생긴 일입니다. 그러니 그이를 이리 불러주세요."

그러자 란슬롯 경이 왕비 앞에 불려왔고 왕비가 시녀들을 향해 이렇게 말했다.

"저이와 나로 인해 이 모든 전쟁이 일어났고 세상에서 가장 용맹한 기사들이 죽었습니다. 우리가 함께 나눈 사랑으로 인해 가장 훌륭한 내 부군이 목숨을 잃었습니다. 그러니 란슬롯 경, 내 영혼이 치유되기가 얼마나 힘들지 당신은 아시겠죠. 그래도 하느님의 은총과 큰 상처 입은 그분의 수난이 있었기에 나는 죽어서 예수 그리스도의 성안聖顔을 보고, 심판의 날 그분 오른편에 앉을 것을 믿어요. 지금 천국에 있는 성인들도 예전에는 나처럼 죄인이었을 테니까요. 그러니 란슬롯 경, 우리 둘 사이의 사랑을 잊지 않았다면, 청컨대, 진심으로 간청건대 다시는 내 얼굴을 마주하지 마세요. 하느님 대신 명합니다. 날 떠나세요. 그대의 왕국으로 돌아가 전쟁과 화禍로부터 그곳을 지키세요. 지금껏 그대를 사랑한 만큼 이제 당신 보는 것을 내 심장이 견디지 못합니다. 당신과 나로 인해 최고의 왕들과 기사들이 스러졌습니다. 그러니 이제 그대의 땅으로 돌아가 아내를 맞고 행복하게 사세요. 그리고 진심으로 바라건대 내가 잘못된 삶을 바로잡을 수 있도록 영생하는 주님께 기도해 주세요."

"그러면 사랑하는 마마," 란슬롯 경이 말했다. "제가 저의 나라로 돌아가 결혼하기를 바라십니까? 아니오, 마마. 그런 일이 결코 없으리라는 건 당신도 잘 아시지 않습니까? 당신께 사랑을 맹세한 제가 당신을 배신하는 일은 없을 겁니다. 당신이 택하신 운명을 저 또한 택하겠습니다. 예수님의 기쁨을 위해서 그리고 언제나 당신을 위해서 특별히 기도하겠습니다."

"아, 란슬롯 경, 당신이 그렇게 해서 약속을 지킨다면 얼마나 좋겠어요. 하지만 당신을 믿지 못하겠어요." 왕비가 말했다. "당신은 다시 속세로 돌아갈 겁니다."

"그래요, 마마," 그가 말했다. "말씀하고 싶으신 대로 하십시오. 제가 한 번도 약속을 어긴 적이 없다는 건 아실 테니까요. 당신이 세상을 버리셨는데 제가 당신을 따르지 않는 일이 없기를 바랄 따름입니다. 당신을 사랑하지만 않았더라면 저는 성배 탐색 중에 이미 세상의 허영을 등졌을 겁니다. 제 마음과 의지와 생각을 모아 그때 그렇게 했더라면, 성배를 찾아 나섰던 모든 기사 중에 최고가 될 수 있었겠죠. 제 아들 갈라하드를 빼고 말입니다. 그러니 마마, 당신이 완전한 삶을 살기로 하신 만큼 저 또한 당연히 완전한 삶을 살겠습니다. 하느님을 증인 삼아 말씀드리건대, 당신으로 인해 속세의 기쁨을 누렸으니 저는 당신이 원하기만 하셨다면 당신을 저의 나라로 모셔갔을 겁니다. 하지만 원하시는 바가 따로 있으니, 회색 수사든 백색 수사든 저를 받아줄 은자가 있기만 하면, 충심

단테 가브리엘 로제티의 『아서의 무덤』(1855). 란슬롯이 수녀가 된 귀네비어에게 키스를 청하는 장소를 아서 왕의 무덤 위로 설정함으로써 수녀원 재회 장면의 극적 효과를 증폭시켰다. 석관 옆 면에는 아서가 란슬롯에게 기사 작위를 수여하는 장면과 원탁의 기사들 앞에 성배가 나타나는 장면이 그려져 있다. 란슬롯 발 아래쪽에 그려진 뱀이 두 연인의 타락을 아담과 이브의 원죄와 연결 짓는다.

으로 단언컨대 죽는 날까지 계속 고행하고 기도하겠나이다.[2] 그러니 마마, 제게 끝으로 한 번만 더 키스해주십시오."

"아니요." 그녀가 말했다. "그렇게는 못 하겠습니다. 당신도 이제 그런 행동은 삼가세요."

그러고 나서 그들은 헤어졌다. 하지만 그들이 슬퍼하는 모습을 보고 눈물 흘리지 않을 만큼 무정한 사람은 없었다. 두 사람은 창에 찔린 듯이 애통해했으며 여러 차례 혼절했다.[3]

귀네비어와 헤어진 란슬롯은 울면서 쉬지 않고 말을 달린 끝에 이튿날 아침 두 절벽 사이에 위치한 예배당에 도달했다. 거기서 그는 세상을 버리고 수사가 됐다. (전직 캔터베리 주교가 기거하는 암자에 딸린 이 예배당은 아서 왕의 무덤이 있는 곳이기도 했다.) 란슬롯을 찾아 헤매던 친지들이 하나둘 그리로 모여들어 고행에 동참했다.

그렇게 여섯 해가 흐르고 또 한 해가 흐른 어느 날 그는 꿈속에서 귀네비어가 있는 수녀원으로 서둘러 가라는 계시를 받았다. 그녀의 임종이 다가왔으니 시신을 수습해 아서 왕 곁에 묻으라는 것이었다. 란슬롯은 귀네비어가 죽고 반 시간이 지난 뒤 수녀원에 도착했다. 그녀는 눈을 감기 전에 란슬롯이 올 것을 미리 알고 "속세의 눈으로 란슬롯 경을 볼 힘을 결코 갖지 않기를" 간절히 빌었다고 했다. "란슬롯 경은 그녀의 얼굴을 보았으나 소리 내어 울지 않고 그저 한숨만 쉬었다."[4] 귀네비어의 시신을 상여에 싣고 동료들과 함께 걸어서 예배당으로 돌아온 그는 장례 절차가 끝나고 관이 땅에 묻히는 순간 비로소 혼절했다. 그러고는 "그런 식으로 슬퍼하는 것"을 나무라는 주교에게 이렇게 말했다.

"진정." 란슬롯 경이 말했다. "저는 하느님이 저에게 노하지는 않으셨다고 믿습니다. 하느님은 제 마음을 아시니까요. 예전에도 지금도 저는 죄악을 즐겨서 슬퍼한 것이 아니지만 그래도 제 슬픔에는 끝이 없을 것 같군요. 왕과 왕비 두 분이 지니셨던 아름다움과 고결함을 기억하면, 그래서 두 분의 시신이 나란히 누워 있는 것을 보면 진정 제 심장으로는 근심 많은 몸을 지탱하지 못하겠습니다. 또한 세상에 살았던 기독교인들 가운데 가장 뛰어난 그분들이 어떻게 제 잘못과 제 오만과 제 자존심으로 인해서 영락했는지를 기억하면, 당신도 아시겠지만," 란슬롯 경이 말했다. "두 분의 호의와 제 망은에 대한 기억이 마음을 짓눌러서 제 자신을 지탱할 수 없습니다."[5]

란슬롯은 그 길로 식음을 전폐하다시피하고 기도에 전념했다. 여섯 주 뒤 그는 미소 띤 얼굴로 잠든 채 세상을 떠났고 주교는 꿈속에서 천사들이 그를 천국으로 인도하는 것을 보았다. 그의 시신은 유언에 따라 조이어스 가드에 묻혔다. 한때 그와 귀네비어의 사랑의 피신처였던 그곳에.

＊　　＊　　＊

총 여덟 편의 이야기로 이루어진 토머스 맬러리의 『아서 왕의 죽음 *Morte Darthur*』(1469~1470)의 마지막 이야기는 이렇게 끝이 난다.[6] 자신들의 금지된 사랑에서 촉발된 분란이 왕의 죽음과 원탁 기사단의 붕괴로 막을 내리자 귀네비어와 란슬롯은 속세를 등지고 수녀와 수사로서 삶을 마감한다.

맬러리 버전의 특징은 두 연인이 서로에 대한 미련에서 끝내 벗어나지 못한다는 점에 있다. 귀네비어는 자신의 영혼을 치유하고 "잘못된 삶"을 바로 잡기 위해 수녀가 되지만 란슬롯은 귀네비어를 좇아서, 즉 그녀가 "완전한 삶을 살기로 한 만큼" 자신 "또한 당연히 완전한 삶을 살겠"다는 일념으로 수사가 된다. 그 이후로 그는 "밤낮을 가리지 않고 기도와 금식으로 하느님을 섬기는" 것으로 되어 있으나 귀네비어가 타계하자 곧바로 삶의 의지를 상실하고 죽음을 재촉한다.[7] "죄악을 즐겨서" 혼절하고 슬퍼한 것이 아니라지만 그의 탄식에는 세속적 감정의 파고가 여전히 감당하기 힘든 것임이 선명히 드러난다. 귀네비어 또한 사랑을 초탈할 수 없는 운명이기는 마찬가지다. "속세의 눈으로 란슬롯 경을 볼 힘을 결코 갖지 않기를" 기원한 그녀에게 란슬롯은 최후의 순간까지 "하느님의 은총"으로도 떨치기 힘든 치명적인 그리고 운명적인 유혹이었다. 맬러리의 작품은 중세 봉건 문화의 아이콘인 두 연인의 이별과 죽음을 이렇듯 근현대의 어느 순애보 못지않게 감동적으로 그린다.[8]

그런데 알고 보면 맬러리처럼 귀네비어와 란슬롯의 사랑에 대해 이중적인 태도를 취한 작가도 없다. 그는 두 연인의 간통 관계를 미화하면서도 금기시한다. 한편으로 프랑스 궁정식 로맨스 전통에 따라 사랑을 기사다운 삶의 요건으로 제시하지만 다른 한편으로 프랑스 전통에 만연한 불륜의 미학을 실용적인 도덕주의자의 관점에서 검열하고 억압하는 것이다. 그래서 그는 란슬롯에 대한 무한 애정에도 불구하고 궁정식 사랑의 교본에 해당하는 그의 성장기를 서사에서 배제한다. 란슬롯이 어린 나이에 아서 왕의 궁정에 들어가 첫눈에 왕비에게 반하고 초인적인 무공을 쌓은 끝에 최고의 기사가 되어 그녀의 사랑을 차지하는 과정이 맬러리의 작품에서는 통째로 빠져 있다.[9] 그는 또한 두 사람의 육체관계에 대한 묘사나 언급을 교묘하게 회피함으로써 불륜이 공론화되는 것을 저지하고 연기한다.[10] (맬러리의 세계에서 선남선녀의 불륜을 문제 삼는 것은 모드레드나 모간 르 페이 같은 악인들이나 하는 짓이다.)

사랑에 대한 이런 검열과 억압은 여성, 특히 귀네비어를 서사에서 소외하는 결과를 낳는다. 중세 로맨스 역사에서 사랑과 여성의 비중은 적어도 겉보기에는 정비례 관계에 있다. 애초에 여성이 기사 문학의 중심에 진입한 것이 12세기 후반 프랑스에서 궁정식 사랑의 주제가 부상하면서부터였다. 그니에브르(귀네비어)는 프랑스 로맨스 『수레를 탄 기사 *Le chevalier de la charrette*』(c. 1174~1181)와 『랑슬로 · 성

에드먼드 블레어 레이튼의 『작위 수여식』(1901). 『랑슬로·성배 연작』에 나오는 랑슬로의 기사 작위 수여식 장면을 연상시킨다. 랑슬로는 그림에서처럼 왕비로부터 직접 작위를 받지는 않지만, 왕에게서 칼을 수령하는 작위 수여식의 최종 단계를 교묘히 건너뛴 뒤에 그니에브르에게 칼을 보내 달라고 요청함으로써 명실상부한 그니에브르의 기사가 된다.

배 연작*Lancelot-Graal Cycle*』(c. 1215~1235)에서 랑슬로(란슬롯)의 절대적인 헌신과 숭배의 대상이 되지만, 맬러리의 손을 거치면서 존재감이 눈에 띄게 약화된다. 란슬롯은 여전히 그녀를 사랑하는 것으로 되어 있고 여전히 그녀를 위해서 칼을 들지만 이제 그녀를 프렌치 스타일로 우상화하거나 그녀의 말 한마디, 손짓 하나에 천국과 지옥을 오가지는 않는다. 귀네비어의 힘은 란슬롯과의 관계로부터 나오는 것인데, 그 관계가 서술하기에 심히 껄끄러운 것이 됐으니 그녀가 서사의 주변부로 밀려나는 것은 당연한 일이다. 귀네비어가 무력해진 만큼 란슬롯은 더 자유로워진다. 마음대로 무예를 떨치고 명예를 쌓으면서 남성끼리의 경쟁과 우애에 더 많은 시간과 노력을 투자할 여력이 생긴 것이다. 이 현상을 여성의 법적·사회적 지위가 역사적으로 후퇴한 탓으로 돌리기는 힘들다. 맬러리의 시대가 12~13세기보다 (또는 그 당시 영국이 그 이전의 프랑스보다) 여성에게 더 가혹했다고 판단할 만한 근거는 딱히 찾을 수 없기 때문이다. 그러나 전성기 프랑스 아서왕 로맨스와 맬러리의 작품 사이에 윤리적인 거리 못지않게 큰 정서적·미학적 거리가 존재하는 것만은 분명하다. 맬러리의 근엄한 기사들은 정통 프랑스 로맨스의 '슈발리에'들보다 더 투박하며 더 대놓고 마초적이다. 그래서 프랑스에서 수입한 세련된 사랑의 패션이 몸에 딱 맞지 않는다.

이 반여성적·반궁정적 기조는 일곱 번째 이야기에서 무게중심이 마침내 사랑으로 옮겨간 뒤에도 크게 변하지 않는다. 성배 탐색에서 돌아온 란슬롯이 다시 귀네비어와 눈이 맞아 "그들이 전에 그랬던 것보다 더 뜨겁게 서로 사랑하고 (…) 궁정에서 많은 사람이 그 일을 입에 올리는" 지경에 이르자 두 사람의 관계는 어쩔 수 없이 서사의 표

1914년 출간된 윌리엄 모리스의 시집에 실린 플로렌스 해리슨의 삽화. 모리스의 시 『귀네비어의 변론』(1858)에 나오는 귀네비어와 란슬롯의 첫 키스 장면을 재현한다.

면으로 밀려올라온다.[11] 이때부터 플롯은 두 연인이 위태로운 사랑의 곡예를 하는 과정과 성배 탐색에서 명예가 실추된 란슬롯이 다시 최고의 기사로 공인되는 과정을 한동안 나란히 조명한다. 이렇게 불륜의 공론화와 란슬롯 갱생 프로젝트가 동시에 진행되다 보니 비난의 화살이 은연중에 귀네비어로 향할 수밖에 없다. 란슬롯은 성배 탐색 중에 완벽한 삶을 살겠다고 맹세한 것을 어기고 귀네비어에게 돌아갔고, 그 이후 그들의 사랑은 점점 도덕적 · 사회적 입지가 좁아진다. 반면에 란슬롯의 기사 경력은 이 이야기의 끝 부분에서 새로운 정점에 도달한다. 원탁의 기사들 전원이 지켜보는 가운데 유사종교적인 치유의 기적을 행함으로써 "세계 최고의 기사"임을 재입증할 기회가 주어지는 것이다.[12] (그러고는 바로 두 연인의 밀회가 현장에서 발각되고 대파국이 시작된다.) 따라서 작가의 의도가 딱히 귀네비어를 매도하는 것이 아니라 해도 란슬롯의 성취와 한계는 서사의 관성상 귀네비어의 역할과 함수관계로 맞물리게 되어 있다. "만약 란슬롯 경이 자신의 은밀한 생각과 마음을 남몰래 왕비에게 향하게 하지 않았더라면"… 이런 가정의 여운 속에서 서사가 전개되는 마당에 귀네비어가 궁정식 로맨스 전통에서처럼 마냥 란슬롯의 용기와 미덕의 원천일 수는 없다.[13] 그녀는 어느 순간 란슬롯에게 버겁지만 받아들여야 하는 낡은 숙명 같은 존재가 되어버린다.

하지만 마지막 이야기의 마지막 에피소드에서 모든 것이 달라진다. 밋밋하던 사랑의 감정선이 갑자기 살아나고 귀네비어의 내면이 거의 처음으로 온전히 스포트라이트를 받는다. 그 결과 중세 문학에서 유례를 찾기 힘든 애절한 사랑의 피날레가 만들어지는 것이다. 귀네비어와 란슬롯은 세상을 버릴지언정 사랑을 버리지는 못할 운명이다. 그럼에도 불구하고 영영 서로를 멀리하고 참회하는 길을 갈 수밖에 없다. 자신들로 인해 "이 모든 전쟁이 일어났고 세상에서 가장 용맹한 기사들이 죽었"기 때문이다. 그들은 시차를 두고 이 비극적 인식에 도달한다. 그러나 끝까지 분투할 뿐이지 "완전한 삶"에 이르지는 못한다. 귀네비어는 차마 "살아 있는 눈으로" 란슬롯을 다시 볼 용기가 없고, 란슬롯은 그녀의 주검 앞에서 북받치는 감정을 억누를 길이 없다. 그들은 수녀와 수사로 여생을 보내지만 결국 왕비와 기사로서, 무엇보다 연인으로서 명예롭게 무대에서 퇴장한다.

『아서 왕의 죽음』의 '비극적 역설'은 바로 이 이별 시퀀스에서 완성된다. 외젠 비나베르가 말했듯이 맬러리의 마지막 이야기는 "중세적 이상주의의 구조 자체"에 내재한 "두 충성심 간의 비극적 충돌"을 주된 주제로 삼는다.[14] 맬러리는 귀네비어와 란슬롯이 서로에게 진실한 만큼 남편이고 주군인 아서 왕에게도 진실함을 보이기 위해 공을 들이는데, 그 과정에서 그의 작품을 특징짓는 역설의 윤리가 세워진다. 귀네비어는 남편의 가신과 간통한 패륜녀이지만 그럼에도 불구하고 "그녀의 살아 있는 남편에게 가장 진실한 숙녀"여야 한다.[15] 란슬롯 또한 왕비와 간통한 대역 죄인이지만 그럼에도 불구하고 왕의 둘도 없는 충신이자 친구여야 한다. 그 어떤 결함에도 불구하고 귀네비어와 란슬롯은 진실한 사랑의 표본이어야 한다. 마지막 이야기에 이르러 맬러리는 독자의 이성이 아닌 감성에 호소함으로써 이 엄청난 역설에 진리의 아우라를 불어넣는다. 앞선 이야기에서 그는 "진실한 사랑"에 관한 소견을 피력한 뒤에 "그녀는 살아 있는 동안 진실한 연인이었다. 그래서 끝이 좋았다"며 귀네비어를 상찬한 바 있다.[16] (여기서 끝이 좋았다는 것은 죽어서 천국에 갔다는 뜻이다.) 뒤따르는 에피소드에서 란슬롯과의 성관계가 독자의 시선에 처음이자 마지막으로 노출되는 일이 엄연히 벌어지는데도 말이다.[17] 금지된 사랑과 종교적 구원 사이의 어마어마한 간극을 '그래서'라는 접속사 하나로 거침없이 메우는 이 정언은 그야말로 무지막지하기 짝이 없지만, 작가의 역량이 총집결된 두 연인의 이별과 죽음 장면을 통해서 궁극적으로 정서적 정당성을 확보한다. 아서 왕 문학사에 길이 남을 결말은 이렇게 만들어진 것이다.

그렇다고 해서 이 부분에서 귀네비어가 새로운 여성 주체로 태어난다고 할 수는 없다. 귀네비어는 란슬롯보다 먼저 세상을 버리고 란슬롯보다 먼저 잘못을 뉘우치며 사랑의 힘으로 란슬롯을 개심시키고 구원에 이르게 한다. 어찌 보면 단테의 베아트리체, 페트라르카의 라우라처럼 구원의 여성상으로 등극하는 셈이다. 하지만 그녀의 역할은 결국 란슬롯이 '귀네비어'란 이름의 욕망에서 벗어나도록 조력하는 것이다. 남성 주체의 초월을 매개한다는 점에서 그리고 스스로 초월의 대상이 된다는 점에서 베아트리체나 라우라의 역할도 이와 크게 다르지 않았다. 귀네비어가 구원받은 것은 단순히 진심을 다해 사랑했기 때문이 아니다. "그녀는 살아 있는 동안 진실한 연인이었다. (그래서 결국 란슬롯을 자신에게서 떼어놓았다.) 그래서 끝이 좋았다." 이렇게 숨겨진 괄호를 복원하고 나면 그녀가 가진 유일한 무기인 사랑이 갖는 한계가 너무나 뚜렷해진다. 그녀는 사랑을 포기함으로써, 아니 사랑에서 욕망을 도려냄으로써 짧은 '현현顯現'의 시간을 누리고 남성 우대 팻말이 걸린 기사도의 천국에 입장할 수 있었다. 아물지 않는 상흔을 감추고서.

영국 덴트 출판사가 간행한 맬러리의 『아서 왕의 죽음』 1893~1894년판 삽화. 오브리 비어즐리가 삽화를 포함해 책 전체의 디자인을 맡았다. 일곱 번째 이야기에서 귀네비어가 호위 기사들과 함께 꽃놀이 나가는 장면을 재현한다. 오른쪽 뒤에 보이는 성이 카멜롯이다.

* * *

그웬휘바(귀네비어)는 광장공포증과 열등감, 우울증에 시달린다. 신경질적이고 의존적이던 그녀가 드디어 자유를 알고 자존감을 찾아갈 때쯤 운명의 변전이 시작된다. 귀디온(모드레드) 일당이 그녀와 란슬롯의 밀회 현장을 급습한 것이다. 두 연인은 가까스로 탈출에 성공하지만 자신들의 공공연한 비밀이 스캔들이 될 것을 염려한다. 란슬롯은 그녀에게 자신의 영지가 있는 브르타뉴로 건너갈 것을 제안하고 그녀 또한 그와 함께라면 "세상의 끝 너머에 있는 땅까지" 갈 각오가 되어 있다. 그러나 그녀는 그럴 수 없다. 란슬롯이 자신과 함께 있는 동안은 자신이 사랑하는 (그리고 서로를 사랑하는) 두 남자, 즉 란슬롯과 아서가 불행해질 수밖에 없다는 것을 알았기 때문이다. 그때 "그녀는 난생처음 자신이 그보다 더 강하다는 것을 알았다. 그 사실이 치명적인 칼이 되어 그녀의 심장에 박혔다."**18** 그래서 그녀는 란슬롯을 놓아주고 수녀가 되기로 결심한다. 란슬롯이 그녀를 말렸지만 소용없었다. 맬러리의 귀네비어와 달리 그녀는 수녀원 문 앞에서 란슬롯과 작별한다. "내 마음을 모두 담아 사랑하는 그대를 아서에게 돌려보냅니다"라는 말을 남기고.

> 그녀는 이 순간만큼 그를 사랑한 적이 없었다고 생각했다. 그때 수녀원 문이 단단히, 돌이킬 수 없이 닫히는 소리가 들렸다. 그녀는 벽이 자신을 가두는 것을 느꼈다.
>
> 안전하다고, 보호받는다고, 저 벽은 오래전 그녀를 그렇게 느끼게 만들었다. 이제 그녀는 여생을 그 벽들 사이에서 보내리라는 것을 알았다. "자유로울 때는," 그녀가 생각했다. "자유를 원치 않고 두려워했었지. 그런데 이제 자유를 사랑하고 갈망하는 법을 배우고 나니 사랑의 이름으로 자유를 포기하게 되는구나." 그녀는 어렴풋이 이것이 옳은 일이라고, 하느님에게 바칠 괜찮은 선물이자 제물이라고 느꼈다. 하지만 수녀원 회랑을 따라 걸을 때 벽이 자신을 가두는 것을, 감금하는 것을 보았다. (…)
>
> 벽, 벽, 저 벽이 그녀를 죄어들어 미치게 만들 것이고 그녀는 다시 자유로울 수 없을 것이다… 아니다. 그녀 자신의 사랑을 위해서, 하느님에 대한 사랑을 위해서 언젠가는 벽조차 다시 사랑하는 법을 배우리라. 손모아 기도하면서 그웬휘바는 회랑을 따라 수녀들의 울타리를 향해 걸어갔다. 그리고 그 안으로 영원히 들어갔다.**19**

아서 왕 이야기를 여성 인물들의 관점에서 재구성해서 컬트에 가까운 팬덤을 구축한 매리언 지머 브래들리의 소설 『아발론의 안개*The Mists of Avalon*』(1982)는 그웬휘바의 마지막 모습을 이렇게 재현한다. 맬러리의 수녀원 재회 장면을 리모델링한 이 구절에서 브래들리는 원전의 비극성을 더 강렬하게, 더 감상적으로 변주한다. 그웬휘바는 란슬롯을 진심으로 사랑하기에 그리고 그와 아서 사이에 사랑인 듯, 사랑 아닌, 사랑 같은 애틋한 감정이 있음을 알기에 그를 떠나야 한다. 페미니즘을 표방한 서사가 후반부에 이르러 피비린내 나는 '막장 드라마'로 전락하면서 주인공 격인 모게인(모간 르 페이)의 대의명분과 그녀가 수호하는 아발론의 가치가 적잖이 손상되는 것을 감안하면 그웬휘바의 조건 없는 자기희생이 상대적으로 숭고하게 다가오는 것은 틀림없다. 적어도 그녀는 모두가 죽고 모든 것이 엉망이 된 뒤에 "나는 실패하지 않았다"를 되뇌는 모게인처럼 그로테스크한 자기 정당화에 안착하지는 않는다.[20]

그런데 그웬휘바는 결과적으로 귀네비어보다 더 '봉건적'인 여성이 되어버렸다. 귀네비어는 자신의 영혼을 구원하기 위해서, "죽어서 예수 그리스도의 성안을 보고, 심판의 날 그분 오른편에 앉"기 위해서 "세상의 허영"을 등진다. 그녀의 그런 행동이 란슬롯을 구원하는 결과로 이어지기는 하지만 말이다. 반면에 그웬휘바는 "그녀 자신의 사랑을 위해서, 하느님에 대한 사랑을 위해서" 수녀원 안에 자신을 가둔다. (사랑을 위하는 일이 사랑하는 사람 곁을 떠나 '하느님'을 섬길 것을 요구하므로 이때 "하느님에 대한 사랑"은 "그녀 자신의 사랑"의 불가피한 귀결이다.) 기독교와 가부장제를 내면화한 인물로 평생을 살다가 마침내 그 구속에서 벗어났을 때 그녀가 영웅적으로 택한 길은 자신을 희생해서 두 남성의 명예를 살리고 자신의 '명예' 또한 지키는 것이었다. 다시 말해, 기독교와 가부장제로의 유턴을 감행하는 것이었다.

그웬휘바는 "사랑의 이름으로 자유를 포기"하지만 귀네비어는 구원의 이름으로 사랑을 포기한다. 결과가 같아도 귀네비어의 동기는 분명히 자기중심적인 것이다. (아니 결과가 같다고 할 수도 없다. 그웬휘바와 그녀의 란슬롯에게는 구원 여부가 아예 중요하지 않다.) 로맨스의 세계에서 사랑은 여성에게 권력(의 환상)을 약속하는 만큼 여성을 육체적 · 정신적으로 속박한다. 따라서 여주인공이 되는 것, 즉 남성의 욕망의 대상이 되는 것 자체가 사랑의 이름으로 자유를 잃는 것과 크게 다르지 않다. 욕망의 시선에서 벗어나는 것이 오히려 자유에 근접하는 길이다. 『사자 부리는 기사_Le chevalier au lion_』(c. 1175~1181)에 나오는 두 여성 로딘과 뤼네트의 운명이 바로 그렇게 엇갈린다. 여주인공 로딘은 무적 기사 이벵의 구애를 두 차례나 받는 '핫'한 여성이지만 자신의 영지 브로슬리앙드에 발이 묶인 채 끊임없이 곤경에 빠지고 끊임없이 남성의 도움을 필요로 한다. 그사이 사랑의 구도에서 자유로운 그녀의 시녀 뤼네트는 자유롭게 성과 숲을 오가고 비밀 통로를 따라 신출귀몰하면서 지략과 수사의 힘을 빌려 무력으로도 불가능한 일을 가능하게 만든다. 따라서 이성적으로, 아니 이기적으로 생각하면 이 세계에서 여성이 굳이 자신을 희생하면서까지 사랑에 목맬 이유가 없다. 물론 귀네비어가 이 비밀에 눈을 떴다고 하기는 힘들다. 하지만 그녀에게는 진실한 연인이 되는 것보다 더 다급한 용무가 있었다. 그녀는 참회와 은총을 통해서 심판의 날 예수의 오른편에 앉기를 바란 것이지 란슬롯을 회개시켜서 끝이 좋아지기를 바란 것이 아니다. 따지고 보면 그녀는 애초에 란슬롯에게 큰 희망을 걸지 않았다. 그래서 자신을 따라 세상을 버리겠다는 그를 향해 "당신을 믿지 못하겠어요"라고 또렷이 말할 수 있었던 것이다.

어쩌면 귀네비어는 맬러리가 생각한 만큼 진실한 연인이 아니었을 수도 있다. 그녀의 이기심이 그녀를 구원하고 란슬롯의 무모함이 그를 구원한 것인지도 모른다. 그들의 천국이 어디고 어떤 곳이든…. 그들은 진실하기에 앞서 인간이기에 서로를 잊지 못한 것인지도 모른다.

햄릿의 죽음

유령이 말한 것

이종숙 영어영문학과 교수

종교개혁과 16세기 영국의 죽음 문화

햄릿은 검은 옷을 입고 무대에 처음 등장하는 순간부터 죽음을 생각하고 죽음의 의미를 물으며 죽음을 향한 여정을 시작한다. 햄릿의 여정은 "전혀 생각지 못한 순간"에 찾아온 죽음의 소환령에 응해 길을 떠나는 만인Everyman의 여정과도, 루시퍼에게 영혼 매매 계약을 맺으며 파우스트 박사Doctor Faustus가 선택하는 여정과도 별로 다르지 않다. 이들이 걷는 죽음의 여정이 모두 죽음의 의미와 사후 세계에 관한 질문과 추측, 깨달음의 여정이라는 점에서 그러하다. 그러나 그 여정의 끝에서 햄릿이 만난 죽음은 만인이나 파우스트 박사가 만난 죽음과는 아주 다른 얼굴을 보여준다. 햄릿이 만난 죽음은 중세의 모습과 닮았으면서도 닮지 않은 16세기의 얼굴을 가졌지만 동시에

16세기를 뛰어넘어 근대로 가는 미래의 그림자도 함께 보여주기 때문이다.

『햄릿』이 태어난 16세기 말 영국에 사는 대다수 사람들에게 죽는다는 건 그 어느 때보다도 더 개인적이고 불안한 여정을 의미했다. 여정의 종착지를 예측하는 것이 그 어느 때보다도 더 어렵게 됐기 때문이다. 인간이 불멸의 영혼과 필멸의 육체로 구성된다고 믿는 기독교에서 죽음이란 육체와 영혼이 분리되는 것을 의미한다. 따라서 죽음은 육체의 죽음으로 끝나는 게 아니라 육체가 죽는 순간, 즉 육체와의 결합이 붕괴되는 순간 영혼한테 무슨 일이 일어나는지에 대한 추측과 사색으로 이어져 수많은 질문을 만들어냈다. 무엇이 죽는 것인가? 육체가 감각을 상실하는 순간인가? 감각을 상실한 육체로부터 영혼이 빠져나오는 순간인가? 영혼과 육체의 분리가 죽음이라면 육체로부터 분리된 영혼은 어디로 가게 되는가? 천국과 지옥으로? 천국과 지옥을 제외한 제3의 장소로? 죽자마자 곧장? 아니면 나중에? 최후의 심판 날이 오면 육체도 다시 일어나 헤어진 영혼과 다시 결합할 수 있을까? 아니면 둘 다 함께 무덤에 누워 그날을 기다리게 되는 것일까? 둘이 함께 무덤에서 잠자며 그날을 기다리게 되는 것일까? 아니면 둘 다 함께 죽은 상태로? 혹시 육체와 함께 영혼도 소멸하여 완전히 사라지게 되는 것은 아닐까? 이런 질문들이 종교개혁을 전후하여 여러 가지 이유에서 여러 가지 형태로 새삼 제기되고 논의되는데, 이들한테서 일견 황당해 보일 정도로 절절한 무엇을 느낄 수 있다는 사실이야말로 종교개혁이 16세기 영국의 죽음 문화에 얼마나 심대한 변화를 가져왔는지 가늠케 해주는 지표라 할 만하다.

종교개혁이 죽음 문화에 가져온 변화의 핵심은 프로테스탄트 교회가 제시하는 사후 세계의 상상도에는 천국과 지옥만 나타나고 13세기에 '태어난' 연옥은 지워 없어졌다는 데 있다.[1] 1547년 영국 교회는 '연옥의 죽음'을 공식화함으로써 천국으로 가는 여정의 중간 기착지 연옥을 폐쇄했다. 이제 영혼은 연옥에 체류하지 못하고 곧장 천국이나 지옥으로 가게 됐다. 천국이나 지옥에 있는 영혼에게는 산 자의 기도가 아예 소용없거나 아무런 도움도 될 수 없기 때문에 죽은 자의 영혼이 산 자에게 나타나 기도를 구할 필요도 없게 됐고, 산 자와 죽은 자 사이는 그만큼 멀어지게 된 것이다. 연옥의 철폐는 교리와 의례상의 변화 정도의 차원에서 그친 게 아니라 제도 자체를 실제로 갈아엎는 방식으로 진행됐다. 망자를 위한 대도를 중지하고 기도실 사제를 해산했을 뿐 아니라 기도실을 파괴하여 연옥 제도를 지탱해온 지주를 제거해 버린 것이다. 연옥이 철폐됨으로써 산 자와 죽은 자 사이의 교통과 교감은 성스럽거나 자연의 이치에 맞는 게 아니라, 이상할 뿐 아니라 의심스럽고 두려운 것, 그래서 더욱더 면밀히 점검하고 정확하게 해석해야 할 어떤 것으로 바뀌었다. 16세기 말 영국은 햄릿의 말대로 한번 죽음 저편으로 건너가면 누구도 다시 돌아오지 않는게 정상인 세상이 된 것이다. 그러나 종교개혁기 죽음 문화를 연구하는 역사가들의 지적대로, 교리와 제도의 변화가 연옥의 존재에 대한 민간신앙이나 유령과 귀신에 관한 설화와 민담까지 없앤 것은 아니었다. 다시 말해, 16세기 말 영국은 종교개혁을 통해 크게 달라진 죽음과 사후 세계에 대한 상상 구조, 일상 속에 스며들어 남아 있는 중세 가톨릭교회의 전통적 생각과 감성, 민간신앙 등, 여러 신앙과 감성 체계가 서로 갈등하며 공존하는 세계였다.[2] 달리 말하자면 이 시대 죽음의 문화에 관한 한 종교개혁은 여전히 진행 중이었으며, 따라서 사후 세계의 진실은 그 어느 때보다 불확실하게 되고 사후 세계로의 여정은 그 어느 때보다도 위험하게 된 것이다.

중세 가톨릭교회, 프로테스탄트 교회, 대중문화와 민간신앙이 공존하는 종교개혁기 죽음 문화는 셰익스피어의 『햄릿』의 정신 풍경과 햄릿이 떠나는 죽음의 여정을 결정한다. 죽음으로 가는 여정의 시작에서 햄릿은 아버지의 유령을 만나게 된다. 유령이 말한 것에 햄릿이 반응하는 법—그것을 보여주는 게 『햄릿』이다. 달리 말하면, 유령과 햄릿의 만남은 종교개혁으로 인해 일어난 죽음과 사후 세계에 대한 상상 구조의 변화가 개인의 정신과 심리에 작동하는 현장이다. 다음은 그 현장에 관한 논의다.

연옥의 죽음과 유령의 출현

장소는 엘시노어 성의 망루, 칠흑처럼 어두운 밤, 살을 저미는 듯한 추위. 막 자정을 알리는 종이 울리고 어둠 속에서 인기척이 들린다. 그 소리에 예민하게 반응하는 보초의 수하, 거기 누구냐? 『햄릿』은 이렇게 금방이라도 귀신이 나올 듯한 분위기로 시작된다. "거기 누구냐?" 이 질문은 교대하러 온 동료 보초에게 던진 것이지만, 동시에 어둠 속에 숨어 모습을 드러내지 않는 모든 것을 향한 것이기도 하다.

셰익스피어가 공들여 구축한 이 분위기는 중세로부터 전래하는 민담, 전설, 유령 이야기뿐 아니라 프로테스탄트 교도들이 쓴 유령론에서도 여전히 회자되는바 유령이 전형적으로 출몰하는 장소, 시간, 분

『햄릿』 1막 4장. 엘시노어 성 망루. 유령을 따르려는 햄릿을 말리는 호레이쇼와 마슬러스. 헨리 푸셀리의 1789년 작을 로버트 슈(Robert Thew)가 동판화로 새긴 것.

위기 등의 묘사와 비슷하다. 유령을 봤다고 주장하는 보초 병사들의 말이 곧이들릴 수밖에 없을 것 같은 그런 으스스한 분위기를 셰익스피어가 만들어 놓는 것이다. 이 분위기가 보여주는 교본적 특징들은 병사들의 유령 목격 증언에 대한 호레이쇼의 회의적인 태도뿐 아니라 유령의 정체에 대한 햄릿의 의심을 이해하는 데도 시사적이다. 호레이쇼는 귀신 나올 듯한 분위기가 실제로 심약한 사람들에게는 유령을 본 것 같은 착각을 일으킬 수도 있다는 유령 논의를 읽은 게 틀림없으며, 햄릿은 유령의 현현이 악마의 장난일 수 있다는 점을 익히 알고 있다.[3]

더 흥미로운 것은 이 귀신 나올 것 같은 분위기가 귀신을 불러내기라도 한 듯 정말 유령이 나타나는데, 그 유령은 중세 가톨릭교회의 연옥 냄새를 짙게 풍기며 나타난다는 점이다. 그런데 햄릿 이야기의 원형인 삭소 그라마티쿠스Saxo Grammaticus의 『덴마크 역사Historiae Danicae』나, 그것의 번역본으로서 『햄릿』의 원전이라 할 수 있는 프랑수아 드 벨포레스트François de Belleforest의 『비극적 이야기들Histoires Tragiques』에서도 햄릿의 아버지가 유령이 되어 아들에게 나타났다는 언급은 찾을 수 없다. 유령은 삭소/벨포레스트의 이야기를 당대 유행하던 복수극의 정형에 짜 맞추기 위해 셰익스피어가 덧붙인 것이다. 그렇지만 이 시대 복수극 대부분이 세네카 복수극의 전통에 따라 타르타로스/에레부스/하데스로부터 올라온 유령을 보여준다는 점을 생각하면, 유령과 연옥의 결합은 확실히 이례적이다.[4]

1막 4장에서 자신의 정체가 무엇이냐 묻는 햄릿에게 유령은 이렇게 대답한다.

나는 네 아비의 혼령이다.

정해진 기간 동안 밤이면 나와 밤새 서성대고

낮에는 불길에 갇혀 생전에 지은 더러운 죄가

타서 깨끗이 없어질 때까지 단식 고행하라는

심판을 받았다. 내가 갇힌 감옥의 비밀을

밖에 말하는 것이 금지되어 있지만 않다면,

너한테 얘기해줄 수도 있을 터, 그중 가장 사소한 말 한마디도

네 영혼을 써레질하고, 네 젊은 피를 얼어붙게 만들며,

네 두 눈이 별처럼 제 궤도로부터 튀어나오게 하고,

너의 정교하게 매만진 머리타래를

갈가리 흐트러뜨려, 머리칼 한 올 한 올이

성난 고슴도치 가시처럼 곤두서게 할 것이다.

그러나 이 영겁의 비밀을 밝히는 얘기는

살과 피로 된 귀의 몫이 아니다. 들어라, 햄릿, 오 들어라!

네가 네 아비를 사랑한 적이 있다면… (1.5.9-23)

영혼이 생전에 지은 죄를 불로 태워 정화하는 곳, 지옥과도 같은
고문으로 영혼을 괴롭히는 곳, 영혼의 감옥—유령의 입에서 나온 이
묘사는 중세 가톨릭교회가 승인하고 15~16세기 초 영국에 대중적으
로 알려진 연옥의 전형적 이미지와 별로 다를 게 없다.[5] 그러나 유령
의 존재에 대한 프로테스탄트 교회의 공식 입장은 단호하다. 프로테
스탄트 교회의 입장은, 죽은 자의 영혼은 천국으로 가거나 지옥으로
간다, 죽은 자의 영혼은 잠들었다가 최후의 심판 날에 깨어나 천국이
나 지옥으로 향한다, 죽은 자의 영혼은 산 자들에게 나타나지 않는다,
산 자가 죽은 자의 구원을 위해 해줄 수 있는 건 아무것도 없다, 이런
몇 마디 말로 요약될 수 있다. 달리 말하면, 셰익스피어가 햄릿이 만
난 유령을 연옥과 연결 지은 것은 다분히 의도적이었다고 볼 여지가
충분하다. 그 궁극적인 의도가 무엇이건 간에 한 가지 분명한 것은 유
령과 연옥을 연결 짓는 이 묘사가 프로테스탄트 교회의 공식 입장에
도 불구하고 사라지지 않고 민간에 남아 산 자들의 의식 세계를 침범
하는 유령의 존재를 보여준다는 점이다.

셰익스피어는 유령을 연옥에서 데리고 나와 연옥이 철폐된 종교개
혁기 프로테스탄트 교도들의 세상에 세운다. 바꿔 말하면, 유령에 대
해 논의하는 프로테스탄트 교회 측 논자들과 마찬가지로 셰익스피어
도 유령과 연옥을 연결시키지만, 유령이 실체인지 아닌지, 어디에서

나왔는지, 어떤 부류인지, 유령이 전하는 말이 참인지 아닌지 묻고 분별하거나 해석하는 역할은 극 안과 밖의 목격자들에게 넘긴다. 극 안의 목격자들의 눈은 의심과 두려움으로 가득하다. 이들에게 유령의 출현은 자연스럽거나 친숙한 현상이 아니라 괴이하고 두려운 것인 게 분명하다. 망루에서 유령을 처음 목격한 병사들은 자기네 눈으로 직접 본 유령을 유령이라 부르는 것조차 꺼려하며 유령을 "그것," "현현," "환영," "두려운 것," "영상," "허깨비," "형상"이라 에둘러 부른다. 회의주의자 호레이쇼는 이들이 하는 말을 아예 믿으려 하지 않는다. 일단 유령을 보고 그 존재를 부정할 수 없게 된 다음에조차도 호레이쇼의 관심은 유령이 어디서 왔는지보다는 왜 나타났는지 묻고 유령이 어떤 종류의 현현인지 분별하는 데 집중된다. 호레이쇼는 유령에게 산 자들한테 뭔가 부탁할 게 있어 찾아왔느냐, 산 자들의 세계에 닥칠 위험을 경고하기 위해 찾아왔느냐, 아니면 생시에 몰래 숨겨둔 보물 때문에 다시 왔느냐고 묻는다. 호레이쇼가 예시하는 유령 방문 동기는 모두 다 교본적이다. 마틴 루터의 종교개혁 본산인 비텐베르크 대학에서 공부한 호레이쇼가 이처럼 교본에 따라 질문한다는 점은 흥미로운 사실로서 좀 더 짚어볼 필요가 있다. 호레이쇼가 유령에게 하는 질문 중 첫째 것은 연옥에 대한 믿음과 연결된다. 나머지 둘은 유령에 관한 민담이나 목격담 또는 귀신 이야기에서도 흔히 나타나는 동기들이다. 유령에 관한 민담과 속설은 기독교 시대 이전부터 내려온 것으로 종교개혁기의 연옥 철폐 후에도 사라지지 않고 남아 있었기 때문에 호레이쇼가 하는 말을 꼭 중세 연옥에 대한 언급으로 받아들일 필요는 없다. 그러나 유령 방문 동기로서 호레이쇼가 예거하는 세 가지 동기를 살펴보면, 그가 산 자와 죽은 자 사이에 일종의 호혜 관계를 설정하고 있으며 유령을 연옥에 대한 믿음, 또는 아마 아예 '미신'이라 불러도 좋을 법한 전통적 믿음에서 파생된 감성의 테두리 안에서 파악하려 하고 있음을 알 수 있다. 비텐베르크에서 공부한 학생답게 그는 연옥 시대의 유령이 취하는 행동양식을 숙지하고 있고, 그 양식에 비추어 햄릿 왕 유령의 출현을 풀이하며, 그 결과 햄릿 왕 유령도 이런저런 이유로 산 자들의 세계를 떠나지 못하고 그 주위를 서성대는 유령들 중 하나라고 생각하는 게 분명하다.

유령의 출현이 앞으로 자신들에게 닥칠 위기를 미리 알려주기 위한 것인지 묻는 호레이쇼의 두 번째 질문은 좀 더 자세히 살펴볼 필요가 있다. 이 질문이 단순히 유령의 정체를 분별하기 위한 교본적 문항 이상의 의미를 갖는 것처럼 보이기 때문이다. 유령에게 이 질문을 하기 전 호레이쇼는 이미 갑옷을 입은 햄릿 왕 유령의 출현이 "우리나라에 뭔가 괴변이 터질 징조"(1.1.69)라 말한 바 있다. 유령의 출현을 이렇게 풀이하는 사람은 호레이쇼만이 아니다. 이 작품의 첫 장면에 퍼져 있는 극도의 긴장과 불안, 의심의 분위기가 말해주듯 이들의 세계에서 유령의 출현은 위기와 재난의 도래를 알리는 초자연적 징조일 뿐 아니라 이미 일어난 위기와 재난에 대한 초자연적 언급이기도 하다. 유령의 출현에 대한 마슬러스의 반응이 잘 보여주듯이 말이다. 왕이 갑작스레 죽은 지 얼마 되지 않아 나라가 뒤숭숭한데, 밤마다 파수를 보라 하고 국력을 총동원해 전쟁 준비 중이라, 여기에 죽은 왕의 유령까지 나타나다니, 도대체 우리나라에 무슨 해괴한 일이 벌어지고 있는 것이냐? 누가 설명 좀 해봐라. 제1이절판본(F1)에서는 누락됐지만 제2사절판본(Q2)에는 포함된 대답에서 호레이쇼는 유령의 출현을 포틴브라스의 덴마크 침공이라는 당장의 맥락뿐 아니라 기독교

『햄릿』 1막 4장. 햄릿과 아버지의 유
령. 윌리엄 블레이크의 그림. 1806.

이전의 세계, 로마 공화정이 제정으로 넘어가는 계기를 제공한 줄리
어스 시저의 암살과 연결시킨다. 시저가 암살되기 전날에도 죽은 자
들이 무덤에서 뛰쳐나와 끽끽대며 거리를 돌아다녔다는 것이다. 다시
말해, 이들의 유령 독법은 이들의 현실 독법에 깊이 연루되어 있다.
유령은 이들이 사는 세상의 어둠과 부패로부터 태어나 이들 세상의
어둠과 부패를 폭로하는 증거가 되고 은유가 된다. 햄릿이 유령의 출
현을 전해 듣고 하는 말대로 이들의 세상에서는 유령은 숨겨진 살인
의 비밀을 폭로하고, 살인의 비밀은 세상의 눈을 피해 아무리 땅에 파
묻으려 해도 결국 드러난다(1.2.257-60). 이 얘기를 좀 더 밀고 나가자
면, 유령이야말로 이들 세상이 초자연적/신적 질서에 속해 있다는 증
거다.

초자연적 질서가 모습을 드러내는 듯한 이 사건, 산 자들의 세계로 부터 완전히 떠났어야 할 죽은 자가 다시 나타나 산 자들의 세계에 개입하기 시작한 이 현상, 즉 연옥이 철폐된 세계에 유령이 나타난 이 사건을 어떻게 읽어야 할지의 문제는 햄릿의 입을 통해 좀 더 뚜렷하게 표현된다. 유령과 처음으로 만났을 때 햄릿의 입에서 제일 먼저 튀어나오는 말은 "천사들이여 신의 사자들이여 우리를 지켜주소서!" (1.4.18)이다. 햄릿이 유령을 향해 직접 하는 말을 좀 더 길게 인용해 보도록 하자.

> 그대가 구원의 천사이건 저주받은 악령이건
>
> 천국 바람과 함께 왔건 지옥 돌풍을 가져왔건,
>
> 그대 품은 뜻이 흉악하건 자비롭건 간에
>
> 그대가 이처럼 수상한 형상으로 나타났으니
>
> 내 그대에게 말 걸어보겠다. 그대를 나는 햄릿,
>
> 왕, 아버지, 덴마크 왕이라 부르겠다. 오, 대답하라.
>
> 몰라서 터질 지경인 날 이대로 두지 말고, 말하라
>
> 왜 관에 넣고 장례 치러 봉헌한 그대의 유골이
>
> 수의를 찢어버렸는지, 왜 그 무덤이,
>
> 거기에 그대가 조용히 묻히는 것을 지켜봤건만,
>
> 육중한 대리석 입을 벌려
>
> 그대를 다시 토해냈느냐? 이게 무슨 뜻이기에,
>
> 죽은 몸, 그대가 다시 철갑으로 완전히 무장하고
>
> 가물거리는 달 밑 세상을 이렇게 다시 찾아와,
>
> 밤을 흉측한 것으로 만들며, 자연의 놀림감 우리들의

평상심을 인간 정신이 미칠 수 없는 생각들로

이렇게 참혹하게 흔들어 놓느냐?

말하라. 왜 이러지? 뭣 때문에? 우리가 뭘 해야 하는가? (1.4.19-36)

햄릿은 당대의 유령론자들, 예컨대 레지날드 스콧과 같은 유령론자가 가르치는 유령 대응법에 따라 질문한다.[6] 누구의 영혼인가? 왜 왔는가? 뭘 원하는가? 그러나 햄릿이 그린 사후 세계의 지형도에 연옥은 존재하지 않는다. 죽은 자의 영혼이 갈 곳은 천국과 지옥이고 죽은 자의 몸은 무덤에 남겨진다. 따라서 눈앞에 나타난 존재는 신의 심부름꾼으로서 천국에서 나온 천사거나 지옥에서 쫓아온 악마, 둘 중 하나일 수밖에 없다. 여기까지 햄릿은 프로테스탄트 교회의 공식 입장을 따른다. 그러나 다음 순간 햄릿은 제삼의 가능성을 제시한다. 아버지의 모습으로 나타난 이 존재가 천사도 악마도 아니라면 아버지의 주검이 살아 일어나 수의를 찢어버리고 무덤에서 뛰쳐나온 것일 수도 있다. 살아 돌아다니는 "죽은 몸," 인간 정신으로는 감당할 수 없는 생각이다. 왜 다시 돌아왔는가? 천사도 악마도 살아 돌아다니는 주검도 아니고, 아버지의 영혼이라는 유령의 확언에도 불구하고 햄릿은 그 말을 믿을 수 없다. 유령이 왜 나타났는지 그 이유를 직접 듣고 자신의 입으로 복수를 맹세한 다음에도, 뒤쫓아온 호레이쇼와 다른 병사들한테 유령이 "정직한 유령"이라 확언하면서도, 햄릿은 유령의 정체를 의심한다. 이 "수상한 형상"의 정체는 햄릿이 앞으로 풀어야 할 숙제가 되어 그의 극적 행로를 결정하게 된다. 『쥐덫』을 놓겠다는 결심은 바로 그런 의심에서 출발한다. 유령이 악마가 아니라는 것을 밝혀줄 근거가 필요하기 때문이다(2.2.592-93).

"수상한 형상"과 햄릿의 멜랑콜리

그런 숙제를 햄릿만이 떠안아야 하는 것이 아니다. 유령의 존재를 부정하는 세계에 살면서 유령을 보게 된 사람들, 그래서 유령의 정체를 의심하고 심문하지 않으면 안 되는 모든 사람이 감당해야 할 숙제다. 가톨릭교회의 믿음과 프로테스탄트 교회의 믿음이 아직도 경쟁하는 곳, 프로테스탄트 교회의 믿음과 민간 속설이 부딪치는 곳, 그곳이 햄릿이 사는 세상이다. 스티븐 그린블랏은 『햄릿』이 연옥의 철폐에도 불구하고 사람들의 마음에 계속 강하게 살아 있는 연옥에 대한 욕망을 보여준다고 말한다. 오랜 세월 동안 사람들의 마음속에 자리 잡은 연옥은 쉽게 지워지지 않을 뿐더러 미신이라 낙인찍고 추방해도 유령처럼 다시 나타난다는 얘기다. 이처럼 그린블랏의 햄릿 왕 유령 독법은 연옥의 유령적 현재성을 드러내는 데 초점을 맞추고 있다. 그러나 햄릿 왕 유령은 종교개혁기 상상 구조에 드리운 연옥의 그림자일 뿐 아니라 유령과 사후 세계에 관한 다양한 논의가 존재하면서도 그 어느 것 하나 확실하지 않은 그런 세상이 불러낸 수상한 환영이기도 하다.

어쩌면 햄릿의 세상에서 환영은 언제나 수상한 것이라 말해야 할지도 모른다. 햄릿이 유령의 정체에 대해 품는 의심은 다른 무엇보다 프로테스탄트 교회가 상정하는 세계론에 뿌리박고 있다. 프로테스탄트 교도에게 기독교인의 삶은 선과 악의 쉼 없는 투쟁이다. 천국의 세력과 지옥의 세력이 인간의 영혼을 사이에 두고 서로 다투고, 악마는 언제나 신의 지배에 대항하는데 악마의 작동은 겉으로 보아 잘 분간할 수 없다. 유령은 존재하지 않으나 유령이 나타난다면 그건 악마가 만들어낸 허깨비다. 이처럼 선과 악, 안과 밖의 경계가 뚜렷하지 않은 프로테스탄트의 세계에서 의심과 해석은 필수이고 인식론적 불안은 필연이다. 그런 의심과 불안이 『햄릿』을 가득 채운다.

이 작품에서 유령은 눈으로는 보이나 무엇인지 단언할 수 없는, 그래서 다양한 해석으로 존재하게 되는 미지의 어떤 것이다. 그중 하나가 호레이쇼처럼 유령을 악마로 보는 해석이다. 손짓하는 유령을 따라가려는 햄릿에게 호레이쇼는 이렇게 경고한다.

> 저것이 왕자님을 유혹해 바닷가나
> 바다에 잠긴 밑동이 내려다보이지 않을 정도로
> 툭 튀어나온 벼랑의 무서운 끝으로 데려가서
> 뭔가 다른 무시무시한 형상으로 변해
> 왕자님의 이성을 앗아가고
> 미친 짓으로 몰아가면 어쩌렵니까? 생각해보세요. (1.4.48-53)

너를 바닷가나 벼랑 끝으로 데려간 다음 뭔가 다른 무시무시한 형상으로 변해 네 이성을 앗아가고, 네가 미친 짓─즉 자살─을 하게끔 만들지도 모른다, 즉 악마가 인간의 영혼을 지옥으로 데려가기 위해 죽은 자의 형상으로 나타날 수도 있다는 것이다. 호레이쇼의 이 독법이 설정하는 유령과 악마 그리고 인간 지각 사이의 관계는 햄릿의 독법에서도 드러난다. 유령이 하늘과 땅, 또는 그 사이 어딘가로부터─그게 연옥이건 지옥이건 천국이건 무덤이건 간에─나타날 수도 있지만, 자신의 멜랑콜리와 지각이 악마와 상호작용하여 생겨난 것일 수도 있다는 것이다.

내가 본 그 유령은

악마일지도 몰라. 악마는 사람들이 반길 만한

형상을 취할 권능이 있으니까. 그래, 아마도

내 허점과 멜랑콜리를 이용해,

악마는 그런 마음 상태를 잘 이용할 수 있다니까,

나를 지옥에 빠뜨리려고 속이는 거지. (2.2.588-92)

이와 같은 독법은 스콧이나 제임스 1세와 같은 셰익스피어 당대의 유령론자들의 논의에서 쉽게 발견할 수 있는 독법이다. 유령 또는 환영을 보게 되는 원인이 악마와 멜랑콜리, 광증, 자살 충동 때문이라는 설은 연옥을 없앤 프로테스탄트 교회에서 유령 출현이라는 '현실'을 설명하기 위해 동원한 다양한 독법 중 가장 강력한 것이었다. 스콧은 "멜랑콜리로 인해 환상, 신령, 유령, 이상한 소리를 듣거나 봤다고 생각하는 사람이 많다"(461)고 지적한다. 제임스 1세도 이렇게 말한다.

그들이 완전히 절망에 빠진 걸 보면 … 그[악마]는 그들의 절망을 교묘하게 부추기고, 그들을 절망으로 자꾸만 잔뜩 채우면서 길을 닦는 한편, 그들에게 나타날 적당한 시간을 찾는다. 그때가 되면 … 인간의 모습으로 [다가와] 그들에게 무엇 때문에 괴로워하느냐 묻고, [자살이] 즉각적이고 확실한 치료법[임]을 약속한다. (32-33)

멜랑콜리, 광증, 자살 충동은 햄릿이라는 인물의 특징이기도 하다. 다시 말해, 당대 유령론에 의하면, 햄릿은 거의 필연적으로 헛것을 보거나 불러낼 사람이다. 사실 햄릿이 죽은 아버지에 대한 애도에 빠져

자살 충동을 느낄 뿐 아니라 "마음의 눈"으로 뭔가를 보는 사람이며, 따라서 유령도 바깥 세계로부터 눈 속으로 들어온 영상이 아니라 마음의 눈에만 보이는 환영일 수 있다는 가능성은 1막에서부터 이미 준비되어왔다. 유령이 나타났다는 사실을 전해 듣기도 전에 햄릿은 "마음의 눈"에 아버지가 보인다고 말하기 때문이다(1.2.185). 이 맥락에서 주목할 만한 대목이 햄릿한테 유령이 두 번째로 나타나는 3막 4장이다. 여기서 유령은 아주 달라진 모습으로 나타난다. 유령은 망루에서처럼 갑옷을 입고 무장한 무사로 나타나 햄릿 왕으로서의 면모를 보여주는 게 아니라, 잠옷을 입고 나타나 거투르드의 남편이자 햄릿의 아버지로서의 면모를 보여준다. 뿐만 아니라, 이 유령은 햄릿의 눈에만 보인다. 거투르드에게 보이는 것은 오직 햄릿뿐이다. 허공을 쳐다보고 헛것과 얘기하며, 눈은 귀신 본 것 같은 형상이고 머리칼은 온통 곤두선 햄릿의 모습은 그녀가 보기엔 완전히 미친 것 같다. 문 밖으로 사라지는 유령을 가리키는 햄릿을 향해 거투르드는 이렇게 말한다.

> 이건 순전히 네 머리가 찍어낸 거야.
> 광증은 이런 형체 없는 환상을
> 만들어내는 데 아주 능하단다. (3.4.132-34)

광증 때문에 잘 생기는 형체 없는 형상, 머릿속에서 찍어낸 것 — 거투르드가 자신의 지각을 의심하는 햄릿의 말을 되풀이라도 하는 듯하다. 유령은 거투르드의 이 말과 함께 사라져 다시는 돌아오지 않는다. 1막에서는 망루에 선 호레이쇼와 다른 병사들에게도 보이던 유령이 여기서는 왜 햄릿에게만 보이는 것일까? 1막에서 압도적인 실감

외젠 들라크루아의 햄릿 판화. 첫 번째 그림은 1막 4장에서 아버지의 유령을 쫓아가는 햄릿으로 1835년 작, 두 번째는 유령이 두 번째로 등장하는 3막 4장에서 햄릿과 거투르드의 모습으로 1834년 작, 세 번째는 5막 2장, 햄릿의 죽음으로 1843년 작.

으로 다가온 유령이 3막에 이르러서는 햄릿의 애도와 우울이 불러낸 환영인 것으로 그 정체가 드러났다는 뜻일까? 이 작품은 이런 식의 질문에 확실한 대답을 주지 않는다. 햄릿을 통해 유령에 대한 당대의 여러 논의를 하나하나 다 건드리고 시험하지만, 유령의 정체에 대한 최종적이고 확실한 결론에 도달하는 것도 아니다. 대답이 확실하지 않다는 게 대답인 것일까? 그러나 확실한 게 있다면 3막 4장 이후 햄릿의 관심은 유령의 정체나 사후 세계의 진실, 또는 영혼의 불멸성 같은 종류의 문제를 떠나 죽은 자가 남긴 몸으로 옮아간다는 것이다. 사실 생각해보면, 이 작품에서 제명에 못 죽은 사람들이 다 유령이 되어 나타나는 것은 아니다. 폴로니어스도 오필리아도 유령이 되어 햄릿에게 나타나지는 않는다. 폴로니어스와 오필리아는 육체와 시간의 필멸을 알리는 메멘토 모리가 되어 나타날 뿐이다.

종교개혁기 유령과 새로운 복수극

유령의 정체와 사후 세계의 진실에 대한 햄릿의 질문이 이 작품에서 어떤 기능을 하는지 살펴보는 것으로 이 논의를 끝내기로 하자. 햄릿은 이 작품에서 셰익스피어는 타르타로스/에레보스/하데스에서 나온 그리스의 유령이나 세네카의 유령과는 아주 다른 유형의 유령을 내세움으로써 엘리자베스 조朝의 통상적 복수극과는 아주 다른 복수극을 만들어낸다. 유령이 복수의 화신으로 등장하거나 복수의 신과 함께 등장하여 분노와 복수의 기운으로 온 세상을 가득 채우는 엘리자베스 조의 다른 복수극들과는 달리, 『햄릿』의 유령은 출현해서도 입을 열지 않고 사람들 옆으로 그냥 걸어 지나간다. 유령은 1막의 마지막 장면인 5장에 가서야 비로소 자신이 왜 나타났는지 밝힌다. 그런가 하면, 1막에서 3막까지의 유례없이 긴 시간이 유령에 관한 당대의 여러 생각과 의심을 동원하여 유령의 정체를 분별하는 데 바쳐진다. 복수를 소리 높여 요구하는 유령 대신, 유령의 정체를 분별하고자 하는 복수자한테 초점을 맞추고, 복수자는 복수를 기획해야 할 시간을 복수의 정당성을 묻는 데 사용한다. 그리고 그 정당성에 대한 질문은 유령의 정체를 묻는 것으로, 즉 유령이 신의 뜻을 전하러 온 천사인지 아니면 산 자를 유혹하기 위해 악마가 죽은 자의 모습을 입고 나타난 것인지 여부를 분별하는 것으로 대체된다. 이 긴 도입부 후에 따라오는 '본론'은 본론이 아니라 본론의 또 다른 도입부다. 폴로니우스 살해는 결말을 향한 길을 열어주지만 계획적인 살해도 복수의 일부도 아니기 때문이다. 달리 말해, 전형적인 복수극의 틀은 와해되고, 아주 독특한 복수극이 탄생하게 되는 것이다. 이 복수극에서는 복수 결행이 아니라 유령의 정체를 분별하고 그에 따라 복수의 정당성 여부를 가리는 일이 가장 중요한 작업이 된다. 유령의 정체를 의심함으로써 죽음과 사후 세계의 진실과 불확실성을 동시에 심문하고, 그런 심문을 통해 결국 신적 정의와 질서 또는 섭리에 대한 심문으로 진행하는 그런 종류의 복수극이 탄생하는 것이다. 그렇게 보면 『햄릿』은 종교개혁기 죽음 문화의 변화가 낳은 복수극이라고 불러도 좋을 듯하다.

돈키호테의 죽음

죽은 사람은 정말 '돈키호테'일까

김경범 서어서문학과 기부금교수

미겔 데 세르반테스Miguel de Cervantes(1547~1616)가 지은 『돈키호테El Ingenioso Hidalgo Don Quijote de la Mancha』는 마드리드에서 1605년에 출판된 1부와 1615년에 출판된 2부로 구성되어 있다. 1부에서는 주인공이 살던 마을을 떠나서 모험을 하고 다시 돌아오는 출정이 두 번 나오는데, 첫 출정은 혼자 떠났다가 매 맞고 돌아오고, 두 번째 출정에서는 산초와 같이 떠났다가 돌아온다. 2부는 세 번째 출정을 이야기하고 있는데, 우리의 주인공은 2부 마지막 장에서 마을로 돌아와 자신의 침대에서 죽고 이야기는 종결된다.

이 사람은 어떤 사람일까. 1부 첫 장에 등장하는 주인공은 라만차 지방의 어느 마을에 사는 시골 양반으로서 나이는 50대에 거의 이르렀고, 아직 시집을 가지 않은 조카와 가정부와 함께 살고 있다고 한다. 다른 가족에 대한 언급은 없으며, 50대에 들어서기 이전에 그가

1600년 후안 데 하우레기(Juan de Jáuregui)가 그렸다는 세르반테스의 초상화. 마드리드의 왕립아카데미에 소장된 유화로서, 위작으로 판명됐다. 당대의 저명 화가이자 시인이었던 후안 데 하우레기가 이 그림을 그렸을 가능성은 없어 보인다. 그림 속 인물은 라만차의 어느 마을에 살던 주인공의 본명처럼 여전히 안개에 싸여 있다.

무엇을 했는지, 어떤 사람으로 살았는지에 대해서도 작가는 말하지 않는다. 다만 그가 늘 소소한 음식을 먹고 생활하는 데 수입의 4분의 3을 쓸 만큼 경제적인 여유가 없었지만, 기사소설을 사서 읽는 데 빠져서 현실과 기사소설의 세계를 혼동하기에 이르렀다고 알려준다. 우리 주인공은 스스로 자신의 이름을 '돈키호테'로 붙이고, 기사소설의 주인공처럼 모험을 찾아 세상을 주유하면서 약한 여자와 아이를 돕고 정의를 바로 세우다 보면 언젠가 커다란 명예를 얻을 수 있으리라고 믿고 길을 떠난다.

　1부 첫 장에서 스스로 편력 기사임을 자임하며 길을 떠난 우리의 주인공은 2부 마지막 장에서 마을로 돌아와 자신은 더 이상 돈키호테가 아니라는 선언을 하고 나서 죽는다. 누가 그를 죽인 것이 아니고, 누군가에게 상해를 입은 것도 아니다. 그는 마음의 병을 얻었고, 스스로 자신을 죽게 놔둔다. 그 마음의 병은 왜 생겼을까, 그는 왜 자신을 죽게 놔둘까, 그는 죽기 전에 왜 돈키호테를 부정했을까, 죽은 우리의 주인공은 이름이 무엇일까. 또 주인공이 죽기 전에 '알론소 키하노'라는 새로운 이름을 만들었는데 산초와 주변 사람들은 왜 여전히 그를 미친 사람으로 생각할까. 그의 죽음은 이처럼 여러 가지 질문을 낳는다. 모순적으로 보이는 이 글의 제목은 주인공의 실체와 주인공의 이름 사이에 일대일 대응관계가 만들어지지 않기 때문이다. 그렇기 때문에 그의 죽음을 두고 이 같은 질문들이 만들어진다. 라만차의 어느 마을에 살던 우리의 주인공은 정체성이 달라지면서 그의 이름도 여러 개로 변화한다. 과연 '돈키호테'라는 이름을 가진 인물이 죽은 것일까. 이 질문에 대한 답을 얻기 위한 단초를 찾아가보자.

『돈키호테』, 고통 속에서 태어난 웃음

젊은 세르반테스는 레판토 해전에 참가하여 왼쪽 팔의 신경을 잃고 제대한 뒤 스페인으로 돌아오다가 알제리의 해적에게 나포됐다. 북아프리카에서 5년 동안 포로 생활을 하고 돌아온 1580년, 33세의 세르반테스는 군인으로서 국가를 위해 봉사한 대가로 일자리를 얻기 위해 왕실에 청원을 했지만, 왕실은 세르반테스처럼 제대한 군인에게 아무것도 해주지 못했다. 그에게 제일 중요한 문제는 가난이었고, 붐이 일기 시작한 연극은 그에게 좋은 기회를 제공해줄 수 있을 것 같아 보였다. 그의 삶에서 첫 번째 중요한 선택이 군인이었다면, 두 번째 선택은 문학이었다. 그리고 그는 첫 작품으로 목가소설 『라 갈라테아 *La Galatea*』(1585)를 내놓는다. 이 소설은 당시 유행하던 스페인 목가소설의 대표작 호르헤 데 몬테마요르Jorge de Montemayor의 『디아나*Los siete libros de la Diana*』를 모방하고 있지만, 다른 많은 모방작처럼 독자들의 반응은 호의적이지 않았다. 세르반테스가 쓰지 않았더라면 이 소설은 후대에 거의 기억되지 않았을지도 모른다. 목가소설은 드라마틱한 서사보다는 사랑에 빠진 목동의 애절한 심정을 표현한 시가 더 매력적인 장르로서 일종의 뮤지컬 대본으로 볼 수 있는데, 세르반테스의 시는 정형화된 틀에 맞춰져 있었고 줄거리는 밋밋했기 때문에 독자들의 반향을 얻지 못했으며, 예고됐던 후편도 결국 나오지 못했다.

첫 작품 이후 58세인 1605년에 『돈키호테』를 출판할 때까지 20년 동안 세르반테스는 극단과 두 차례에 걸쳐 계약을 하지만 그의 연극 작품이 상연 또는 출판됐다는 기록은 없다. 그의 연극 작품은 변화하고 있는 시대의 조류를 읽어내지 못했다. 로페 데 베가Lope de Vega의 『우리 시대의 새로운 연극 작법Arte nuevo de bacer comedias en este tiempo』(1609)에 나와 있듯이, 당대의 대표적인 극작가들은 관객에게 즐거움을 주기 위해 시학적 제약을 극복해야 한다고 생각하고 있었다. 그러나 세르반테스의 연극은 새롭게 변화된 관객의 취향을 고려하지 못했고, 연극의 언어인 운문도 그의 장점은 아니었다. 세르반테스가 극작가로서 실패를 맛보고 세금 징수원으로서도 불운이 겹쳐서 두 차례 감옥에 갇히는 등 경제적 궁핍과 사회적 무기력으로 곤란을 겪던 16세기 말경, 스페인 제국도 점점 몰락해가고 있었다. 세르반테스가 살았던 스페인은 신대륙 개척과 레판토 해전으로 대표되는 대제국의 영광에 취해 있다가, 국가 경제의 파탄과 무적함대의 패배로 영광이라는 허상에서 깨어나 짙은 환멸로 빠져들고 있었다. 이렇게 시대적으로나 개인적으로 어둠이 짙게 드리워진 황혼 무렵에 『돈키호테』가 탄생했다. 작가가 서문에서 말하고 있듯이 "온 세상의 슬픔과 고통으로 가득한 감옥에서 잉태"됐다고 말하지만, 역설적으로 세상에 나온 작품에는 해학이 가득하다. 그리고 그의 첫 독자들은 돈키호테의 모험을 단순히 웃음을 주는 이야기로 받아들였다.

　그러나 『돈키호테』는 단순히 재미있는 이야기를 넘어서 서구 문학사에서 중세와 근대의 경계, 최초의 근대소설로 평가되며 현재까지도 새로운 해석이 이어지고 있다. 그 해석의 역사만으로도 근대 서구의 문예사를 아우를 수 있으며, 새로운 개념과 방법론이 등장할 때마다 적용의 대상이 되어왔다. 중세와의 단절이며 동시에 바로크의 전형이었고, 낭만주의와 리얼리즘 그리고 안티 리얼리즘의 모델이었으며, 동시에 네오바로크 또는 포스트모더니즘의 원천이었다. 서구 문학에서 이처럼 거의 모순적으로 보일 만큼 다양한 해석의 스펙트럼을 보여주는 작품은 별로 없다. 이 소설은 중세 기사 로망스와 16세기 기사소설에 대한 비판이나 단순한 패러디를 넘어서, 르네상스에서 근대로 넘어가는 시대적 전환기의 혼란과 이 혼란을 살아내고 있는 인간의 모습을 형상화한다. 따라서 소설의 가장 기본적인 문제의식은 현실 인식의 혼란과 인식의 주체에 있다. 주인공은 밤낮없이 기사소설만 읽다가 현실과 허구를 그리고 현재와 과거를 혼동하고 만다. 그래서 과거 기사도의 이상을 현실 속에서 구현하고자 자신이 살던 마을을 떠난다. 그리고 그의 눈앞에 펼쳐진 세계는, 그가 돈키호테가 되기 전에 보았던 세계가 아니었다. 세상이 달라진 것일까, 아니면 그가 달라진 것일까.

저것은 무엇일까, 저것을 거인으로 보고 있는 나는 누구일까

돈키호테는 들판 위에 서 있는 한 물체를 향해 달려간다. 그의 눈에는 그것이 사악한 거인으로 보이고 산초의 눈에는 풍차로 보인다. 그 물체에 부딪혀 쓰러진 돈키호테는 이 모험을 통해 자신의 명예가 높아지는 것을 시기한 마법사 프레스톤이 마법을 써서 거인을 풍차로 바꿔놓았다고 생각한다. 이제 들판 위에 있는 물체는 그의 눈에 풍차로 보인다. 들판 위에 있는 그 물체는 무엇일까. 거인일까, 아니면 풍차일까. 『돈키호테』의 작가는 그것이 풍차일 수도 있고, 거인일 수도 있으며, 또 다른 무엇일 수도 있다고 말한다. 이 풍차의 모험을 시작으로 연이어 이어지는 돈키호테의 모험은 풍차와 거인처럼 대립되는 사물 인식 사이의 혼란을 보여준다. 인식의 혼란은 우리의 의지가 만들어낸 믿음이 실체를 변형시키고, 사물을 지각하는 우리의 감각이 우리를 속여서 실체를 왜곡시키기 때문에 생겨난다. 그 결과 우리의 인식은 실체에 접근하지 못한다. 돈키호테의 거인과 산초의 풍차는 모두가 허상이지만, 이 허상에는 실체 혹은 진실의 편린이 담겨 있다.

이렇듯 우리 앞에 놓인 현실은 마법에 걸린 채 허상과 실체 사이에서 부유하고 있다. 그래서 현실은 여러 층위로 구성되어 있는 것처럼 보이고, 진실과 거짓의 절대적 경계는 설정되지 않는다. 마치 양파껍질처럼 여러 켜로 둘러싸여 있고 그 껍질을 계속 까다보면 뭔가 '현실의 본질'이 있는데, 우리의 인식은 본질에 이르기보다는 껍질에 머물러 있으며 여러 층위의 껍질 가운데 하나를 마치 절대적 현실로 믿으며 살아간다. 일반적으로 알려진 돈키호테-이상주의자, 산초-현실주의자라는 이분법도 텍스트의 일부에는 적용될 수 있겠지만 전체적으로는 적절한 해석이 아니다. 산초가 이성에 충실한 현실주의자라면 왜 미친 돈키호테를 따라나섰겠는가. 산초는 주인이 제정신이 아니라는 것을 알고 있다. 하지만 모험이 끝난 뒤 영주 자리를 주겠다는 주인의 약속을 믿고 그를 따라다녔다면, 산초는 또 다른 '돈키호테'라고 해야 한다. 어쩌면 그에게도 마을을 떠나야 할 다른 이유가 그의 내면에 있을지도 모른다.

『돈키호테』 1부가 이렇게 진실과 거짓 사이에서 부유하는 현실을 보여주고 있다면, 이미 1부를 읽고 돈키호테의 광기를 알고 있는 인물들이 등장하는 2부에는 1부와는 전혀 다른 현실 인식이 나타난다. 그리고 새로운 현실 인식은 그렇게 생각하고 있는 '나는 누구일까'라는 문제로 이어진다. 예컨대 1부와 달리, 2부의 돈키호테는 들판 위에 서 있는 물체가 풍차라고 생각한다. 산초를 비롯한 주변 사람들도 그것을 풍차라고 생각한다. 그럼에도 불구하고 주변 사람들은 그것이 거인이라고 돈키호테를 속인다. 그리고 돈키호테에게 그의 눈에 풍차로 보이는 이유가 1부처럼 현실이 마법에 걸려 있기 때문이라고 설득한다. 돈키호테는 난관에 빠진다. 그가 여전히 풍차라고 주장한다면 그의 정체성은 의심받게 된다. 반대로 그의 눈에 풍차로 보이는데 거인이라는 사람들의 주장을 받아들이려면 뭔가 합리화가 필요하다. 마법은 이 합리화의 필연적 소산인데, 이러한 합리화가 필요하다는 사실이 돈키호테의 정체성에 혼란을 가져오는 배아를 형성한다. 그런데 돈키호테를 속이려던 주변 사람들도 나중에 그것을 정말 거인으로 생각한다.

산초는 돈키호테를 속이기 위해 시골 처녀를 둘시네아라고 거짓말을 하면서 둘시네아가 마법에 걸려서 그런 모습을 하고 있다고 말한다. 그리고 돈키호테가 몬테시노스의 동굴에서 마법에 걸린 둘시네아를 보았다고 했을 때 주인의 말을 믿지 않는다. 그런데 공작의 궁정에서 산초가 목마를 타고 하늘을 날아다녔다는 이야기를 하자, 돈키호테는 자신이 몬테시노스 동굴에서 본 것을 산초가 사실로 인정한다면 자신도 산초의 말을 사실로 받아들이겠다고 한다. 1부의 무대가 하나의 연극이라면, 2부는 연극 속에서 또 다른 연극이 공연되는 무대라고 할 수 있다. 무대 밖의 세계와 무대 위의 세계가 서로 구분되지 않는 연극 속의 연극이라는 장치에서 파생된 인식과 존재의 불안정성과 불확실성은 우리를 중세의 이분법적 세계가 아니라 근대적인 세계로 이끌어간다. 특히 작품에 개입된 수많은 목소리들—원저자인 아랍 현인 시데 아메테 베넨헬리Cide Hamete Benengeli, 공동 작가이자 편집자인 '나', 번역자 무어인, 많은 연대기의 저자들, 삽입 소설의 저자 등—은 관점의 미로를 보여준다. 1부 1장에서부터 8장까지는 일인칭 화자인 '나'가 다른 여러 전기 작가가 돈키호테의 모험에 대하여 써놓은 여러 문서를 보고 내용을 선택적으로 골라 엮어 놓았다. 그런데 1인칭 화자가 가진 이야기들은 1부 8장까지만 기술되어 있고, 1부 9장에는 자신이 직접 텍스트 안으로 들어와서 톨레도 거리에서 아랍 현인 시대 아메테 베넨헬리가 작가로 등장하는 필사본을 찾아낸다. 이 필사본을 어느 무어인이 번역하는데, 이 번역자는 필사본에 있는 그대로 번역하지 않았고, 일인칭 화자도 이 번역본을 두고 편집자 역할을 한다. 전지적 작가가 텍스트에 존재하지 않고, 일부분의 진실을 말하고 있는 여러 명의 작가가 등장하여 돈키호테의 삶을 서술한다. 『돈키호테』 1부를 관통하는 현실 인식의 혼란은 2부에 이르러 역전된 현실 인식과 만나 존재의 혼란으로 이어진다.

죽음 앞에선 주인공은 돌아온 탕자일까 새로운 사람일까

작가는 돈키호테의 죽음에 대하여 그 의미를 스스로 밝히고 있다. 세르반테스는 주인공의 죽음이 1614년 타라고나에서 출판된 아벨야네다Alonso Fernández de Avellaneda의 『위작 돈키호테』와 같은 모방작을 차단하기 위한 작위적 장치라고 말한다.[1] 그러나 그의 죽음이 단순한 작위적 장치에 그친다면 이 죽음은 돈키호테의 삶과 아무런 내적 연관성을 갖지 못하게 되며, 더 이상 그의 죽음에 대해 '해석'할 필요가 없다. 그러므로 작위적 장치로서의 죽음은 텍스트 외적인 설명일 뿐이다. 죽음의 의미가 위작의 출현을 막기 위한 장치라면 돈키호테는 미친 사람이라는 정형화된 관념으로 축소된다. 다시 말하면, 마치 돌아온 탕자처럼 집을 떠나 세상 속에서 살다가 정신을 차려서 집으로 돌아와서 죽는다는 것이다. 돌아온 탕자의 개념은 돈키호테가 세상 속에서 행했던 모든 일들의 의미를 부정하고, 미친 사람의 허황

된 일탈로 전락시킨다.

2부에 등장하는 또 다른 '돈키호테'적인 인물 산손 카라스코가 주인공의 묘비에 쓴 시구에 나와 있듯이, 죽음이란 광기에서의 깨어남이며 진실에 대한 각성이다. 이에 따르면 돈키호테는 기사도의 이상(혹은 2부에서 그에게 운명적 과제로 제시됐던 '마법에 걸린 둘시네아'의 구원)을 현실에서 구현할 수 없다는 사실을 깨닫게 되면서 절망했고, 그 결과 2부 마지막 장에서 마을 의사가 진단한 것처럼 '우수와 자폐' melancolía y desabrimiento로 인해 죽는다. 마을로 돌아온 뒤 엿새 동안의 열병은 일종의 정화 과정이고, 이 열병 끝에 찾아오는 여섯 시간의 잠은 돈키호테에서 '선한 사람 알론소 키하노'Alonso Quijano el Bueno로 돌아오기 위한 통과의례라고 할 수 있다. 그러나 이 해석은 한 인간을 미친 돈키호테와 정신이 온전한 알론소 키하노로 분리시킨다. 돈키호테의 행위는 현실과 환상, 이성과 광기, 진실과 거짓이라는 대립적인 두 영역을 포괄하는 공간에서 이루어지고 있다. 따라서 '살아간다'와 '죽어간다'는 반대말처럼 보이나 사실은 동의어인 것처럼, '미친'과 '이성적인'이라는 단어도 반대말이 아니라 동의어로 해석할 수 있는 여지가 필요하다. 광기와 이성은 서로 배타적이지 않고, 하나의 실체가 가진 두 속성으로 이해될 때 이 실체의 의미가 드러난다. 미쳤으면서 이성적인 돈키호테의 이중적인 모습은 2부 17장에서도 드러난다.

그러고 있는 동안 내내 돈 디에고는 아무 말도 없이 돈키호테의 이야기와 행동을 주의 깊게 살펴보고 있었다. 그에게는 돈키호테가 미친 척하는 정상인이거나 정상인 척하는 미친 사람으로 보였다. … 그러나 그는 1부의 이야기를 모르고 있었기에 돈키호테를 미친 사람으로도 또 정신이 올바른 사람으로도 본 것이다. 왜냐하면 그의 말은 조리에 맞고 우아하며 세련됐는데, 그의 행동은 엉뚱하고 바보스러워서 통 갈피를 잡을 수 없었기 때문이었다. (683~684쪽)

1부 30장에서 신부가 이미 얘기했듯이, 돈키호테는 특정한 상황 앞에서만 기사도의 광기를 보여주고 다른 때에는 이성적이다. 이처럼 텍스트에는 "미친" 돈키호테와 "이성적인" 돈키호테가 동시에 나타난다.[2] 그럼에도 불구하고 대부분의 사람들은 유독 죽음의 의미에 대해서만큼은 이분법적 방식으로 회귀한다. 미친 돈키호테와 정신이 돌아온 알론소 키하노라는 인식에 기초한 죽음의 의미는 피상적이다. 왜냐하면 미쳤으면서 동시에 이성적인 돈키호테처럼 알론소 키하노도 광기와 이성을 모두 보여주고 있기 때문이다. 돈키호테와 알론소 키하노는 존재론적으로나 인식론적으로 하나의 동일한 주체가 지닌 서로 다른 표상表象이며, 이 두 표상은 궁극적으로 분리되지 않는다.

앞에서 얘기했듯이, 2부 마지막 장에서 마을로 돌아온 돈키호테에게 찾아온 병은 육체의 병이 아닌 마음의 병 '우수와 자폐'다. 라만차에 사는 시골 양반은 이 병을 갖고 있지 않았으나, 그가 돈키호테라는 이름으로 살면서 얻은 마음의 병이다. 그런데 주인공이 미친 돈키호테와 제정신을 차린 본래의 알론소 키하노로 완전히 분리된다면, 돈키호테를 부정한 알론소 키하노가 돈키호테가 지닌 마음의 병을 계속 갖고 있을 이유가 없다. 따라서 그가 죽을 이유도 사라진다. 죽은 사람은 누구일까? 라만차에 살던 어느 시골 양반이 죽었는데, 그의 이름은 무엇일까? 텍스트는 그가 알론소 키하노로 변신하는 순간 돈키호테는 이미 사라졌고, 남겨진 사람은 자신의 의지로 죽음을 선택했다고 말한다. 따라서 돈키호테의 죽음에 알론소 키하노의 죽음이 덧붙여져야 주인공의 죽음에 대한 총체적인 의미가 만들어진다.[3] 돈키호테가 되기 전 라만차의 어느 마을에 살던 시골 양반, 그는 돈키호테가 되어서 세 번의 출정을 마치고 마음의 병을 갖고 마을로 돌아온 2부 마지막 장의 주인공과 같을 수 없다. 또한 '그의 우수와 자폐는 언제부터 시작됐으며 갑작스런 변신의 이유는 무엇일까'라는 질문도 알론소 키하노가 선택한 죽음의 의미와 연결되어 있다. 비록 텍스트는 변신의 결과만 말하고 정작 중요한 변신의 계기—알론소 키하노가 왜 돈키호테를 부정하게 됐는가—는 명쾌하게 밝히지 않지만, 돈키호테의 병은 2부에서 '마법에 걸린 둘시네아'라는 주제가 나타난 이후 축적된 쓰디쓴 체험의 결과라고 할 수 있다. 2부 마지막 장에서 나타나는 돈키호테의 각성은 갑작스런 변신이 아니라 마법에 걸린 둘시네아, 몬테시노스 동굴, 공작의 궁정, 바르셀로나에서의 전투, 흰 달의 기사와 결투 등 일련의 경험이 만들어낸 피할 수 없는 결과인 셈이다. 마을로 돌아온 이후 주인공이 목동이나 다른 무엇이 아니라 알론소 키하노라는 새로운 이름을 찾았다면, 이 새로운 인물도 돈키호테로서 살았던 경험과 무관할 수 없다. 『돈키호테』 2부 마지막 장에 나오는 주인공의 죽음은 돈키호테와 알론소 키하노뿐만 아니라 여러 이름으로 불렸던 한 인간의 죽음이다. 그래서 그의 죽음은 단순한 작위적 장치가 아니라, 자신의 정체성을 현실 세계에서 구현하고 싶어 했던 한 인간의 의미 있는 선택이 된다.

알론소 키하노라는 새로운 이름

『돈키호테』의 주인공이 가졌던 이름은 다양하다. 라만차의 어느 시골 양반일 때는 여러 명의 작가들에 의해 키하다Quijada, 케사다 Quesada, 케하나Quejana, 키하나Quijana로 불렸고, 돈키호테가 되어서는 '슬픈 표정의 기사'와 '사자의 기사'라는 별명을 가졌으며, 죽기 전에는 '선한 사람 알론소 키하노'가 되었다. 그렇다면 알론소 키하노라는 이름은 누가 부여했으며, 이것이 정말로 라만차의 어느 마을에 사는 시골 양반의 본래 이름일까. 1부 1장에서 일인칭 화자는 주인공의 이름이 '키하다' 혹은 '케사다'라고 알려져 있는데, 자신이 생각하기에는 '케하나'였을 것이라고 말한다. 그런데 5장에서는 주인공의 이웃에 사는 농부 알론소의 입을 빌려 주인공이 돈키호테가 되기 전 이름이 '키하나'라고 뒤집는다. 여기까지는 아직 가상의 아랍 현인 시데 아메테 베넨헬리가 등장하기 전이다. 돈키호테의 모험을 기록한 가상의 전기 작가인 아랍 현인은 1부 9장에 그 이름이 처음 등장하며, 그 이후부터 2부 마지막 장까지의 이야기는 아랍 현인의 기록을 어느 무어인이 번역했고, 그 번역에 일인칭 화자가 개입하여 만들어졌다. 비록 화자는 반복적으로 이 작품이 '진실된 역사'라고 강조하고 있으나, 시데 아메테 베넨헬리도, 무어인 번역자도, 일인칭 화자도 돈키호테에 대한 진실을 말하고 있는 전지전능한 서술자가 아니다.[4] 또한 1부 처음에 키하나라고 기록한 일인칭 화자가 2부 마지막 장에서 '키하노'로 바꾼 이유도 텍스트에 명시되어 있지 않다. 단순히 아랍 작가가 그렇게 썼기 때문이라는 해석은 군색해 보인다. 화자가 농부 페드로의 입을 통해 키하나 대신에 키하노라고 한 것은 이 소설에 여러 차례 등장하는 의도된 실수의 하나로 보인다. 만약 2부 마지막 장에서 주인공의 이름이 알론소 키하나 혹은 알론소 케하나로 쓰였다면, 그의 본명은 당연히 그것이다. 그런데 이웃에 사는 농부를 통해 확인된 이름이나 일인칭 화자가 생각한 이름 대신에 새로운 이름을 부여했다는 사실은 역설적으로 알론소 키하노가 주인공의 본래 이름이 아니라는 것을 드러낸다.

주인공이 살던 마을 이름처럼[5] 그의 본명도 여전히 불확실하다. 마을에 살던 주인공이 마을을 떠나 모험에 나서면서 돈키호테라는 이름과 성격을 부여했듯이, 모험을 마치고 다시 마을로 돌아와서는 알론소 키하노라는 또 다른 이름과 성격을 자신에게 부여한 것이다. 여러 이름으로 불린 한 인간에게는 다른 이들과 구별되는 자신만의 고유한 영혼과 삶에 대한 소명이 있다. 무엇인지 명확히 드러나지 않은 그의 본명이 자신의 내면적 본질이고, 텍스트에 등장하는 여러 이름은 그 본질이 외부 현실에 투영된 그림자이자 세상이라는 연극 무대에서 그 이름을 가진 인물이 수행해야 할 역할이다. 돈키호테도 그 이름의 하나이며, 돈키호테가 되기 전의 여러 이름과 알론소 키하노라는 새로운 이름 역시 마찬가지다. 그러므로 세르반테스는 돈키호테의 경우처럼 새로운 인간을 창조하기 위해 알론소 키하노라는 새로운 이름을 부여한 것이다.

이와 같은 해석은 사물과 그 이름에 대한 텍스트의 인식과도 같은 맥락에 있다. 한 인간과 그의 여러 이름과의 관계는 이발사의 대야 bacía와 맘브리노의 투구yelmo의 관계로 설명할 수 있다. 돈키호테는 모레나 산맥에서 산초에게 이렇게 말한다.

이렇게 너에게 이발사의 세숫대야로 보이는 그것이 내게는 맘브리노의 투구로 보이듯이, 다른 사람에게는 또 다른 무엇으로 보일 것이다. (I, 25, 257쪽)

우리는 사물의 본질이 대명사로 표현되어 있다는 점에 주목해야 한다. 즉 '그것'이 결국 궁극적으로 무엇인지 정의할 수는 없으나, 그것은 이발사의 대야일 수도 있고, 맘브리노의 투구일 수도 있고, 또 다른 무엇도 될 수 있으므로, 그것의 이름은 존재하지 않는 단어인 'baciyelmo'로 표기된다. 역으로 말하면 대야나 투구나 또 다른 무엇에도 '그것'이라는 사물의 일부가 투영되어 있다. 호아킨 카살두에로 Joaquín Casalduero는 대야와 투구가 완전한 절연 관계에 있는 서로 다른 사물이 아니라 반짝이는 빛이라는 연결고리로 이어져 있다고 말한다.[7] 주인공은 누구이며 그의 본명이 무엇인가라는 질문은 바로 위 인용문의 '그것'이 무엇이며 '그것'의 이름은 무엇인가라는 질문과 동일하다. 이렇게 한 사물의 표상이 여러 개일 수 있듯이 한 인간도 여러 이름으로 불릴 수 있다. 새로운 이름은 그 인간의 새로운 표상이다. 대야와 투구 사이에 사물에 빛이라는 연결고리가 있었다면, 주인공의 두 이름에도 광기라는 연결고리가 존재한다. 그렇다면 아메리코 카스트로의 지적처럼 돈키호테와 알론소 키하노는 결국 분리할 수 없는 하나의 주체가 된다. 돈키호테를 통해 자신의 존재 이유를 찾았던 산초처럼, 주인공의 실체는 돈키호테와 알론소 키하노를 하나로 보는 지점에서 찾아진다.

돈키호테의 내면에는 그를 편력 기사가 될 수 있게도 하고 그것을 그만두게 만들 수도 있으며 그 무엇으로도 나누어지지 않는 궁극적인 실체가 있다. 이 모든 것은 우리가 추론해낸 것이 아니라, 우리가 작품 속에서 느껴지도록 고안된 것이다.[8]

이 말은 하나의 육체 안에 서로 다른 인식론적 범주가 나뉘어 존재하는 것이 아니라, 서로 다르게 보일지라도 궁극적으로는 모두 하나의 실체로 통합되어 있다는 말이다. 돈키호테라는 인물에는 기사도 세계에 빠져버린 편집광적인 인물이면서 인문적 소양을 갖추고 이성적으로 판단하는 사람의 모습이 교차하여 나타난다. 마찬가지로 알론소 키하노에게도 돈키호테를 부정하는 모습과 자신만의 또 다른 광기가 공존한다. 돈키호테의 광기가 현실 세계에서 기사도의 이상을 구현하려는 것이었다면, 알론소 키하노가 보여준 더 심한 광기는 바로 스스로 자신을 죽게 놓아두는 것이다.

　—이런 세상에—산초가 울면서 대답했다.—: 주인님, 죽지 마세요. 내 말 좀 들어보시고 오래오래 사세요. 사람이 살면서 저지르는 제일 큰 광기는 다른 게 아니라 바로 스스로 자신을 죽도록 놔두는 거예요. 아무도 죽이려 들지 않는데도 단지 슬픔 때문에 죽는다니. (II, 74, 1095쪽)

산초의 말처럼, 알론소 키하노에게 죽음이란 돈키호테적 광기의 연장이다.

돈키호테의 우수와 자폐

1부에서는 주인공에게 내적인 갈등 혹은 존재의 갈등이 나타나지 않는다. 예를 들어 1부 5장에서, 농부 페드로 알론소가 톨레도 상인의 하인들에게 맞아 쓰러진 돈키호테에게 당신은 발도비노스Valdovinos도 아니고 아빈다라에스Abindarráez도 아닌 키하나라고 말하자, 돈키호테는 "나는 내가 누군지 알고 있다"Yo sé quién soy라고 대답한다. "나는 알고 있다sé"의 주어와 "나는 누구이다soy"의 주어가 각각 시골 양반과 돈키호테로 분리된다면 광기는 하나의 속임수와 연극으로 전락한다. 이 같은 해석은 받아들이기 어렵다. 결국 두 주어는 하나의 인식론적 주체로 통합되어야 하며, "나는 내가 누군지 알고 있다"는 말에서는 주인공의 내면적 갈등이 나타나지 않는다. 우나무노는 『돈키호테와 산초의 삶Vida de don Quijote y Sancho』 5장에서 이 문장을 "나는 내가 무엇이 되고 싶어 하는지 알고 있다"Yo sé quién quiero ser로 해석하며 '나'의 정체성과 의지를 분리시키고 정체성이 의지에 종속된다고 파악한다.[9] 그러나 이보다는 환상을 꿈꾸던 주체가 스스로 환상이 된다는 해석이 더 적절해 보인다.[10] 그 실체가 무엇인가에 대한 해석은 여전히 문제로 남지만, 정체성과 의지는 분리되지 않는다. 정체성과 의지의 분리가 2부에서 암묵적으로 나타나기 시작하고, 그것의 완전한 분리가 바로 돈키호테에서 알론소 키하노로 바뀌는 각성이다.

앞에서 언급했듯이, 1부에서 돈키호테가 광기, 환상, 거짓의 세계에 있고 다른 인물들이 그 반대에 있었다면, 2부에서는 관계가 역전된다. 1부에서는 돈키호테가 들판 위에 서 있는 물체를 거인으로 보왔고 다른 사람들은 풍차로 보았다면, 2부에서는 돈키호테의 눈에 풍차로 보이는 것을 다른 사람들이 거인이라고 그에게 강요한다. 산손 카라스코는 세 번째 출정을 떠나라고 돈키호테를 꼬드긴다. 그는 돈키호테의 광기를 치료하기 위해 신부, 이발사와 더불어 이 속임수를 만든다. 그러나 그는 돈키호테와의 첫 결투에서 패한 뒤 마을로 돌아왔다가 다시 돈키호테를 찾으러 떠난다. 돈키호테의 치료를 위해서가 아니라, 그에게 복수하기 위해서 마을을 떠나는 산손 카라스코의 모습은 돈키호테와 다르지 않다. 산손은 자신이 하나의 연극을 만들었다고 생각했지만, 그는 결국 연극의 감독이 아니라 등장인물이었다. 산초도 촌스런 시골 처녀를 둘시네아라고 속이는 연극을 꾸미지만, 그 연극 때문에 곤욕을 치른다. 특히 공작의 궁정에서의 사건들은 거의 모든 주변 인물들이 돈키호테를 속이고 있는, 그러나 연출자인 공작 부부의 의도대로 진행되지 않는 거대한 연극이다. 돈키호테의 우수와 자폐는 바로 이 연극성에서 발아한다. 자신의 의지에 의해 형성된 세계가 연극화되면서 조금씩 존재 기반이 허물어져가고, 이를 깨달은 주인공은 그 세계에서 자신의 정체성을 확보할 수 없다고 인식해간다. 연극화 혹은 연극성에 대한 인식은 갑작스런 깨달음이 아니라 2부 전체 동안 조용히 진행되고 있다. 진실이라고 믿어왔던 삶이 연극으로 변하면서 돈키호테의 존재 기반은 모호해졌다. 연극 속의 연극에 있던 돈키호테가 드디어 자신이 연극배우라는 사실을 깨닫게 됐고, 그의 정체성을 유지할 수 없게 되면서 결국 우수에 빠지고 만다.

따라서 단순히 마법에 걸린 둘시네아를 구원할 수 없다는 절망이 우수와 자폐를 낳았다는 해석은 피상적이다. 2부 73장에서 마을로 들어오기 전날 밤 산초의 매질이 끝나서 둘시네아가 마법에서 풀려났을 것이라 알고 있고, 마을로 돌아오기까지 길에서 마법이 풀린 그녀를 만나게 되길 기대했다면, 그는 여전히 내면적 혼란을 겪고 있지 않은 1부의 돈키호테다. 절망의 징후는 지나가는 어린아이들의 대화나 산토끼의 징조를 통해 가시화되는데, 그가 1부의 돈키호테라면 이 일상적인 사건을 절망의 징조로 받아들일 만한 필연적인 이유가 없다. 일상적인 사건이 절망의 징조가 된 것은 돈키호테의 각성만큼이나 급작스런 사건이다. 1부 1장의 돈키호테로 돌아가보자. 돈키호테는 투구의 얼굴 가리개를 만든 뒤 그것이 얼마나 강한지 알아보기 위해 칼로 내리치자 그것은 완전히 부서진다. 그러자 그는 투구 안을 덧대어 다시 만든 뒤, 이번에는 시험하지 않고 그것을 세상에서 가장 강한 투구로 믿어버린다. 믿음과 의지가 현실을 변형시킨다. 이때 자신만의 세계를 만들어낸 돈키호테의 모습에는 의지와 정체성이 하나로 합쳐진다. 1부 1장의 돈키호테와 2부 73장의 돈키호테는 전혀 다른 인물이다. 산초의 매질이 끝났고, 불길한 징조들은 산초가 귀뚜라미를 사고 산토끼를 주인에게 건네주면서 그 단초가 사라졌다. 그럼에도 불구하고 우리의 주인공은 갑자기 절망에 빠지고 이 절망은 우수와 자폐로 이어진다. 그렇게 된 이유는 이제 그의 의지가 현실 세계를 변형시키지 못하기 때문이다. 단순히 '하얀 달의 기사'에게 패배했기 때문이 아니라 주인공의 정체성과 편력 기사로 살고 싶은 의지가 분리됐기 때문이다. 달리 말하면 주인공이 돈키호테이고 싶은 의지가 사라진 것이다. 따라서 정체성을 구현할 새로운 의지와 표상이 필요하다. 그렇지 않다면 이야기의 처음처럼 라만차의 어느 시골 양반으로 돌아가야 한다.

　주인공의 정체성과 돈키호테의 의지 사이의 분리, 돈키호테를 우수와 자폐로 이끈 절망의 징후는 공작 궁정에서의 사건 전후로 살짝 나타난다. 그 촉발은 몬테시노스 동굴의 모험이다. 여기서 중요한 점은 돈키호테가 그 안에서 보았다고 말한 내용의 진위가 아니라 그로테스크한 부조화다. 미친 돈키호테가 자신의 의지로 세계를 만들고 있다면 동굴에서 일어난 사건은 당연히 기사소설에 나오는 것이어야 한다. 그런데 그곳에는 두란다르테의 심장이 부패하지 않도록 소금을 뿌린다거나, 마법에 걸린 둘시네아의 하녀가 치마를 담보로 은화 6레알을 빌리려고 하는데 그 돈이 없어서 4레알 밖에 주지 못하는 지극히 비기사도적인 요소가 개입되어 있다. 1부에서 돈키호테가 본 것이 거인이라면, 2부의 몬테시노스 동굴에서 본 것은 풍차처럼 보이는 거인이 되어야 한다. 그런데 풍차처럼 보이는 거인은 실재하지 않는다. 다시 말하면 1부의 세계가 기사도적 이상과 현실이 의지에 의해 통합되어 있다면, 동굴에서 본 그로테스크한 현실은 이 두 요소의 결합이 결국 깨어질 운명이라는 것을 암시한다. 바로 여기서 마법으로 해결할 수 없는 주인공의 인식론적 혼란이 표면화된다. 그리고 마법의 배 모험에서 이 혼란은 존재에 대한 회의로 이어진다. 돈키호테와 산초는 호의적인 마법사가 모험을 위해 배를 마련해 놓았다고 믿고 그 배를 타고 악한 자에게 포로로 잡혀 있는 사람들을 구하러 간다. 그러나 악한 마법사의 농간으로 배가 물레방아로 돌진해 부서질 찰나 흰 가루를 뒤집어쓴 인부들이 나와 구해준다. 이것이 모두 착각이기는 하지만, 돈키호테는 1부와는 달리 이렇게 말하면서 모험을 포기한다.

…"나는 이제 더 이상 할 수가 없어." 그리고 물레방아를 둘러보며 이렇게 소리 높여 말했다. … "이 감옥에 갇혀 있는 그대들이여, 그대들이

누군지 모르겠지만 날 용서하시게. 나와 그대들의 행운이 짧아 나는 그대들을 이 고통에서 구해줄 수가 없소. 이 모험은 다른 기사를 위해 예비되고 맡겨진 모양이오."(II, 29, 781쪽)

카살두에로는 이 장면을 돈키호테의 운명에 있어서 "첫 번째 본질적인 결말"(298쪽)이라고 규정한다. 세상의 불의를 바로잡기 위해 출정을 감행했던 편력 기사가 "나는 더 이상 할 수가 없다"고 고백한다는 것 자체가 기사라는 표상에 대한 회의이면서 동시에 표상과 본질 사이의 균열을 드러낸다. 그리고 그는 배값으로 50레알을 물어준다. 2부 26장에서 페드로의 인형극을 부수고 돈으로 보상할 때와는 분위기가 다르다. 이전에는 멜리센드라를 구원했으나 이제는 아무도 구원하지 못하는 무기력한 모습만 발견된다. 이처럼 주인공의 자의식은 완전히 감춰져 있지는 않다.

마법의 배 모험 다음에 공작의 궁정에서 벌어지는 사건들이 이어진다. 공작의 궁정에 머무는 동안 돈키호테의 내면은 드러나지 않는다. 자신이 노리개라는 사실을 감지했는지 못했는지 알 길이 없다. 그런데 공작의 궁정을 나오자마자 돈키호테는 쓰디쓴 내면적 각성의 일부를 드러낸다. 축제를 위해 성인聖人이 된 기사들의 성상聖像을 가져가는 어느 마을 사람들을 만났을 때, 그는 편력 기사로서 자신의 존재에 대한 회의를 또 다시 드러낸다.

형제들이여, 나는 방금 본 것을 길조로 생각합니다. 왜냐하면 성인 기사님들은 바로 내가 몸 바쳐 하고 있는 이 일에 매진하셨기 때문인데, 그 일이란 바로 무기를 들고 싸우는 것이지요. 오로지 그들과 나 사이에 다른 점이 있다면 그들은 성인으로서 신성한 가치를 위해 싸웠다면, 죄인인 나는 인간적인 가치를 위해 싸우고 있다는 것입니다. 또한 그들은 하늘나라가 폭력으로 고통받고 있었기에 그들 자신의 무공으로 하늘나라를 정복했지만, 나는 이렇게 고난을 겪으면서도 내 힘으로 정복한 곳이 없습니다. (II, 58, 982쪽)

주인공이 편력 기사라는 표상을 통해 삶의 의미를 구현하겠다는 의지가 내면적인 벽에 부딪힌 것이다. 그의 내면에 만들어진 벽은 정체성의 혼란을 만들고, 정체성의 혼란은 의지의 상실로 이어질 수밖에 없다. 공작의 궁정을 떠난 이후 마을로 돌아오기까지 돈키호테의 모습은 사건의 주인공이라기보다는 증인에 더 가깝다. 풍차를 향해 돌진하던 행복한 환상은 사라지고 무기력한 모습만 남는다. 산적 로케와의 만남에서 로케가 현재화된 편력 기사의 모습을 보여줄 때 돈키호테는 그 옆에서 아무것도 하지 않는다. 그저 그의 행위를 보고 있을 뿐이다. 더 중요한 사실은 바르셀로나 해변에서 '흰 달의 기사'로 변장한 산손 카라스코에게 결정적으로 패하기 이전에 돈키호테가 이미 편력 기사로서의 모습을 상실했다는 것이다. 이는 알제리 해적과의 싸움에서 여실히 드러난다. 2부 1장에서 돈키호테는 터키의 위협에 대해 편력 기사 한 명이 20만 명은 상대할 수 있기 때문에 스페인을 편력하는 여섯 명의 편력 기사만 있으면 어떤 대군이라도 물리칠 수 있다고 말했다. 그리고 이렇게 선언한다.

터키 왕이 언제, 얼마나 되는 병력을 이끌고 오든지 간에 나는 편력 기사로 죽을 것이다. 되풀이하지만 오로지 하나님만이 나를 알고 계시

지. (II, 1, 566쪽)

그런데 이제 자신이 말했던 상황이 실제로 벌어졌다. 그는 이제 현실과 맞서 싸워야 하고 편력 기사다운 모습을 보여줘야 한다. 하지만 전투 장면에서 그는 완전히 사라져 있다. 편력 기사를 향한 그의 의지는 '거의' 사라졌다. 마법에 걸린 둘시네아를 구할 방법도 자신에게 달린 문제가 아니라 산초에게 달려 있다. 이제 돈키호테의 존재 이유는 거의 사라져가고 있고, 따라서 '흰 달의 기사'와의 결투는 그 시작 이전부터 패배가 예정되어 있었다.

주인공의 본질적인 자아는 돈키호테라는 표상을 통해 자신의 존재 이유를 구현하려 했다. 따라서 표상이 추구하는 바가 현실 세계에서 실현이 불가능한 것으로 판명됐다고 할지라도 주인공은 자신의 존재 이유를 포기하지 않는다. 이 점은 결투에서 항복을 요구받았을 때 항복보다는 차라리 죽음을 택했다는 사실에서 확인된다.

토보소의 둘시네아는 세상에서 가장 아름다운 여인이고 나는 이 땅에서 가장 불행한 기사로다. 나의 연약함으로 인해 이 진실이 뒤집어지는 것은 옳지 못하다. 자, 기사여! 그대가 이미 내게서 명예를 빼앗아갔으니, 이제 창을 쥐고 내 목숨을 끊으시오. (II, 65, 1041쪽)

그러나 흰 달의 기사는 그를 죽이지 않고 살던 마을로 돌아가서 일 년간 마을 밖으로 나오지 말라고 명령한다. 출정을 하지 못하면 더 이상 편력 기사가 아니고, 이 명령을 따르지 않아도 기사가 아니다. 이 명령은 돈키호테라는 이름의 편력 기사에 대한 죽음의 선고라 할 수 있다. 그런데 위 인용문에서 "진실"이란 문자 그대로 둘시네아는 세상에서 가장 아름다운 여인이고 자신은 가장 불행한 기사라는 것이 아니라, 라만차의 어느 시골 양반이 돈키호테의 모습을 통해 추구했던 가치이며 자신이 이 세계에 존재해야만 하는 이유로 해석할 수 있다. 비록 돈키호테의 연약함이 그 가치를 드러내지 못한다 할지라도, 또 편력 기사라는 표상을 포기한다 할지라도, 진실 그 자체는 위협받지 않는다. 그리고 다음 장에서 바르셀로나를 떠날 때 결투 장소를 돌아보며 이렇게 한탄한다.

> 여기가 트로이였다. 나의 유약함이 아니라 나의 불행이 바로 여기서 지금까지 거둔 모든 영광을 앗아가 버렸다. 여기서 운명은 내게 등을 돌리고 굴러갔고 나의 무훈들은 빛을 잃었다. 결국 여기서 나의 행운은 무너졌고, 결코 다시는 일어나지 못할 것이다. (II, 66, 1048쪽)

마지막 문장에는 주인공이 앞으로 돈키호테라는 겉모습을 포기할 것이라는 암시가 들어 있다. 돈키호테라는 편력 기사는 이곳에서 죽었고 마을로 돌아가서 죽음을 스스로 확인한다. 주인공이 자신을 편력 기사의 모습으로 세상에 드러내고자 했다면, 일 년 동안 마을에 머물러 있다가 다시 출정하면 된다. 죽음의 확인은 일 년 뒤 재출정의 가능성을 스스로 부정한 것이다. 73장의 징조와 죽음의 확인 이후에 주인공은 더 이상 돈키호테가 아니므로 돈키호테다운 모습을 전혀 보여주지 않는다. 이제 일련의 각성 과정이 끝났고 그것을 선언할 일만 남아 있다.

알론소 키하노의 죽음

돈키호테의 죽음을 선언하기 전, 이제 돈키호테는 사라지고 주인공은 새로운 표상을 탐색한다. 그에게 먼저 제시된 것은 목동 놀이였다. 신부, 이발사, 산손 카라스코가 이 놀이에 동조한 반면, 가정부는 또 다시 반대하고 나서며 이렇게 말한다.

> 제발 집에 좀 계세요. 가업도 돌보시고, 종종 고해성사도 하시고, 가난한 사람들에게 자선도 베푸세요. 그게 싫으시다면 제게라도 좀 베푸시던가. (II, 74, 1092쪽)

이것이 마을로 돌아온 주인공에게 남겨진 삶의 모습이며, 이 모습은 돈키호테가 되기 이전과 동일하다. 그러나 이 삶은 한때 돈키호테였던 주인공에게 의미가 없다. 그는 뭔가 새로운 모색을 한다.

> 돈키호테가 그들에게 대답했다. 조용히 하거라. 무슨 일을 해야 하는지는 내가 잘 알고 있다. 아무튼 나를 침대로 데려가다오. 아무래도 몸이 성치 않은 것 같다. 그리고 확실히 알아두어라. 내가 편력 기사로 남아 있든지, 앞으로 양치기가 되어 돌아다니든지 간에 너희들에게 필요한 일은 언제나 잘 챙겨줄 것이다. 어차피 앞으로 보면 알겠지만. (II, 74, 1092쪽)

그러나 '나는 내가 누군지 알고 있다'와는 달리 여기서 강조된 문장은 앞에서 대명사로 표현된 존재의 본질을 함축적으로 나타낸다. 중요한 것은 현재의 모습이 편력 기사일 수도 있고 앞으로 목자나 다른 그 무엇도 될 수 있지만, 이 모든 것은 본질의 표상이라는 점이다. 그리고 곧바로 주인공은 알론소 키하노로 변신한다.

여러분, 기뻐해주시오. 나는 이제 라만차의 돈키호테가 아니라 알론소 키하노요. 나의 행실을 보고 사람들이 '선한 사람'이라는 별명을 붙여준 알론소 키하노란 말이오. (II, 74, 1094쪽)

그러나 그들은 알론소 키하노를 또 다른 광기에 사로잡힌 돈키호테로 받아들인다.

이 말을 들은 세 사람은 그가 틀림없이 새로운 광기에 사로잡혔다고 생각했다. (II, 74, 1094쪽)

산손은 빈정거리듯 장난까지 친다.

돈키호테 님, 지금 우리들은 둘시네아 님이 막 마법에서 풀려났다는 소식을 들었는데, 그런 말씀을 하시는 겁니까? 이제 우리가 목자가 되어 왕자처럼 인생을 노래하며 살려고 하는데 은둔자라도 되겠다는 겁니까? 제발 그런 말씀 마시고 정신 좀 차리세요. (II, 74, 1094쪽)

이상한 점은 자신이 알론소 키하노라고 선언한 주인공의 말을 듣고 신부, 이발사, 산손 카라스코가 그를 또 다른 미친 사람으로 보았다는 것이다. 그의 말 가운데 상식을 벗어난 구절은 하나도 없다. 그럼에도 불구하고 주변 사람들은 왜 그를 미친 사람으로 보고 있으며 그의 말을 신뢰하지 못하는 것일까. 그것은 알론소 키하노라는 이름이 그의 본명이 아니기 때문이다. 오로지 이름만이 문제가 될 뿐 임종을 앞둔 그의 말은 상식에서 벗어나지 않는다. 그래서 주변 사람들은 침상에 누워 있는 주인공과 대화를 하고 나서, 이름을 제외하면 그가 제정신으로 돌아왔다고 인정한다. 마치 주변 인물들이 죽음이 임박한 사람에게 더 이상 이름 가지고 문제 삼지 않기로 암묵적으로 합의한 것처럼 보인다.

그렇다면 돈키호테와 마찬가지로 죽음을 앞두고 있는 알론소 키하노도 이성과 광기가 하나로 결합된 인물로 규정할 수 있다. 2부의 돈키호테를 주변 인물들이 속이고 소외시켰다면, 상황은 알론소 키하노에게도 마찬가지다. 알론소 키하노는 돈키호테처럼 소외되어 있다. 그의 죽음이 임박했는데도 불구하고 조카와 가정부와 산초는 남겨준 유산으로 인해 즐거워한다.

집안은 발칵 뒤집혔다. 그러나 그럼에도 불구하고 조카딸은 식사를 끊지 않았고 가정부는 축배를 들었으며 산초도 즐거워했다. 뭔가를 유산으로 받는다는 것이 그들에게 슬픔의 기억들을 지우거나 부드럽게 만들었다. 그 슬픔이 상속의 이유인데도 불구하고. (II, 74, 1097쪽)

그러나 죽어가는 주인공에게 소외는 인식의 분열을 일으키지 않는다. 자신의 진실이 주변 사람들의 거짓으로 인해 그 진실성이 의심될 때 마법을 통해 합리화했던 돈키호테와 달리, 알론소 키하노는 그럴 필요를 느끼지 못한다. 합리화가 필요할 만큼 지켜야 할 가치—기사도의 세계와 둘시네아—는 이미 사라졌고 그 대신 죽음을 선택한 알론소 키하노의 존재 이유가 그 위치를 차지하기 때문이다. 라만차의 어느 시골 양반이 돈키호테로 변신한 것이 하나의 광기라면, 돈키호테였던 사람이 알론소 키하노로 변신한 것도 또 다른 광기다. 돈키호테의 기사도적 광기가 사라지고 나서도 돈키호테의 영웅적 성격은 알론소 키하노를 통해 연장된다. 자신의 의지로 죽음을 선택했다는 것, 더 정확히 말하면 자신을 죽게 놓아두었다는 것이 알론소 키하노의 유일한 광기이자 영웅적 행위다. 다른 사람들처럼 죽음이 그를 찾아온 것이 아니라, 그가 죽음을 찾아간 것이다. 돈키호테의 광기가 지루하고 반복적인 시골 양반의 삶을 버리고 존재의 의미를 찾아 떠나는 모험으로 해석할 수 있다면, 알론소 키하노의 광기는 대명사로 표현된 그 존재의 의미를 영원히 보존하기 위한 것이다. 이제 그는 기사도의 세계 그리고 둘시네아를 잊어버릴 수도 있지만 존재의 의미가 사라진 뒤의 삶은 감당할 수 없다. 비록 의사는 그의 병을 "우수와 자폐"로 진단하지만 알론소 키하노의 죽음은 역설적으로 자신의 존재 근거에 대한 긍정이며 영원한 생존에 대한 약속이다. 따라서 산초의 말처럼, 죽음은 인간이 할 수 있는 가장 지독한 광기이면서 알론소 키하노의 마지막 영웅적 행위가 된다. 이러한 존재에 대한 긍정이 바로 죽음으로 표현된 것이다. 산손 카라스코가 쓴 묘비명의 구절—"죽음은 그가 죽었음에도 삶에게 승리를 거두지 못했다"—처럼, 죽음은 한때 돈키호테였으며 알론소 키하노였던 주인공에게 승리하지 못하고 그의 이름들을 영원하게 만들었다. 라만차의 어느 시골 양반은 알론소 키하노라는 또 다른 표상을 통해 새로운 영웅으로 태어난다. 그리고 우리는 여전히 주인공의 본명을 알지 못한다.

* 「스페인어문학」 26호(2003)에 발표한 논문을 기초로 다시 풀어쓴 글이다.

제1부 죽음의 이미지와 담론들

주검은 왜 춤추게 되었을까 죽음의 무도의 기원을 찾아서

1) 요한 호이징가, 『중세의 가을』, 최홍숙 옮김 (문학과지성사, 1988) 174. 마카브르
   란 용어는 넓은 의미에서 죽음을 주제로 하거나 죽음을 연상시키는 것들을 포괄
   적으로 지칭하지만, 좁은 의미로는 죽음의 무도와 연관된 미술 혹은 상징을 가리
   킨다.

2) 죽음의 무도의 기원 및 발생 원인에 대해서는 여러 가설이 있다. Robert Gander,
   Der Totentanz: Entstehung und Entwicklung eines Bildthemas (München:
   GRIN, 2004) 5-8; James M. Clark, "The Dance of Death in Medieval
   Literature: Some Recent Theories of Its Origin," *Modern Language Review*
   45.3 (1950): 336-45.

3) Arnold L. Haskell, *The Wonderful World of Dance* (London: Doubleday,
   1969) 45.

4) Elina Gertsmann, *The Dance of Death in the Middle Ages: Image, Text,
   Performance* (Turnhout: Brepols, 2010) 64. 이 책은 죽음의 무도의 이미지, 텍
   스트 그리고 관찰자들 사이의 복합적인 상호관계를 신학적 · 역사적 · 문화적 맥락
   에서 논하고 있다.

5) 중세 시대 춤이 지니고 있던 알레고리적 의미에 대해서는 빈스키의 책을 참조하라.
   Paul Binski, *Medieval Death: Ritual and Representation* (London: British
   Museum, 1996) 154-57.

6) 13세기의 여러 수도원과 종교회의 자료들은 묘지에서 춤추는 행위가 갑작스레 증
   가했음을 알려준다. 1231년 루앙을 비롯해 여러 도시들에서 그와 같은 행동을 금
   지하고 중벌로 다스리겠다고 엄포를 놓았으나 근절되지 않았다. 울리 분더리히,
   『메멘토 모리의 세계: '죽음의 춤'을 통해 본 인간의 삶과 죽음』, 김종수 옮김 (길,

2008) 34–35.

7) 파리 이노상 묘지의 벽화를 배경으로 설교했던 프란체스코 수도사 리샤르는 이와 관련하여 가장 널리 알려진 사례다. *Journal d'un Bourgeoide Paris de 1405 à 1449*, ed. Colette Beaune (Paris: Poche, 1990) 253. 남아 있는 중세 말기의 설교집에서도 이런 내용은 빈번히 확인된다.

8) 분더리히, 앞의 책 92–94.

9) Hélinand de Froidmont, *Les Vers de la Mort*, ed. and trans. Michel Boyerand and Monique Santucci (Paris: Champion, 1983).

10) Hellmut Rosenfeld, *Der mittelalterliche Totentanz: Entstehung–Entwicklung–Bedeutung* (Münster: Böhlau, 1954) 42. 14세기 이후에 간혹 등장하는 경우도 있지만 이는 다른 이미지들의 영향을 받은 것이다.

11) 예외적으로 구약성서「사무엘상」28장에 유다 왕 사울이 위기 상황에서 한 신접한 여인을 통해 죽은 사무엘을 불러내 장래에 벌어질 일에 대해 묻는 장면이 있다. 또 서양의 문학작품에도 유령이나 악령이 등장한다. 하지만 기독교 교리는 주검이 산 자의 세계에서 활동할 여지를 허용하지 않는다.

12) 자크 르 고프, 『연옥의 탄생』, 최애리 옮김 (문학과지성사, 1995) 517–18.

13) Gert Kaiser, *Der Tanzende Tod* (Frankfurt: Insel, 1983) 54–55.

14) 다양한 판본이 있지만, 13세기 후반 보두앵 드 콩데(Baudoin de Condé)가 기록한 아르스날 소장본은 왕, 공작, 백작을 아버지로 둔 세 젊은이가 죽은 자를 만나는 것으로 그리고 있다.

15) John Aberth, *From the Brink of the Apocalypse* (NewYork: Routledge, 2001) 196.

16) Stephen Greenblatt, *Hamlet in Purgatory* (Princeton: Princeton UP, 2001) 43, 103.

17) Hans Georg Wehrens, *Der Totentanz im alemannischen Sprachraum* (Regensburg: Schnell und Steiner, 2012) 25.

18) 분더리히, 앞의 책 88. 이 그림은 1485년에 제작됐다.

19) 하위징아는 이 전설이 프랑스에 기원을 두었으며, 가장 오래된 것은 1280년 이전에 쓰여진 것으로 추정한다. 호이징가, 앞의 책 174.

20) Wehrens, 앞의 책 26. 스위스 영토에 속하는 젬파흐의 현재 지명은 키르히뷜(Kirchbühl)이다.

21) Aberth, 앞의 책 203–204.

22) Karl Künstle, *Die Legende der drei Lebenden und der drei Toten und der Totentanz* (Freiburg: Herder, 1908) 28-29.

23) Joseph Hammer-Purgstall, *Übersicht der literaturgeschichteder Araber* (Wien, 1850) 94. Künstle, 앞의 책 29에서 재인용.

24) 그렇지만 그 시기나 저자에 대해서는 여전히 논란이 있다. 김헌, 「부처 설화의 틀에 담긴 기독교 성인 설화 『바를람과 조사팟』 그리스어 판본 연구」, 『지중해 지역 연구』 7.1 (2005): 207-13.

25) 장지연의 이 성인전에 대한 통속본과 나폴리본 비교연구 참조. 장지연, 「『바를람과 요사팟』 라틴어 두 판본의 비교」, 『지중해 지역 연구』 9.1 (2007): 175-97, 특히 182.

26) Giulia Barone, "Legenda aurea," *Lexikon des Mittelalters* 5 (1991): 1796-1801.

27) 통상 우리말의 '전설'로 옮겨지는 legenda는 라틴어 'legere'에서 기원했으며 "읽어야만 하는, 또는 낭독되어야만 하는 이야기"를 의미한다. 오래전에 살았던 성인들의 삶을 다루고 있지만, 당대의 신앙 교훈으로 삼아야만 하는 위인들의 이야기인 셈이다. 따라서 용어의 본래적 의미가 설화나 전설보다는 신앙에 도움이 되는 여러 성격의 글을 모두 아우르는 성인전에 가깝다. 성담(聖譚)이라고 번역되기도 한다. 장지연, 「『바를람과 조사팟』 라틴어 판본의 필사본 전통 연구 (1)」, 『지중해 지역 연구』 7.1 (2006): 229. '황금전설'의 본래 이름은 '성인 열전' 정도로 옮길 수 있는 legenda sanctorum이었다. 황금전설이라는 이름이 붙게 된 것은 성인전들 가운데 가장 중요한 것만을 모은 '정수'라는 의미다.

28) 편집자의 이름도 가장 이른 시기에 등장하는 사본에는 Jacobus de Varagine라고 표기되어 있다. 야코부스가 제노바 북쪽의 바라체(Varazze) 출신임을 알려준다. 그의 이탈리아식 이름은 야코포(Jacopo)다.

29) Jacobus de Voragine, *The Golden Legend*, trans. William Granger Ryan (Prinston: Princeton UP, 1993) xiii-xiv.

30) Barone, 앞의 글 1796-97. 학자들 사이에 편집 시기에 대해 이견이 있으며, 1275년경에 편집됐다는 견해도 있다. 이 항목을 기술한 바로네(G. Barone)는 이 열전이 본래 176개 장으로 구성됐다고 주장한다.

31) Jacques Le Goff, *In Search of Sacred Time*, trans. Lydia G. Cochrane (Princeton: Princeton UP, 2014) ix.

32) John Damascene, *Barlaam and Ioasaph*, trans. G. R. Woodward and

Harold Mattingly (London: Heinemann, 1914) x 이하. 부처 설화와 요사파트 성인전의 유사성은 19세기 후반 피프레히트 이래 여러 논문에서 지적되어왔다. Felix Liebrecht, "Die Quellen des Barlaam und Josaphat," *Jahrbuch für romanische und englische Literatur* 2 (1860): 314-34.

33) 장지연, 「『바를람과 요사팥』 라틴어 두 판본」 179-80. 사문유관을 고리로 설화의 전파 과정에 대해서 공동 연구가 진행됐는데, 산스크리트어 원전(강성용), 마니교 판본과 조지아어 판본(김선욱), 아랍어 판본(이종화), 그리스어 판본(김헌), 라틴어 판본(장지연) 등으로 구분하여 개괄적인 결과가 산출됐다. 그 연구 결과물은 『지중해 지역 연구』 7권 1호(2005)와 김헌의 논문 「서쪽으로 간 부처 기독교의 성인이 되다」, 『안티쿠스』 3 (2005): 16-26에 소개되어 있다.

34) 예컨대 아랍어 판본은 9세기와 10세기를 거치며 만들어지는데, 히라의 국왕 노르만이 공동묘지에서 사자를 만나는 장면 등 다른 판본에는 없는 요소도 포함되어 있다. 이 판본은 안달루시아 지역을 거쳐 유럽으로 전달됐을 것으로 추정된다. 이종화, 「아랍문학이 유럽문학에 끼친 영향에 대한 연구」, 『지중해 지역 연구』 7.1 (2005): 180-84.

35) 김헌, 「서쪽으로 간 부처」 17.

36) 부처 설화에 대한 복잡한 전거들과 경전으로 정리되는 대략의 과정은 다음 문헌을 참조하라. 김헌, 「부처 설화」 193-96.

37) Damascene, 앞의 책 48-61. 이 성인전의 그리스어 판본에는 본문이 장별로 구분되어 있는데, 편의를 위해 여기에서는 그 장별 구분을 이용한다.

38) 강성용, 「인도 불교 전통에서 붇다 설화의 발전」, 『지중해 지역 연구』 7.1 (2005): 121-28.

39) Damascene, 앞의 책 70-77.

40) Damascene, 앞의 책 74-77

41) Damascene, 앞의 책 186-91; Jacobus, *Golden Legend* 360.

42) Willy F. Storck, "Aspects of Death in English Art and Poetry I," *Burlington Magazine for Connoisseurs* 113 (1912): 249에서 재인용.

연옥의 탄생, 연옥의 죽음, 죽음의 죽음 어디서 무엇이 되어 다시 만나랴

1) 이 글은 기존에 발표했던 다음 글들을 보완하고 내용을 추가한 것이다: 「연옥의 탄생, 연옥의 죽음」, 『현대문학』 690 (2012): 274-90; 「연옥의 탄생」・「아리에스와 죽음의 역사」, 『역사의 기억, 역사의 상상』 (문학과지성사, 1999) 47-81.

2) 단테, 『연옥편』, 『신곡』의 2권, 박상진 옮김, 총 3권 (민음사, 2007).

3) 무엇이 대죄이고, 무엇이 경미한 죄인가? 가톨릭 신학 전통에서 이야기됐던 것은 우리의 일반적인 관념과는 차이가 난다. 격정 속에 실수로 어머니를 살해한 경우에는 연옥에서 2천 년 동안 매우 고통스러운 정죄 과정을 거친 후 천국으로 갈 수 있으나, 예컨대 육식이 금지된 금요일에 고의적으로 이를 어긴 경우에는 정죄가 불가능하다고 한다. 하느님의 뜻을 일부러 위반한 죄가 더 위중하기 때문이다.

4) 단테, 앞의 책 13.58-60, 67-72.

5) 단테, 앞의 책 5.68-72.

6) 단테, 앞의 책 21.67-72.

7) 자크 르 고프, 『연옥의 탄생』, 최애리 옮김 (문학과지성사, 1995).

8) 필립 아리에스, 『죽음 앞의 인간』, 고선일 옮김 (새물결, 2004). 장기적으로 단계를 나누는 아리에스의 방식이 조금씩 바뀌어 처음에는 다섯 단계로 설명하다가 후에는 네 단계로 재정리하여 설명하기도 했다.

9) 비드, 『영국민의 교회사』, 이동일·이동춘 옮김 (나남, 2011).

10) Aron Gurevich, *Medieval Popular Culture: Problems of Belief and Perception*, trans. János M. Bak and Paul A. Hollingsworth (Cambridge, Cambridge UP, 1988).

11) Aron Gurevich and Ann Shukman, "Oral and Written Culture of the Middle Ages: Two 'Peasant Visions' of the Late Twelfth-Early Thirteenth Centuries," *New Literary History* 16.1 (1984): 51-66.

12) 이 비슷하게 사라져 가는 교리로는 림보(limbo)가 있다. 림보는 주로 태어나자마자 죽은 아이들의 영혼이 머물고 있는 곳으로 여겨졌다. 이 영혼들은 세례를 받지 못했기 때문에 천국에 갈 수 없지만, 다른 한편 아무런 죄를 짓지도 않았기 때문에 지옥에 가지도 않는다. 말하자면 선악 어느 편에도 해당되지 않기 때문에 단테의 표현에 의하면 "상도 없고 벌도 없이 영원히 둥둥 떠 있는 상태"로 있다.

13) 사람들은 현대로 가까이 올수록 '문명화'됐는가? 엘리아스는 육체성·공격성·폭력성의 제어라는 의미에서 적어도 유럽인들은 '문명화'됐다고 주장한다. 그러나 조지 모스는 유럽 사회는 시간이 가면서 '야만화'됐다고 말한다. George L. Mosse, *De la Grande Guerre au Totalitarisme: La Brutalisation des Sociétés Européennes* (Paris: Pluriel, 1999).

14) Guillaume Cuchet, "L'au-delà l'épreuve du feu: La fin du purgatoire (1914-1935)?" *Vingtième Siècle: Revue d'histoire* 76 (2002): 120.

15) 같은 글 123.

16) 같은 글 122.

예수의 죽음 게르마니아와 이탈리아

1) 물론 미술사학에서의 지역성, 민족성의 연구가 처음부터 정치적 목적으로 시작
됐던 것은 아니다. 미술사학은 특정 지역, 특정 문화권에 대한 동경과 호기심에
서 출발했기 때문에 처음부터 지역성 민족성 연구로 이어질 수 밖에 없었다. 미술
사의 아버지라 일컬어지는 빙켈만(Johann Winckelmann)은 진정으로 고대 그
리스를 동경했던 학자였으며 그의 기념비적인 저술 『고대의 미술사(Geschichte
der Kunst des Alterthums)』(Dresden, 1764)는 고대 그리스 지역 민족의 특
성이 조형미술로 발현된 것이라는 그의 믿음에 바탕하고 있다. 이후 문화사가인
부르크하르트(Jacob Burckhardt)의 『이탈리아 르네상스 문명(Die Kultur der
Renaissance in Italien)』(Basel, 1860)을 통해 이러한 지역적 관심은 르네상스
이탈리아로 옮겨오게 되고, 미술사가 뵐플린(Heinrich Wölfflin)이 『미술사의 기
본 원칙(Kunstgeschichtliche Grundbegriffe)』(München : Bruckmann, 1915)
을 비롯한 일련의 저술들을 통해 이탈리아의 미술과 북유럽의 미술, 즉 알프스 이
남의 미술과 알프스 이북의 미술이 형식적으로 비교하면서 이후 이탈리아적인 특
성과 북유럽적 특성이 대비 강조되는 계기가 열렸다. 참고로 부르크하르트의 이
탈리아 미술에 대한 본격적인 논의는 『치체로네 : 이탈리아 미술작품에 대한 안
내(Der Cicerone: Eine Anleitung zum Genussd der Kunstwerke Italiens)』
(Basel, 1855)에서 볼 수 있다.

2) 잰슨(H. W. Jansen)의 고전적 미술사 교과서 『미술의 역사(The History of Art)』
에서 비교적 근래에 출판되어 널리 사용되는 스톡스태드(Marilyn Stokstad)의 『미
술사(Art History)』에 이르기까지 미술사 교과서들은 모두 르네상스 시기를 이탈
리아 르네상스와 북유럽 르네상스로 분리하여 서술하고 있다. 두 책 모두 무수한
개정판이 나왔기 때문에 따로 출판 사항은 여기에 적지 않는다.

3) 대학원 교과과정에서도 이러한 지역적 차이는 커리큘럼 분류의 기준이 되어 있다.
예를 들어 필자가 가르치는 르네상스 바로크 시기의 대학원 과목들은 이탈리아 르
네상스, 이탈리아 바로크, 북유럽 르네상스, 북유럽 바로크 이렇게 크게 네 과목으
로 나뉜다. 서울대학교에서 필자는 이 모두를 직접 가르치고 있지만 미술사학과에
10명 이상의 교수를 보유하고 있는 미국의 대학원들은 북유럽 전공 교수와 이탈리
아 전공 교수를 따로 임용하고 있다.

4) 유럽 기독교 미술의 도상을 가장 광범위하게 수록한 게르트루트 쉴러(Gertrud Schiller)의 『기독교 미술의 도상(*Ikonographie der christlichen Kunst*)』 (Gütersloh: Gerd Mohn, 1966)은 총 5권으로 된 역작인데 이 중 제2권 『예수의 수난(*Die Passion Jesu Christi*)』은 온전히 예수의 수난만을 다루고 있다.

5) Alexander Nagel, *Michelangelo and the Reform of Art* (Cambridge: Cambridge UP, 2001)은 이 측면을 부각시킨 저술이다.

6) 같은 책 3장("Humanism and the Altar Image").

7) Joanna E. Ziegler, "Michelangelo and the Medieval Pietà: The Sculpture of Devotion or the Art of Sculpture?" *Gesta* 34.1 (1995): 28-36.

8) 늘 그렇지만 예외는 있다. 이탈리아에서도 크리벨리(Carlo Crivelli, 1435~1494) 같은 화가는 예수의 죽음에 그 비통함과 고통을 강조했다. 그러나 대체로 이러한 고통은 죽은 예수 자신의 모습을 통해서 보다는 주위의 성인 천사들의 울부짖는 절규의 표정으로 표현됐다.

9) Wilhelm Worringer, *Formprobleme der Gotik* (München, 1927); ウォーリンガア, 『ゴシック美術形式論』, 中野勇 譯 (東京: 座右寶刊行會, 1944).

10) Wilhelm Worringer, *Abstraktion und Einfühlung* (München: Piper, 1912).

11) 영문번역본으로 Wilhelm Worringer, *Form in Gothic*, trans. Herbert Read (New York: Putnam's, 1927), 특히 10장("Transcendentalism of the Gothic World of Expression")과 11장("Northern Religious Feeling")을 보시오.

12) Marguerite Tjiader Harris, ed., *Life and Selected Revelations: Birgitta of Sweden* (New York: Paulist, 1990) 188-90.

13) 그렇기 때문에 한스 벨팅이 90년대에 이 문제를 다시 다루었을 때 필자는 사실 놀랐다. Hans Belting, *Die Deutschen und ihre Kunst: Ein schwieriges Erbe* (München: C. H. Beck, 1992).

14) 실제로 예수의 부활은 '육신의 부활(resurrection carnis)'이었다는 점이 중요하며 이는 중세로부터 근대에 이르는 시기 동안 유럽의 기독교인들에게 말 그대로의 의미로 받아들여졌다. Caroline Walker Bynum, *The Resurrection of the Body in Western Christianity, 200-1336* (New York: Columbia UP, 1995).

15) 고 신광현 선생님께서 필자보다 한발 먼저 그 환한 빛으로 화하셨습니다. 필자도 때가 이르면 그 빛 속으로 건너가기를 희구합니다.

죽음에 관한 12세기의 철학적 담론 아벨라르두스를 중심으로

1) 강상진, 「명저탐방: 아우구스티누스, 『신국론』: 문명의 전환은 어떻게 철학적으로 소화되는가?」, 『철학과 현실』 75 (2007): 230-46.

2) 우리에게 '엘로이즈'라는 이름으로 더 많이 알려진 여인의 중세 라틴어 표기는 수 고본에서 Heloysa 혹은 Heloisa로 나타난다. '엘로이즈'라는 프랑스어식 표기법이 자리 잡는 데는 루소의 작품 『신 엘로이즈(Julie ou la Nouvelle Héloïse)』가 일정한 기여를 한 것으로 보인다. 12세기에 이 이름이 실제로 어떻게 발음됐는지는 확실히 알 수 없지만, 일관성을 위해 고전 라틴어 표기법에 준하여 '헬로이사'로 표기한다.

3) Ewald Könsgen, ed., *Epistolae duorum amantium: Briefe Abaelards und Heloises?* (Leiden: Brill, 1974).

4) 영국의 연대기 작가 윌리엄 고델(William Godel)은 상스에서 오랫동안 체류했으며 헬로이사의 죽음(1164)으로부터 약 10년 정도 후에 연대기를 쓴 것으로 알려지는데, 작품 속에서 헬로이사와 아벨라르두스의 사랑을 언급하고 있다. 그는 헬로이사를 아벨라르두스의 진정한 친구(vera amica)라고 부르며 양자 사이의 서신 교환을 확인해주고 있다. 이 연대기 작가의 증언을 믿어도 좋다면, 두 사람 사이의 서신 교환은 이미 당대에도 상당히 널리 알려졌다고 해야 할 것이다.

5) 아우구스티누스, 『신국론』, 성염 옮김 (분도출판사, 2004) 13권 15장; 1374.

6) 같은 책 19권 4-5장; 2159.

7) 같은 책 13권 4장; 1347-49. 번역 일부 수정.

8) 같은 책 같은 곳.

9) 같은 책 13권 5장; 1349-51.

10) 같은 책 13권 참조.

11) 강론 344.4. 피터 브라운, 『아우구스티누스: 격변의 시대, 영혼의 치유와 참된 행복을 찾아 나선 영원한 구도자』, 정기문 옮김 (새물결, 2012) 612 참조.

12) 포시디우스, 『아우구스티누스의 생애』, 이연학·최원오 옮김 (분도출판사, 2008) 123.

13) Constant J. Mews, *The Lost Love Letters of Heloise and Abelard* (New York: Palgrave, 1999) 163. 무엇보다도 이 시가 보여주는 상당한 수준의 인문적 통찰과 라틴어 능력이 추정의 주요 단서다. 헬로이사의 사후 급격히 떨어진 수녀원의 라틴어 능력이 이를 반증한다.

14) 디스티콘의 운율은 홀수행이 육각운, 짝수행이 오각운으로 구성된 운율이다. 육

각운은 음절의 장단에 따라 장-단-단 혹은 장-장으로 구성된 운이 여섯으로 구성된다. 다섯 번째 운은 반드시 장-단-단으로 구성되어야 하며 마지막인 여섯 번째 운은 장-단, 혹은 장-장의 이음절로 구성된다. 9번째 행을 예로 들자면 Est etiam (장-단-단, 장) gaudere pium (장, 장-단-단-장, 장) si vis (장, 장) rationis (단-단, 장-장) 오각운은 육각운의 세 번째 운이 중간에서 끝나고 네 번째 운부터 다시 처음 시작해서 마지막 음절이 중간에서 끝나는 형태로 구성된다. 장-단-단(혹은 장-장), 장-단-단, 장 || 장-단-단, 장-단-단, 장. 온전한 운은 전반부 두 개, 후반부 두 개, 총 4개이며, 중간에서 멈춘 두 개의 운에 들어 있는 각 음절을 묶어서 하나로 계산하면, 총 다섯 개의 운으로 구성되었기에 오각운이라 불린다. 4번째 행을 예로 들자면 Non dolor (장-단-단) aut gemitus (장-단-단, 장 ||), vivificare (장-단-단, 장-단), queunt (단, 장).

15) Mews, 위의 책 162에서 재인용.

16) 수고본 행간에는 '삶' 자리에 '그리스도'를 읽어야 한다는 제안인 양 '그리스도' (Christum)가 씌어 있다.

16) Mews, 위의 책 163.

18) 이 절은 졸고 「아벨라르두스 윤리학의 '의도' 개념 연구」, 『중세철학』 15 (2009): 71-97의 일부를 요약한 것이다.

19) 「요한복음」 6장 38절.

20) 아벨라르두스의 로마서 주석. Petrus Abaelardus, *Expositio in Epistolam ad Romanos*, trans. Rolf Peppermueller, 3 vols. (Freiburg: Herder, 2000) 2: 448.

21) 같은 책 2: 450.

22) "Desideravit quidem anima hominis illius salutem nostram quam in morte sua consentire sciebat, et propter illam quam desiderabat hanc tolerabat." 같은 책 2: 448.

23) Constant J. Mews, *Abelard and Heloise* (Oxford: Oxford UP, 2005) 217.

24) Petrus Abaelardus, *Theologia Scholarium*, ed. Eloi M. Buytaert and Constant J. Mews, Petri Abaelardi Opera Theologica 3, Corpus Christianorum Continuatio Mediaevalis 13 (Turnhout: Brepols, 1987) 548.

25) 신의 의지와 법 사이의 연결과 관련해서는 아우구스티누스, 위의 책 10권 7장을 참고할 수 있다. "하느님 도성의 일부는 우리 안에서 순례의 길을 가는 중이고, 일부는 저 존재들 속에 자리하여 우리를 보살피고 있다. 하느님의 뜻이 곧

가지적이고 불변의 법이 되는 저 천상 도성으로부터…"(cuius pars in nobis peregrinatur, pars in illis opitulatur. De illa quippe superna civitate, ubi Dei voluntas intellegibilis atque incommutabilis lex est…).

26)「요한복음」14장 28절.

27) Abaelardus, 앞의 책 548.

28) Abaelardus, 앞의 책 548.

29) Abaelardus, 앞의 책 547.

30) Abaelardus, 앞의 책 548.

31) '세상에 대해서 죽는' 태도를 헬로이사가 수녀원장으로서 성공할 수 있는 열쇠로 이해하는 연구 의견도 있다. M. T. Clanchy, *Abelard: A Medieval Life* (Oxford: Blackwell, 1997) 10.

32) Heloissa, Epistle 2, *Historia Calamitatum*, by Petrus Abaelardus, ed. Jacques Monfrin (Paris: Vrin, 1978) 118.

33) "Flere tunc miseris tantum uacabit, non orare licebit." 같은 책 118.

34) 같은 책 118. 번역은 필자의 것.

35) Peter the Venerable, Epistle 115, *The Letters of Peter the Venerable*, ed. Giles Constable, 2 vols. (Cambridge, MA: Harvard UP, 1967) 1: 303–308.

36) Est satis in titulo: Petrus his iacet Abaelardus.
Cui soli patuit scibile quicquid erat.

37) Hoc tumulo abbatissa iacet prudens Heloysa;
Paraclitum statuit, cum Paraclito requiescit.
Gaudia sanctorum sua sunt super alta polorum
Nos meritis precibusque suis exaltet ab imis.

38) 1200년경 투르의 연대기 작가가 덧붙인 이야기다(Troyes, Bibl. Mun. 1447, fols. 7r–27r). 연대기 작가 고델이 가지고 있던 두 연인의 이미지, 즉 사랑과 헌신에 의해 결속된 두 연인의 이미지에 상당히 친숙했음을 알려주는 다른 증거라고 할 수 있다. Könsgen, 앞의 책 xxii; Mews, *Lost Love Letters* 40 n36에서 재인용.

제2부 문학 속 죽음

아서 왕의 죽음 신화의 형성과 해체

1) Jacques Le Goff, *Héros et merveilles du Moyen Age* (Paris: Édition de Seuil, 2005) 39.

2) 540년경에 쓰인 것으로 추정되는 이 책은 브리튼의 왕과 성직자들을 겨냥한 비난 조의 독설을 주 내용으로 한다. 5세기부터 시작된 색슨족의 브리튼 침략과 파괴 행위들은 브리튼인들이 자초한 것으로 브리튼족의 반성이 필요하다는 것이 질다의 전언이다. 이러한 메시지는 광범한 수도원 운동을 야기했고 그러한 영향력으로 인해 질다는 성인으로 숭앙되기에 이른다.

3) Edmond Faral, *La Légende arthurienne: Études et documents*, vol. 1 (Paris: Champion, 1993) 132–33에서 재인용.

4) 필립 발테르는 이처럼 아서가 실재 인물이었다는 것에 대해 당시 글로 남겨진 증거가 없는 상태임을 들어 아서가 켈트적 상상력의 산물이라고 주장한다. 발테르는 6세기 역사서에 등장하는 사건과 아서가 중심이 되는 구전 전설이 800년경 만나며 9세기에 웨일스 작가 네니우스가 매우 이질적인 전통을 모아서 자신의 연대기를 썼을 것이라는 견해를 표명한다. Philippe Walter, *Arthur: L'ours et le roi* (Paris: Imago, 2002) 21.

5) 같은 책 222에서 재인용.

6) Laurence Mathey-Maille, *Arthur: Roi de Bretagne* (Paris: Klincksieck, 2012) 10에서 재인용.

7) Geoffroy de Monmouth, *Histoire des rois de Bretagne*, trans. Laurence Mathey-Maille (Paris: Les Belles Lettres, 1992) 25.

8) 같은 책 254.

9) 같은 책 258.

10) Mathey-Maille, 위의 책 121.

11) 바스는 차후에 아서 왕이 역사적 인물에서 허구적인 인물로 그리고 주인공에서 주변 인물로 변신하는 데 결정적인 요소들을 새로이 도입한다. 가장 대표적인 것이 아서가 아일랜드와 스웨덴을 정복한 뒤 찾아온 12년간의 평화기라는 시간적 배경과 '원탁'이라는 공간이자 아서 왕 궁정의 엘리트 기사 집단을 상징하는 모티프다.

12) *La Geste du roi Arthur*, trans. Emmanuèle Baumgartner, Ian Short (Paris: 10/18, 1993) 258-59.

13) 노르망디인에 의한 정복 이후 영국 왕은 비록 한 국가의 왕이면서도 당시 그가 프랑스 내에 소유하고 있던 영지 노르망디로 인하여 프랑스 국왕에게 신종선서를 바쳐야 하는 처지에 있었다. 더구나 프랑스 국왕은 도유식을 통해 그 자격을 인정받는 신성왕, 즉 신의 의지를 지상에 구현하는 유일한 사람이라는 논리로 일반 제후들뿐 아니라 영국 왕과도 현격한 신분의 차이를 주장하고 있는 터였다. 앙글로노르망 왕조는 그에 맞설 만한 군주론을 필요로 했고, 제프리가 『브리튼 왕실사』에서 아서 왕에게 부여한 용맹성과 관대함 그리고 그것에 힘입어 조직될 수 있었던 궁정 사회와 그곳에서 만개한 궁정 문화는 그러한 정치적 필요에 잘 부합되는 것이었다.

14) Wace, *Wace's Roman de Brut: A History of the British*, trans. Judith Weiss (Exeter: U of Exeter P, 1999) 3.

15) Robert Allen Rouse and Cory Rushton, "Arthurian Geography," *Cambridge Companion to the Arthurian Legend*, ed. Elizabeth Archibald (New York: Cambridge UP, 2009) 227-28.

16) 제프리와 바스의 저작에서 군사, 종교, 사랑(궁정성)의 모든 면을 성공적으로 관장하는 듯이 보였던 아서 왕은 각각의 영역에서 완전히 무력해진 모습을 보이며 그가 예전에 수행했던 기능들은 이제 그가 거느리는 기사 개개인에 의해 대신 수행되면서 아서 왕국은 가까스로 그 수명을 연장해나가는 양상을 보인다.

17) Erich Köhler, *L'Aventure chevaleresque*, trans. Eliane Kaufholz (Paris: Gallimard, 1974) 26.

18) *La Mort du roi Arthur*, trans Marie-Louise Ollier (Paris: 10/18, 1992) 158-59.

19) 같은 책 173.

20) 전쟁이 시작되기 전 랑슬로는 아서 왕에게 사절을 보내 평화협정을 제안하지만, 고뱅은 랑슬로와 평화를 체결한다면 아서 왕은 불명예를 안을 것이고 아서 왕의 가문은 돌이킬 수 없이 모욕을 당할 것이라면서 절대 복수를 철회해서는 안 된다는 강경한 입장을 보인다. 전쟁이 두 달여 계속되던 중, 그 사실을 알게 된 교황의 중재로 랑슬로는 아서 왕에게 왕비와 아서 왕으로부터 받은 모든 영지를 돌려주고 자신은 보오르와 엑토르를 비롯하여 자신의 가문에 속하는 기사들을 이끌고 골에 있는 자신의 왕국으로 돌아간다. 그러나 아서 왕과 고뱅은 이에 만족하지 않고 골로 가서 랑슬로와의 전쟁을 재개한다.

21) Dominique Boutet, "Arthur et son mythe dans *La Mort le Roi Artu*: Vision

psychologique, politique et théologique," *La Mort du roi Arthur ou le crépuscule de la chevalerie*, éd. Jean Dufournet (Paris: Champion, 1994) 53.

22) Jean Maurice, *La Mort le Roi Artu* (Paris: PUF, 1995) 12.

23) 장 모리스는 13세기에 프랑스의 존엄왕 필립은 십자군 원정을 떠나며 왕실의 재물과 인장을 아들을 비롯한 상층 귀족이 아니라 파리 시장에게 맡겼음을 상기시킨다. 이 소설에서 아서 왕이 모르드레에게 모든 것을 맡기는 행동은 봉건적 논리에 충실한 것으로서 더 이상 상층 귀족이 아니라 부르주아에 기대어 왕권 강화를 해나가던 당시 현실과는 상반된 것이며 결국은 아서 왕에게 해를 끼치는 선택이었음을 지적한다. 같은 책 11.

24) *La Mort du roi Arthur* 위의 책 256.

25) 같은 책 289.

26) 아서 왕의 근친상간은 『랑슬로』에서 한 은자가 모르드레에게 하는 말을 통해 처음 언급된다. "너로 인해서 너의 아버지이자 내가 아는 가장 훌륭한 자가 죽게 될 것이다. 너는 그의 손에 의해 죽게 될 것이며 이렇게 해서 아버지는 아들에 의해, 아들은 아버지에 의해 죽게 될 것이다" *Lancelot*, éd. Alexandre Micha (Genève: Droz, 1978-83) 5: 221.

27) Boutet, 위의 글 60.

28) 물론, 아서 왕의 근친상간에 대해 단순히 성적 죄악 외에 다른 의미를 부여하는 것도 가능하다. 장 기 구트브로즈(Jean Guy Gouttebroze)는 근친상간을 족외혼으로 인한 권력의 분할을 두려워하는 봉건 권력의 폐쇄성, 그로 인해 근친혼, 동족혼을 선호하는 성향을 비유적으로 표현하는 모티프로 보고 있다. Jean Guy Gouttebroze, "La Conception de Mordret dans *Lancelot propre* et dans *La Mort le roi Artu*: Tradition et originalité," *La Mort du roi Arthur ou le crépuscule de la chevalerie*, éd. Jean Dufournet (Paris: Champion, 1994) 127.

29) *La Mort du Roi Arthur* 위의 책 294.

30) 같은 책 294-295.

31) 같은 책 295-296.

32) 같은 책 291.

33) 아서 왕 죽음의 예식은 칼의 반납으로 시작된다. 아서 왕은 지르플레에게 엑스칼리버를 호수에 던지고 오라는 명령을 내린다. 그것을 호수에 던지기를 안타깝게

생각한 지르플레는 거짓말을 하지만 호수에 던져졌을 때 어떤 경이로운 일도 일어나지 않았다는 이야기에 거짓말이 탄로 나고 만다. 마침내 엑스칼리버가 호수에 던져지자 수면 아래에서 여자의 손이 올라와 그 칼을 받아 세 번 공중에 휘두른 뒤 그것을 물속으로 가지고 들어가는 광경이 벌어진다. 아서 왕은 그 이야기를 듣고 자신의 죽음이 임박했음을 알게 된다. 엑스칼리버는 아서 왕 문학이 확장되면서 추가된 모티프들 중의 하나다. 엑스칼리버는 출생 자체가 비밀에 붙여졌던 아서에게 왕의 정당성을 부여하는 데 필요했던 도구였다. 그것은 일견 물리적 힘을 시험하는 것처럼 보이나 물리적 힘 이상으로 신의 선택이 왕을 결정하는 관건임을 보여주는 장치이며 그 소임의 끝에서 거두어들이는 왕의 표지다.

사랑의 이름으로? 귀네비어와 란슬롯의 이별과 죽음

1) Sir Thomas Malory, *The Works of Sir Thomas Malory*, ed. Eugène Vinaver and P. J. C. Field, 3rd ed. (Oxford: Oxford UP, 1990) 1251-53.

2) '회색 수사'는 프란치스코 수도회의 수사, '백색 수사'는 가르멜 수도회의 수사를 가리킨다.

3) 같은 책 1251-53.

4) 같은 책 1255.

5) 같은 책 1256.

6) 책 끝머리에 탈고 시점이 "에드워드 4세 재위 9년", 즉 1469년 3월 4일에서 1470년 3월 3일 사이로 명시되어 있다. 같은 책 1260.

7) 같은 책 1254.

8) 중세 장편 아서 왕 로맨스의 '표준' 텍스트이자 맬러리의 주요 원전 중 하나인『랑슬로·성배 연작』의 대다수 필사본에는 랑슬로(란슬롯)가 원군을 이끌고 영국에 돌아온 직후에 그니에브르(귀네비어)가 세상을 떠난 것으로 되어 있다. 그래서 랑슬로는 아예 그녀를 만날 기회를 갖지 못한다. 수녀원 재회 장면에 상응하는 부분은 오직 하나의 필사본(Platinus Latinus 1967)에만 남아 있으며, 귀네비어의 임종과 장례식 장면은 맬러리가 참조한 것으로 알려진 어떤 텍스트에도 나오지 않는다.

9) 이 과정이『랑슬로·성배 연작』의 중추에 해당하는『랑슬로(*Lancelot*)』전반부에서 집중적으로 조명된다.『랑슬로·성배 연작』은『랑슬로』,『성배 탐색(*La quest del Saint Graal*)』,『아서 왕의 죽음(*Le mort Artu*)』의 3부로 이루어져 있다. 이 중에 가장 큰 덩치를 차지하는『랑슬로』의 작가가 전체 연작의 '설계자' 역할을 했을 것으로 추정된다.

10) 귀네비어와 란슬롯의 육체관계는 일곱 번째(끝에서 두 번째) 이야기에서 단 한 차례 언급된다. "그래서 이 이야기를 이어가자면, 란슬롯 경은 왕비와 함께 잠자리에 들었으며, 다친 손은 개의치 않고 날이 밝을 때까지 기쁨과 즐거움을 누렸다. 여러분도 잘 알겠지만 그는 잠을 자지 않고 깨어 있었다." Malory, 위의 책 1131.

11) 같은 책 1045.

12) 같은 책 1145.

13) 같은 책 1045.

14) Eugène Vinaver, Introduction, 같은 책 xcvi.

15) 같은 책 258.

16) 같은 책 1119.

17) 위 10번 주석 참조.

18) Marion Zimmer Bradley, *The Mists of Avalon* (New York : Ballantine, 1982) 862.

19) 같은 책 864-65.

20) 같은 책 876.

햄릿의 죽음 유령이 말한 것

1) "연옥의 탄생"에 관해서는 Jacques Le Goff, *The Birth of Purgatory*, trans. Arthur Goldhammer (Chicago : U of Chicago P, 1981), 연옥 제도의 철폐가 종교개혁기 문화 심리를 어떻게 형성했는지에 대한 논의로서는 Stephen Greenblatt, *Hamlet in Purgatory* (Princeton : Princeton UP, 2001)를 빼놓을 수 없다. 본고도 이 두 저작에 크게 힘입었다. 종교개혁기 죽음과 과거에 대한 기억의 문제에 관해서는 졸고, 「우리는 왜 죽음을 기억해야 하는가, 셰익스피어의 『햄릿』」, 『인문학 명강 : 서양 고전』, 강대진 외 지음 (21세기북스, 2014) 215-45 참조.

2) 종교개혁기 문화의 다중성 논의의 중요한 출발점 중 하나로 Eamon Duffy, *The Stripping of Altars : Traditional Religion in England, c. 1400-1580* (New Haven : Yale UP, 1992)를 손꼽을 수 있다. 더피는 중세의 문화가 종교개혁기에도 죽지 않고 생생히 살아 있었다고 역설한다.

3) 셰익스피어가 읽었거나 영향을 입었으리라 추정되는 당대 프로테스탄트 유령론으로는 Ludwig Lavater, *Of Ghosts and Spirits Walking by Night*, trans. R. H. (London, 1572)와 본문 199~202쪽에서 논의된 Reginald Scot, *The discoverie*

of witchcraft (London, 1584), James I, King of England, *Daemonologie, IN FORME of a Dialogue* (London, 1597)를, 중세 유령에 대한 논의로는 Jean-Claude Schmitt의 *Ghosts in the Middle Ages: The Living and the Dead in Medieval Society*, trans. Teresa Lavender Fagan (Chicago: U of Chicago P, 1994) 참조.

4) 『햄릿』의 원형에 대해서는 William Shakespeare, *Hamlet*, ed. G. R. Hibbard, Oxford Shakespeare (Oxford: Oxford UP, 1987) 5-14 참조. 옥스퍼드 판본은 제1이절판본(F1)을 저본으로 한 편집본인데, 이 글에 인용된 모든 『햄릿』 텍스트는 이 판본에 따라 필자가 우리말로 번역하고 본문에 막, 장, 행수로 표시한다.

5) Le Goff, 앞의 책 133-53; Duffy, 앞의 책 342-44 참조.

6) Scot, 앞의 책, 434.

돈키호테의 죽음 죽은 사람은 정말 '돈키호테'일까

1) 아벨야네다가 누군지 아직 밝혀지지 않았다. 아마 누군가의 가명으로 추정된다. 2부 마지막 장에서 주인공이 죽자 작가는 그가 죽었다는 사실을 공증해 둔다. 돈키호테가 죽어서 무덤에 묻혔다는 사실을 강조하는 이유는 또 다른 아벨야네다의 출현을 봉쇄하려는 데 있다.

2) 여기 2부에서 나는 돈키호테의 이야기를 계속 이어갈 것이며 결국 그는 죽어서 땅에 묻히고 만다. 이는 아무도 그에 대한 새로운 전기를 쓰지 못하도록 만들기 위함이다. Miguel de Cervantes, *Don Quijote de la Mancha*, ed. Martín de Riquer (Barcelona: Planeta, 1980) 2부 서문: 561.

3) 알론소 키하노의 입장에서 본 죽음의 의미는 호르헤 길옌의 논문이 다루고 있지만 돈키호테의 시각까지를 포괄하지는 않는다. 호르헤 길옌은 알론소 키하노를 돈키호테의 본명으로 받아들인다. Jorge Guillén, "Vida y muerte de Alonso Quijano," *Romanische Forschungen* 64 (1952): 102-13, rpt. in *El Quijote de Cervantes*, ed. George Haley (Madrid: Taurus, 1987) 303-12.

4) 작가와 서술자에 대하여 기존의 여러 논문들은 2부 44장의 첫 문장—"사람들이 말하기를 이 이야기의 원본에는 시데 아메테가 이 부분을 쓰게 됐을 때라고 씌어 있다."—과 시데 아메테에 대한 돈키호테의 불신(2부 3장) 등의 예를 들어 아랍 현인이 작품을 끌어가는 절대적 목소리(la voz absoluta)가 아니라는 데 일치한다. 또한 일인칭 화자는 편집자의 역할에 한정되며, 시데 아메테의 원본은 무어인 번역자와 일인칭 화자에 의해 수정 및 가필된다.

5) 1부 1장의 첫 문장 —"그 이름을 밝히고 싶지 않은 라만차의 어느 마을에"—뿐만 아니라 2부 마지막 장의 문장—"기이한 라만차의 시골 양반은 이렇게 삶을 끝마쳤다. 그러나 라만차의 어느 곳인지 시데 아메테는 정확히 밝히려 하지 않았다."—도 이를 확인한다.

6) "이발사의 모험에서 작가가 추구하고자 했던 것은 반사된 환영의 움직임이며 이는 움직임의 속도와 언어의 유희(반짝임, 투구, 세숫대야, 투구 앞가리개, 갑옷)를 통해 얻어진다. 즉 작가는 반짝임을 통해 현혹되는 세계를 그려낸다. (…) 이는 현대의 독자들이 잡아낸 자의적인 느낌이 아니라 바로크 시대의 작가가 만들어내고 싶어 했던 느낌이다." Joaquín Casalduero, *Sentido y forma del Quijote* (Madrid: Ínsula, 1975) 116.

7) Américo Castro, "Los prólogos al Quijote," *Revista de Filología Hispánica* 3 (1941): 321-22.

8) Miguel de Unamuno, *Vida de Don Quijote y Sancho* (Madrid: Alianza, 1987). 돈키호테의 죽음에 대한 우나무노의 해석에는 기독교와 실존주의의 결합 즉 실존을 위한 순교자의 이미지가 강조되고 있다.

9) 호르헤 길옌은 "꿈꾸던 사람은 환영을 보았고 이따금 스스로 밤의 환영이 되기도 한다."로 표현한다. Guillén, 앞의 책 306.

강상진. 「명저탐방: 아우구스티누스, 『신국론』: 문명의 전환은 어떻게 철학적으로 소
　　　화되는가?」. 『철학과 현실』 75 (2007): 230-46.

_____. 「아벨라르두스 윤리학의 '의도' 개념 연구」. 『중세철학』 15 (2009): 71-97.

강성용. 「인도 불교 전통에서 붇다 설화의 발전」. 『지중해 지역 연구』 7.1 (2005):
　　　109-39.

김경범. 「돈키호테의 죽음: 각성 혹은 새로운 영웅의 탄생」. 『스페인 문학』 26 (2003):
　　　187-207.

김헌. 「부처 설화의 틀에 담긴 기독교 성인 설화 『바를람과 조사팥』 그리스어 판본 연
　　　구」. 『지중해 지역 연구』 7.1 (2005): 189-226.

_____. 「서쪽으로 간 부처 기독교의 성인이 되다」. 『안티쿠스』 3 (2005): 16-26.

단테. 『신곡』. 박상진 옮김. 총 3권, 민음사, 2007.

비드. 『영국민의 교회사』. 이동일·이동춘 옮김. 나남, 2011.

아우구스티누스. 『신국론』. 성염 옮김. 분도출판사, 2004.

요한 호이징가. 『중세의 가을』. 최홍숙 옮김. 문학과지성사, 1988.

울리 분더리히. 『메멘토 모리의 세계: '죽음의 춤'을 통해 본 인간의 삶과 죽음』. 김종
　　　수 옮김. 길, 2008.

이종숙. 「우리는 왜 죽음을 기억해야 하는가, 셰익스피어의 『햄릿』」. 『인문학 명강: 서
　　　양 고전』. 강대진 외 지음. 21세기북스, 2014. 215-45.

이종화. 「아랍 문학이 유럽 문학에 끼친 영향에 대한 연구」. 『지중해 지역 연구』 7.1
　　　(2005): 169-88.

자크 르 고프. 『연옥의 탄생』. 최애리 옮김. 문학과지성사, 1995.

장지연. 「『바를람과 요사팥』 라틴어 두 판본의 비교」. 『지중해 지역 연구』 9.1 (2007):
　　　175-97.

_____. 「『바를람과 조사팥』 라틴어 판본의 필사본 전통 연구 (1)」. 『지중해 지역 연
　　　구』 7.1 (2005): 227-46.

주경철. 『역사의 기억, 역사의 상상』. 문학과지성사, 1999.

_____. 「연옥의 탄생, 연옥의 죽음」. 『현대문학』 690 (2012): 274-90.

포시디우스. 『아우구스티누스의 생애』. 이연학 · 최원오 옮김. 분도출판사, 2008.

피터 브라운. 『아우구스티누스: 격변의 시대, 영혼의 치유와 참된 행복을 찾아 나선 영원한 구도자』. 정기문 옮김. 새물결, 2012.

필립 아리에스. 『죽음 앞의 인간』. 고선일 옮김. 새물결, 2004.

Abaelardus, Petrus. *Expositio in Epistolam ad Romanos*. Trans. Rolf Peppermueller. 3 vols. Freiburg: Herder, 2000.

_____. *Historia Calamitatum*. Ed. Jacques Monfrin. Paris: Vrin, 1978.

_____. *Theologia Scholarium*. Ed. Eloi M. Buytaert and Constant J. Mews. Petri Abaelardi Opera Theologica 3. Corpus Christianorum Continuatio Mediaevalis 13. Turnhout: Brepols, 1987.

Aberth, John. *From the Brink of the Apocalypse*. New York: Routledge, 2001.

Barone, Giulia. "*Legenda aurea*." *Lexikon des Mittelalters* 5 (1991): 1796-1801.

Belting, Hans. *Die Deutschen und ihre Kunst: Ein schwieriges Erbe*. München: C. H. Beck, 1992.

Binski, Paul. *Medieval Death: Ritual and Representation*. London: British Museum, 1996.

Boutet, Dominique. "Arthur et son mythe dans *La Mort le roi Artu*: Vision psychologique, politique et théologique." Dufournet 45-65.

Bradley, Marion Zimmer. *The Mists of Avalon*. New York: Ballantine, 1982.

Burckhardt, Jacob. *Der Cicerone: Eine Anleitung zum Genuss der Kunstwerke Italiens*. Basel, 1855.

_____. *Die Kultur der Renaissance in Italien*. Basel, 1860.

Bynum, Caroline Walker. *The Resurrection of the Body in Western Christianity, 200-1336*. New York: Columbia UP, 1995.

Casalduero, Joaquín. *Sentido y forma del Quijote*. Madrid: Ínsula, 1975.

Castro, Américo. *El pensamiento de Cervantes*. 1925. Barcelona: Noguer, 1980.

_____. "Los prólogos al Quijote." *Revista de Filología Hispánica* 3 (1941): 321-22.

Cervantes, Miguel de. *Don Quijote de la Mancha*. Ed. Martín de Riquer. Barcelona: Planeta, 1980.

Clanchy, M. T. *Abelard: A Medieval Life*. Oxford: Blackwell, 1997.

Clark, James M. "The Dance of Death in Medieval Literature: Some Recent Theories of Its Origin." *Modern Language Review* 45.3 (1950): 336-45.

Cuchet, Guillaume. "L'au-delà l'épreuve du feu: La fin du purgatoire (1914-1935)?" *Vingtième siècle: Revue d'histoire* 76 (2002): 117-30.

Damascene, John. *Barlaam and Ioasaph*. Trans. G. R. Woodward and Harold Mattingly. London: Heinemann, 1914.

Duffy, Eamon. *The Stripping of the Altars: Traditional Religion in England, c. 1400-1580*. New Haven: Yale UP, 1992.

Dufournet, Jean, Éd. *La Mort du roi Arthur ou le crépuscule de la chevalerie*. Paris: Champion, 1994.

Faral, Édmond. *La Légende arthurienne: Études et documents*. vol. 1. Paris: Champion, 1993.

Gander, Robert. *Der Totentanz: Entstehung und Entwicklung eines Bildthemas*. München: GRIN, 2004

Geoffroy de Monmouth. *Histoire des rois de Bretagne*. Trans. Laurence Mathey-Maille. Paris: Les Belles Lettres, 1992.

Gertsmann, Elina. *The Dance of Death in the Middle Ages: Image, Text, Performance*. Turnhout: Brepols, 2010.

La Geste du roi Arthur. Trans. Emmanuèle Baumgartner, Ian Short. Paris: 10/18, 1993.

Gouttebroze, Jean Guy. "La Conception de Mordret dans le *Lancelot propre* et dans *La Mort le roi Artu:* Tradition et originalité." Dufournet 113-31.

Greenblatt, Stephen. *Hamlet in Purgatory*. Princeton: Princeton UP, 2001.

Guillén, Jorge. "Vida y muerte de Alonso Quijano." *Romanische Forschungen* 64 (1952): 102-13. Rpt. in *El Quijote de Cervantes*. Ed. George Haley. Madrid: Taurus, 1987. 303-12.

Gurevich, Aron. *Medieval Popular Culture: Problems of Belief and Perception*. Trans. János M. Bak and Paul A. Hollingsworth. Cambridge: Cambridge UP, 1988.

Gurevich, Aron, and Ann Shukman. "Oral and Written Culture of the Middle Ages: Two 'Peasant Visions' of the Late Twelfth–Early Thirteenth Centuries." *New Literary History* 16.1 (1984): 51–66.

Hammer–Purgstall, Joseph. *Uebersiht der literaturgeschichte der Araber*. Wien, 1850.

Harris, Marguerite Tjiader, ed. *Life and Selected Revelations: Birgitta of Sweden*. New York: Paulist, 1990.

Haskell, Arnold L. *The Wonderful World of Dance*. London: Doubleday, 1969.

Hélinand de Froidmont. *Les Vers de la mort*. Ed. and trans. Michel Boyerand and Monique Santucci. Paris: Champion, 1983.

Jacobus de Voragine. *The Golden Legend*. Trans. William Granger Ryan. Prinston: Princeton UP, 1993.

James I, King of England. *Daemonologie, IN FORME of a Dialogue*. London, 1597.

Journal d'un bourgeois de Paris de 1405 à 1449. Ed. Colette Beaune. Paris: Poche, 1990.

Kaiser, Gert. *Der Tanzende Tod*. Frankfurt: Insel, 1983.

Köhler, Erich. *L'Aventure chevaleresque*, Trans. Eliane Kaufholz. Paris: Gallimard, 1974.

Könsgen, Ewald, ed. *Epistolae duorum amantium: Briefe Abaelards und Heloises?* Leiden: Brill, 1974.

Künstle, Karl. *Die Legende der drei Lebenden und der drei Toten und der Totentanz*. Freiburg: Herder, 1908

Lancelot. Éd. Alexandre Micha. 9 vols. Genève: Droz, 1978–83.

Lavater, Ludwig[Lewes]. *Of Ghosts and Spirits Walking by Night*. Trans. R[ichard] H[arrison]. London, 1572.

Le Goff, Jacques. *The Birth of Purgatory*. Trans. Arthur Goldhammer. Chicago: U of Chicago P, 1981.

_____. *Héros et merveilles du moyen age*. Paris: Édition de Seuil, 2005.

_____. *In Search of Sacred Time*. Trans. Lydia G. Cochrane. Princeton: Princeton UP, 2014.

Liebrecht, Felix. "Die Quellen des Barlaam und Josaphat." *Jahrbuch für romanische und englische Literatur* 2 (1860): 313–34.

Malory, Sir Thomas. *The Works of Sir Thomas Malory*. Ed. Eugène Vinaver and P. J. C. Field. 3rd ed. Oxford: Oxford UP, 1990.

Mathey–Maille, Laurence. *Arthur: Roi de Bretagne*. Paris: Klincksieck, 2012.

Maurice, Jean. *La Mort le Roi Artu*. Paris: PUF, 1995.

Mews, Constant J. *Abelard and Heloise*. Oxford: Oxford UP, 2005.

_____. *The Lost Love Letters of Heloise and Abelard*. New York: Palgrave, 1999.

Mosse, L. George. *De la grande Guerre au totalitarisme: La Brutalisation des sociétés Européennes*. Paris: Pluriel, 1999.

Nagel, Alexander. *Michelangelo and the Reform of Art*. Cambridge: Cambridge UP, 2001.

Peter the Venerable. *The Letters of Peter the Venerable*. Ed. Giles Constable. 2 vols. Cambridge, MA: Harvard UP, 1967.

Rosenfeld, Hellmut. *Der mittelalterliche Totentanz: Entstehung–Entwicklung – Bedeutung*. Münster–Köln: Böhlau, 1954.

Rouse, Robert Allen, and Cory Rushton. "Arthurian Geography." *Cambridge Companion to the Arthurian Legend*. Ed. Elizabeth Archibald. Cambridge: Cambridge UP, 2009. 218–34.

Schiller, Gertrud. *Ikonographie der christlichen Kunst*. Vol. 5. Gütersloh: Gerd Mohn, 1966.

Schmitt, Jean–Claude. *Ghosts in the Middle Ages: The Living and the Dead in Medieval Society*. Trans. Teresa Lavender Fagan. Chicago: U of Chicago P, 1994.

Scot, Reginald. *The discoverie of witchcraft*. London, 1584.

Shakespeare, William. *Hamlet*. Ed. G. R. Hibbard. Oxford Shakespeare. Oxford: Oxford UP, 1987.

Storck, Willy F. "Aspects of Death in English Art and Poetry I." *Burlington Magazine for Connoisseurs* 113 (1912): 249–51, 254–56.

Unamuno, Miguel de. *Vida de Don Quijote y Sancho*. Madrid: Alianza, 1987.

Vinaver, Eugène. Introduction. Malory, *Works of Sir Thomas Malory* xix–cxxxvi.

Wace. *Wace's Roman de Brut: A History of the British*, Trans. Judith Weiss.
    Exeter: U of Exeter P, 1999.

Walter, Philippe. *Arthur: L'ours et le roi*. Paris: Imago, 2002.

Wehrens, Hans Georg. *Der Totentanz im alemannischen Sprachraum*.
    Regensburg: Schnell und Steiner, 2012.

Winckelmann, Johann. *Geschichte der Kunst des Alterthums*. Dresden, 1764.

Wölfflin, Heinrich. *Kunstgeschichtliche Grundbegriffe*. München: Bruckmann,
    1915.

Worringer, Wilhelm. *Abstraktion und Einfühlung*. München: Piper, 1908.

_____. *Form in Gothic*. Trans. Herbert Read. London: Putnam's, 1927.

_____. *Formprobleme der Gotik*. München: Piper, 1912. 1927.

Ziegler, Joanna E. "Michelangelo and the Medieval Pietà: The Sculpture of
    Devotion or the Art of Sculpture?" *Gesta* 34.1 (1995): 28–36.

ウォーリンガア. 『ゴシック美術形式論』. 中野勇 譯. 東京: 座右寶刊行會, 1944.

강상진

서울대학교 철학과 졸업, 서울대학교 철학 석사, 독일 프라이부르크 대학교 철학 박사

현재 서울대학교 철학과 교수

주요 논저 『인문정신과 인문학』, 『스무살, 인문학을 만나다』, 『행복, 채움으로 얻는가 비움으로 얻는가』, 『마음과 철학』, 『사물의 분류와 지식의 탄생: 동서 사유의 교차와 수렴』

주요 번역서 『니코마코스 윤리학』

김경범

서울대학교 서어서문학과 졸업, 페루 리마 가톨릭 대학교 스페인중남미문학 석사, 스페인 마드리드 대학교 스페인문학 박사

현재 서울대학교 서어서문학과 기부금교수

주요 논저 「문학과 시장 I: 아마디스 데 가울라와 문학 시장」, 「문학과 시장 II: 아마디스 데 가울라와 베스트셀러의 조건」, 「문학의 한 목적으로서 쾌락을 추구하기 위한 변론: 스페인 중세 텍스트를 중심으로」, 「스페인 황금세기의 문학 검열」, 「피셔킹과 돈키호테」, 「Novela del Curioso Impertinente: 속임수의 향연」

주요 번역서 『낙엽비』

김정희

프랑스 엑스-마르세유 I 대학교 불문과 졸업, 프랑스 파리 III 대학교 불문학 석사, 프랑스 파리 III 대학교 불문학 박사

현재 서울대학교 불어불문학과 교수

주요 논저 「아더 왕 신화의 형성과 해체(I)」, 「아더 왕 신화의 형성과 해체(II)」, 「육체의 억압과 향유: 문학작품을 통해 본 중세 육체관의 변화」, 「그라알 행렬의

재해석: 피흘리는 창을 중심으로」

주요 번역서 『돈과 구원: 고리대금업자에서 은행가로』

김현진

서울대학교 영어영문학과 졸업, 서울대학교 영문학 석사, 미국 텍사스 에이앤엠 대학교 영문학 박사

현재 서울대학교 영어영문학과 교수

주요 논저 「아서 왕 로맨스와 궁정식 사랑의 역설」, 「로맨스, 성형 그리고 탈근 대의 자아」, "Gigantism and Its Discontents : Chivalric Anxiety in Malory's *Morte Darthur*", 「참수의 윤리: 공포, 여성, 중세 로맨스」

박흥식

서울대학교 서양사학과 졸업, 독일 괴팅엔 대학교 역사학 석사, 독일 괴팅엔 대 학교 역사학 박사

현재 서울대학교 서양사학과 교수

주요 논저 「시장에서 도시로」, 「흑사병과 중세 말기 유럽의 인구 문제」, 「서양 장 기에 비친 중세 사회」, *Krämer und Hökergenosenschaften im Mittelalter*, *Handesbedingungen und Lebensformen in Lüneburg, Goslar und Hildesheim*

주요 번역서 『유럽 패권 이전. 13세기 세계체제』, 『중세 유럽의 코뮌 운동과 시민 의 형성』

신준형

서울대학교 고고미술사학과 졸업, 미국 텍사스 대학교(오스틴) 미술사학 석사, 미국 위스콘신 대학교(매디슨) 미술사학 박사

현재 서울대학교 고고미술사학과 교수

주요 논저 『뒤러와 미켈란젤로』, 『파노프스키와 뒤러』

이종숙

서울대학교 영어교육학과 졸업, 서울대학교 영문학 석사, 미국 미네소타 대학교

영문학 박사

현재 서울대학교 영어영문학과 교수

주요 논저 *Ben Jonson's Poesis: A Literary Dialectic of Ideal and History*, "Who Is Cecilia, What Was She? Cecilia Bulstrode and Jonson's Epideictics", 「움직이는 석상과 셰익스피어의 문화전쟁」, 「셰익스피어식 상호텍스트성과 감정 재현의 기술」

주요 번역서 『싼띠아고에서의 마지막 왈츠: 유배와 증발의 시편』

주경철

서울대학교 경제학과 졸업, 서울대학교 서양사학 석사, 프랑스 파리 사회과학고등연구원(EHESS) 역사학 박사

현재 서울대학교 서양사학과 교수

주요 논저 『역사의 기억, 역사의 상상』, 『대항해시대』, 『문명과 바다』, 『크리스토퍼 콜럼버스』

주요 번역서 『물질문명과 자본주의』

| 찾아보기 |

중세의 죽음

지은이 서울대학교중세르네상스연구소
펴낸이 윤양미
펴낸곳 도서출판 산처럼

등 록 2002년 1월 10일 제1-2979
주 소 서울시 종로구 사직로8길 34 경희궁의 아침 3단지 오피스텔 412호
전 화 02-725-7414
팩 스 02-725-7404
E-mail sanbooks@hanmail.net
홈페이지 www.sanbooks.com

제1판 제1쇄 2015년 8월 25일

값 15,000원

ISBN 978-89-90062-60-4 93000
* 잘못된 책은 바꾸어드립니다.